探索中华学术

修订本

张文江 著

上海文艺出版社

君子所其无逸

——《尚书·无逸》

目 次

《尚书·说命》析义　/ 001
《尚书·无逸》析义　/ 019

《诗经·大雅·抑》讲记　/ 035
《诗经·郑风·风雨》大义　/ 070

《论语》说《诗》析义　/ 073

《庄子·达生》析义　/ 091
《庄子·庚桑楚》析义　/ 112
《庄子·寓言》析义　/ 152

论张良的知识结构，兼述《太公兵法》要义　/ 167
《引声歌》讲记　/ 180

敦煌本《坛经》析义　/ 188
《五灯会元》讲记：玄沙师备　/ 288

由《毕达哥拉斯》而来的推论 / 339

《普罗提诺的生平和著作顺序》阅读笔记 / 344

梁漱溟的命书和批语 / 387

略谈梵澄先生的学术 / 401

《潘雨廷先生谈话录》成书经过 / 409

附录：原序 / 417

后记 / 421

《尚书·说命》析义

若干年前，我与周克希先生讨论文学翻译。蒙周克希先生垂询，读些什么古书，可以提高文字水平？当时我尝试推荐的是《尚书》和《史记》。《史记》的文章雄深雅健（《新唐书·柳宗元传》引韩愈语），其气魄可以相配普鲁斯特。而真正增加这支笔的力量，我以为还应该上出于《尚书》。《尚书》的文辞佶屈聱牙（韩愈《进学解》"周《诰》殷《盘》，佶屈聱牙"），读起来很艰涩，却每个字都有分量。读这样的书，好比腿上绑沙袋练奔跑，一旦解下沙袋，就可以健步如飞了。《史记》引用《尚书》，往往改得平易一些，这也是经与史的不同。

当然，比起文字，更重要的是内容。《尚书》始于上古，编定于东晋末，对中华学术起过大影响。清代的考证功力很精深，结论还可以再深入、再斟酌。再深入指对今古文的真伪，可以结合新发现材料，作出进一步考证。再斟酌指即使清代的考证完全成立，伪古文《尚书》还是可以看作东晋时有渊源的辑佚书。

清代的考证结论是，伪古文系抄撮先秦诸书而成，恰好说明它的来源不全伪。把清代的考证倒过来看，如果真有人能伪作古文《尚书》，作伪者可以看成大学者。今文《尚书》一般认为是真的，其实也有很多问题。当初伏生献书时，朝廷派晁错去传抄，据说由于方言隔阂，听错了不少（《汉书·儒林传》颜师古注引卫宏《定古文尚书序》）。

《尚书》有些部分比较难，王国维就说自己有很多地方没有读懂（《观堂集林·与友人论〈诗〉〈书〉中成语书》"以弟之愚暗，于《书》所不能解者殆十之五，于《诗》亦十之一二"）。然而，读书宜观大体，如果大体得到了，对于没读懂的字句，阙疑即可。伪古文《尚书》的伪不伪，和它的内容好不好是两回事。伪古文《尚书》在东晋时出现，有对抗佛教传入的意味。而今天重温包括伪古文在内的《尚书》，可以帮助理解中华民族的民族性，理解自身的生存根基。

我以为，今天读《尚书》的关键，在于找出作《书》者的当下，孔子删《书》的当下，以及搜拾今文以及编纂伪古文的当下，最后到达现在的当下。世界上最古也最新的是人生和人心，理解此必须贯通古今，而《尚书》可以作为部分的印证。经学的最大功绩之一，就是保存了古代的文献。海德格尔关于历史有两个概念，一是 Historie，一是 Geschichte。前者是被记录下来的历史，是"显"出的历史，而非本真的历史。本真的、真实发生的历史是亦显亦隐的，和命运相关的（《林中路》，孙周兴译，上海译文出版社，1997，334 页，注一）。从 Historie 而言，《尚书》或许已属过去。从 Geschichte 而言，《尚书》至今还活着。

上

高宗梦得说，使百工营求诸野，得诸傅岩，作《说命》三篇。

柏拉图《第七封信》中说，只有哲学家成为王，或者王成为哲学家，否则世界的灾祸难以避免（326a-b，亦见《理想国》499b-c）。高宗武丁和傅说，历史中的圣君贤相，治理殷商中兴，古人深信不疑。本篇所述内容，是否真实，难以最终确定，至少可以看成思想性的文献，讨论哲人和王的关系。

"高宗梦得说"，高宗为何而梦？原因在于王思哲学家。正因为心心念念地想，所以出现此梦。百工就是百官，连接统治者和被统治者。百工不知道治国的总纲，没有经过整顿和疏通，完不成传导作用。"求诸野"和"得诸傅岩"，说明此人不在朝。傅岩，地名。

此节是《书》序，揭示整篇大纲。

说命

《说命》为本篇题目。全文共三篇，上篇高宗对傅说，中篇傅说对高宗，下篇傅说论学。

王宅忧，亮阴三祀。既免丧，其惟弗言。

先秦文献中，于此有多处记载，《论语·宪问》亦有所论及。"王宅忧"，高宗居父亲之丧。"亮阴三祀"，把政事委托给冢宰，默而不言三年。《尔雅·释天》："载，岁也。夏曰岁，商曰祀，周曰年，唐虞曰载。""既免丧，其惟弗言。"弗言有三层意思：一、不说话；二、不主动说话；三、不发布政令。字形"君"从尹下之口，亦即掌握话语权或解释权之人。古罗马独裁官狄克推多（Dictator），其字根 dic 为说话或者发布政令，"狄克推多"就是命令他人的人。又字形"尹"为手持权杖，可比较象征独裁官权力的"棒斧"。居丧三年应该不言，但是结束了还是不言，为什么呢？构成了悬念。

以人际交往而论，言是彼此交流，也可以说互相以声气供养。《说文解字·言部》："直言曰言，论难曰语。"段玉裁注引郑注《大司乐》："发端曰言，答述曰语。"家庭中夫妻有矛盾，最怕的是长期冷战，消除声气的交换，也就是消除供养。社会上与人有矛盾，也往往是不理睬他。奇怪的是，汉字"睬"明明只是不接口，却用上了目字旁，那就是包括不看他。鲁迅说："最高的轻蔑是无言，而且连眼珠也不转过去。"（《且介亭杂文附集·半夏小集》）包括声音和目光。理睬不理睬，涉及无意识能量的连接或断裂。小孩子今天你睬我了，明天我不睬你了，看似只是玩游戏，其中的意味很深。

群臣咸谏于王曰："呜呼！知之曰明哲，明哲实作则。天子惟君万邦，百官承式。王言，惟作命；不言，臣下罔攸禀令。"

王弗言，破坏了气场的平衡，于是群臣不安，纷纷进言。王以退为进，发动造势。

"知之曰明哲，明哲实作则。"前句知，后句行。作则，成为榜样或法则。"明哲"二字，明需要知道自己懂什么，哲需要知道自己不懂什么。《说文解字·口部》："哲，知也。哲或从心。"此相当于明。《心部》："悊，敬也。"此相当于哲。《诗·大雅·烝民》："既明且哲，以保其身。夙夜匪懈，以事一人。"以古希腊而言，智慧可当"认识你自己"（know thyself），而明哲可当"过犹不及"或"无过度"（noting in excess）。两者相辅相成，后者尤其重要，此即实践智慧，亦即"审慎"（sophrosyne）。

"天子惟君万邦，百官承式。"中国和希腊不同在于有天子，君王作命犹如乐队指挥，百官承式犹如演奏乐手。"王言，惟作命；不言，臣下罔攸禀令。"王不下命令，臣下执行什么呢？

王庸作书以诰曰：

庸，于是。诰亦即告，也是一种文体。虽然引发了臣下的不安，纷纷表达拥戴，王还是没有满足。他作了一篇正规文告给臣下，却仍然不和他们直接对话。因为一接口，气氛就松散了。王为改革做舆论铺垫，把造势再推高一步：

"以台正于四方，惟恐德弗类，兹故弗言。恭默思道，梦帝赉予良弼，其代予言。"

"以台正于四方,惟恐德弗类,兹故弗言。"台读若怡,也就是我。德是古代检验政治合法性的标准,也是言的底气。哲人王的理想是尽可能不犯错误,然而人又怎么可能不犯错误?类,善也;一说类,似也。

"恭默思道",再做修身工夫,调整道与德之联系。"梦帝赉予良弼,其代予言",赉音lài,赏赐。王思考的是政治哲学的问题,却试图用政治神学的方式来解决。良弼,好的辅佐。在哲人王组合中,已经有王的一边,再配上哲人一边。

乃审厥象,俾以形旁求于天下。说筑傅岩之野,惟肖。爰立作相,王置诸其左右。

把选拔过程予以奇里斯玛(charisma)化。旁求,广求,走当时的程序,以减少阻扰。否则来个空降式领导,原来的组织成员如何摆得平?"爰立作相,王置诸其左右。"予以最大的重用,把他当作左右手。

参见《三国演义》第三十九回,刘备初得诸葛亮,曰:"吾得孔明,犹鱼之得水也。"曹操派兵十万,杀奔新野,刘备召关羽、张飞二人,张飞曰:"哥哥何不使'水'去?"

命之曰:

进入正文,沟通哲人与王的联系。然而,此命由王来发布,依然宣示了权力的来源。

"朝夕纳诲，以辅台德。若金，用汝作砺；若济巨川，用汝作舟楫；若岁大旱，用汝作霖雨。

师的地位有特殊作用。"朝夕纳诲，以辅台德。"王迫使哲学家来帮助自己，也是权力的主动方。又"若金"至"用伤"，亦见《国语·楚语上》。

启乃心，沃朕心。若药弗瞑眩，厥疾弗瘳。若跣弗视地，厥足用伤。

"启乃心，沃朕心。"开心，开窍，直接教育人。启沃者，得定水滋润，以免乾慧之失。"若药弗瞑眩，厥疾弗瘳"，又见《孟子·滕文公上》，良药苦口利于病，忠言逆耳利于行。真话有杀伤力，一般不能直接说，需要铺一层糖衣。如果想听真话，就得准备接受头晕目眩的过程。《周礼·天官·医师》："聚毒药以共医事。"毒者，治也。

"跣弗视地，厥足用伤。"行走不看道路，脚会受伤。参考《庄子·人间世》："迷阳迷阳，无伤吾行，吾行却曲，无伤吾足。"

惟暨乃僚，罔不同心，以匡乃辟。

希望僚属同心同德辅佐王。其实很难做到。而且乃僚的不同心，往往由上有意造成，亦不可不知。

> 俾率先王，迪我高后，以康兆民。

沿着先王开辟的正确道路前进，使广大老百姓生活得更好。"康"，参见拙稿《〈尚书·无逸〉析义》。安居乐业，社会和谐，民本思想。

> 呜呼！钦予时命，其惟有终。"

"钦予时命"，命令你来命令我（参见《理想国》347b-c）。时，是也。"其惟有终"，善始善终。《诗·大雅·荡》："靡不有初，鲜克有终。"

> 说复于王曰："惟木从绳则正，后从谏则圣。后克圣，臣不命其承，畴敢不祗若王之休命？"

"惟木从绳则正，后从谏则圣。"对领导者劝学，"从谏"就是"以匡"。参考《荀子·劝学篇》："故木受绳则直，金就砺则利，君子博学而日参省乎己，则知明而行无过矣。""后"为"司"之反（《说文解字》司部），也就是王。

"臣不命其承"，不等你下令我已配合，是积极的响应。"畴敢不祗若王之休命？"敬承命，我就勉为其难了。畴，谁。祗，敬。休，美好。

中

惟说命总百官，乃进于王曰：

傅说整合、清理百官队伍，疏通传导环节。

"呜呼！明王奉若天道，建邦设都，树后王君公，承以大夫师长，不惟逸豫，惟以乱民。

明王，今云英明领袖。"奉若天道，建邦设都"，乃天地之象。而明王依据此而树后王君公、大夫师长以治民，理顺社会的政治结构，也就是人。树后王君公，即君王诸侯，此即封建。"不惟逸豫，惟以乱民"，设立官长，以治理民众，不是来作威作福、追求享受的。乱，治也，《泰誓》："予有乱臣十人。"（《论语·泰伯》引）

惟天聪明，惟圣时宪，惟臣钦若，惟民从乂。

在君、臣、民的社会结构中，不同的成员各尽其职，而终极信仰在于天。《皋陶谟》："天聪明，自我民聪明。"《泰誓》："天视自我民视，天听自我民听。"此内容是哲学的，而形式是神学的。圣相应明王，而后王君公等亦由此沾染神性。宪，指效法，也就是法的根源。钦，敬。乂，治理。

惟口起羞，惟甲胄起戎，惟衣裳在笥，惟干戈省厥躬。

"惟口起羞。"《大戴礼记·武王践阼》引《机铭》："皇皇惟敬，口生垢（hǒu），口戕口。""惟甲胄起戎。"《孙子兵法·计篇》开篇："兵者，国之大事，死生之地，存亡之道，不可不察也。"

"惟衣裳在笥，惟干戈省厥躬"，两句互文见义，相当于"惟衣裳在笥（省厥躬），惟干戈（在笥）省厥躬"。"惟衣裳在笥"，任用文官。"惟干戈省厥躬"，任用武官。考察此人是否称职，铨任不可非其才。又此节《礼记·缁衣》亦引。

王惟戒兹，允兹克明，乃罔不休。

戒兹，从源头上留意，哪里容易出问题。允，诚信。克，能。明，明哲。罔不，双重否定，也就是肯定。休，美好，政治清明。

惟治乱在庶官。官不及私昵，惟其能；爵罔及恶德，惟其贤。

"惟治乱在庶官。"官员是否尽心尽责，以及腐败如何惩治，是国家治乱的关键。官，重视能力。爵，重视品德。"官不及私昵，惟其能"，否定任人唯亲，肯定唯才是举。

虑善以动，动惟厥时。有其善，丧厥善。矜其能，丧厥功。

"虑善以动，动惟厥时。"行动不仅要考虑是否善好，还要考虑时机。《论语·学而》："使民以时。"《孟子·梁惠王上》："斧斤以时入山林，材木不可胜用也。"《公孙丑上》："齐人有言曰：'虽有智慧，不如乘势；虽有镃基，不如待时。'"

"有其善，丧厥善。矜其能，丧厥功。"永远不要骄傲，不要自以为是。《大禹谟》："汝惟不矜，天下莫与汝争能。汝惟不伐，天下莫与汝争功。"《老子》二十四章："企者不立，跨者不行。自见者不明，自是者不彰，自伐者无功，自矜者不长。"《论语·泰伯》："如有周公之才之美，使骄且吝，其余不足观也已。"

惟事事，乃其有备，有备无患。

认真对待每件事，做好充分准备，有备无患。

无启宠纳侮，无耻过作非。

"启宠纳侮"，这是掌握权力者，最容易陷入的坑。因为一旦成为"猛人"，必然受到群小包围，难以摆脱（鲁迅《而已集·扣丝杂感》）。"耻过作非"，掩盖错误，会造成更大错误。

惟厥攸居，政事惟醇。

把各种事务安排妥当，由相应职能部门处理。醇，厚，此为判断政事好坏的标准。

黩于祭祀，时谓弗钦。礼烦则乱，事神则难。"

祭祀沟通神圣的维度，以此收拢人心，培育共识，纯净人的思想。《左传》成公十三年："国之大事，在祀与戎。"祀拓展时间，戎拓展空间，以此维护政治共同体。

《论语·八佾》："祭如在，祭神如神在。"又曰："敬鬼神而远之。"《缁衣》引《兑命》："爵无及恶德，民立而正事。纯而祭祀，是为不敬；事烦则乱，事神则难。"亦及此。又《左传》哀公十八年："《志》曰：圣人不烦卜筮。"

王曰："旨哉！说。乃言惟服。乃不良于言，予罔闻于行。"

"旨哉"，你说得真好啊。旨，美，细品下来意味无穷。"乃言惟服"，听了你的话，只要实行就可以了。"乃不良于言，予罔闻于行。"如果你不是说得那么好，我怎么可能照着做呢。

说拜稽首曰："非知之艰，行之惟艰。

真是千古名言，永远鼓舞中国人，知行合一。

王忱不艰，允协于先王成德，惟说不言有厥咎。"

"王忱不艰"，如果你真感到不难。"允协于先王成德"，古今贯通为一体。协，协调，符合。允，信，诚。

"惟说不言有厥咎"，王表白到这个分上，我不讲就是我的过失了。《论语·卫灵公》："可与言而不与之言，失人。不可与言而与之言，失言。知者不失人，亦不失言。"君臣心心相印，完全透彻。

下

> 王曰："来！汝说。台小子旧学于甘盘，既乃遯于荒野，入宅于河。自河徂亳，暨厥终罔显。

"台小子旧学于甘盘"，我经过系统的学习，甘盘是殷贤臣有道德者。旧，久也。"遯于荒野，入宅于河"，长期在不同地区活动，深知民间疾苦。由荒野到河，亦即由水及土。"自河徂亳"，又从地方到中央。"暨厥终罔显"，还没有呈现明显的效果。虽然积累已足够多，然而还没有获得最后的开发，我想请你来完成我的学业。

在思想上成人的历程，往往需要两个阶段。由此相应两位老师：一个从事初级教育的积累，打好基础；一个从事高级教育的点拨，开启智慧。

> 尔惟训于朕志，若作酒醴，尔惟麴糵。若作和羹，尔惟盐梅。

师为王转变的关键。"尔惟训于朕志",你要理解我,教导我。麹(qū)糵(niè),发酵物。盐梅,调味品。呼应前段:"朝夕纳诲,以辅台德。若金,用汝作砺;若济巨川,用汝作舟楫;若岁大旱,用汝作霖雨。"有阳刚与阴柔的区分。

尔交修予,罔予弃,予惟克迈乃训。"

"尔交修予",你请多方面修正我。"罔予弃",不要(因为我的不成器)放弃我。"予惟克迈乃训",我一定能实行你的话,沿着你指引的道路前进。

说曰:"王,人求多闻,时惟建事,学于古训乃有获。

《易·大畜》:"君子以多识前言往行以畜其德。"多闻的人视野开阔,理解前人的经验,才做得好事情。古训是判断标准,《诗·大雅·烝民》:"古训是式。"

事不师古,以克永世,匪说攸闻。

师,学习、遵循、模仿。古,经过时间的长久考验,于《易》当乾象。"以克永世",达到长治久安。"匪说攸闻",我可从来没听说过。

惟学,逊志务时敏,厥修乃来。

"逊志",放下身段,放下架子,引导浮气落地。只有学习了才知道谦虚,才知道自己不知道。"务时敏",学而时习之,是积极的态度。又《论语·公冶长》称孔文子"敏而好学,不耻下问"。前句即"务时敏",后句即"逊志"。

　　"厥修乃来",在儒家学就是修,修就是美。内在的精神焕发,不是外加上某个东西,孟子谓"仁义礼智,非由外铄我也,我固有之也,弗思耳矣"(《告子上》)。

　　"敬逊务时敏,厥修乃来",《礼记·学记》亦引。

　　允怀于兹,道积于厥躬。

　　"允怀于兹",怀,想,心中怀藏着求学的志愿。一个人念兹在兹的内心想法,决定此人的命运。《诗·小雅·隰桑》:"心乎爱矣,遐不谓矣。中心藏之,何日忘之。""道积于厥躬",是道德完美的体现。《中庸》:"苟非至德,至道不凝焉。"

　　惟敩学半,念终始典于学,厥德修罔觉。

　　此可以作为古今教育学大纲,包括教与学两方面。教人才知道自己原来还没有学会,而诲人的同时也就是学。典,常,厚重。始终以经典来磨砺思想,成为重视学习的民族和个人,才有真正的前途。"厥德修罔觉",德行不知不觉地增长。慢就是快,这条渐行的道路,也是最快的道路。

　　"敩学半""念终始典于学",《礼记·学记》亦引。

监于先王成宪，其永无愆。

监，以此为鉴。成宪，礼法，nomos。老祖宗传下来的规矩，包括成文法和不成文法。

惟说式克钦承，旁招俊乂，列于庶位。"

"惟说式克钦承"，恭恭敬敬接下来。"旁招俊乂，列于庶位"，广泛招揽有才能的人，安排他们在适当的位置。旁，广，不拘一格。庶位，众位。

王曰："呜呼！说，四海之内，咸仰朕德，时乃风。

文明社会的成立，核心在于教育，完成代际的传承。把天下治理成教育的机制，是政治的理想。"咸仰朕德"，即《大学》"自天子以至于庶人，壹是皆以修身为本"。"时乃风"，乃，你，朕背后的根源就是你啊。风，移风易俗，教化。

股肱惟人，良臣惟圣。

哲人王组接成功。古希腊哲人王可以是一个人或一群人，而中国则是圣君贤相的组合。

昔先正保衡作我先王，乃曰：'予弗克俾厥后惟尧舜，其

心愧耻,若挞于市。'

先正保衡指伊尹,商王太甲的主要辅佐。正,官长。作,兴起。"予弗克……若挞于市",此为君王期望的自我激励。

一夫不获,则曰:'时予之辜。'

如果有一人没有得到安定,那就是我的罪过。此以天下为己任,永远不可能圆满,所以永远要努力。
《论语·雍也》:"尧舜其犹病诸。"

佑我烈祖,格于皇天。

走向成神的道路。烈祖,光辉的祖先。格,感格。敬天法祖,是古代中国人的信仰。

尔尚明保予,罔俾阿衡专美有商。

你已经有了正确榜样,赶快效仿吧。阿衡即保衡,亦即伊尹,参见《太甲》:"惟嗣王不惠于阿衡。"

惟后非贤不乂,惟贤非后不食。

确定君臣的互补关系,彼此不能缺少。食,俸禄。

其尔克绍乃辟于先王，永绥民。"

克绍，能够继承。辟，君王。绥，安抚。

说拜稽首曰："敢对扬天子之休命。"

上文"畴敢不祗若王之休命"？是承受王命。此对扬问答，是互相抬举。

（原载《上海文化》2011 年第 3 期）

《尚书·无逸》析义

中华民族的民族性，理解其源头，必须追溯先秦。参与形成其核心的有六经、孔孟老庄、百家之学，汉以后又有佛教的传入。明末开始有西方文化进入，与原来形成的民族性相摩相荡，没有完成融合。"五四"以后，知识界热烈讨论国民性，哀其不幸，怒其不争。深入以观，虽然民族性和国民性有联系，西文甚至出于同一个词（national character 或 national characteristic），还是不宜混为一谈。民族性关乎族群几千年的整体生存，国民性仅仅适用于近代的特定阶段。

从世界史范围来看，各民族之间的生存竞争是一场不得不参与的大博弈。一个始终处于变化中的族群能生存几千年，在民族性上必有足以自立之处，否则怎么可能不被淘汰？因此，消极地批判国民性只是治标，而积极地研究民族性，探讨它的核心以及与其他民族的关联，才可能真正治本。研究中华民族的民族性是为了正本清源，重新焕发其原创精神，而国民性只不过是民族性的某个局部。研究经典是向上民族进行自我认识的组成部分，《尚书》参与形成中华民族的民族性，《无逸》是其中的一篇。

周公作《无逸》。

以上《书》序，旧题孔子撰。

本篇作者历来认为是周公，可能是真的。因为出于今文，那么先秦已经有了。又因为《论语·宪问》《国语·楚语上》引及，那么还可以上推，最晚春秋时代已经有了。

如果作者是周公，那么读本篇应该相应周公的时代。如果作者不是周公，而是西周末东周初的人所写，那么就是此人相应周公的时代，目的在于矫正西周末的腐败风气。我们今天读此文，是通过此人的时代来相应周公的时代。周公还政于成王，担心成王未能守成，作此篇予以告诫。

《史记·鲁世家》："周公归，恐成王壮，治有所淫佚，乃作《多士》，作《毋逸（无逸）》。"《多士》对殷商留下来的人说，是对外的安抚。《无逸》对继承大位的接班人说，是对内的激励。

无逸

无逸，管理好自己的精力，不要放纵自己，沉湎于逸乐。

无逸的逸，古书中有三种不同写法。通常写为"逸"，逸就是乐，放松乃至放纵自己。一本写为"佚"，人本来有一种精神，但是失去了。一本写为"劮"，人本来有一种力量，但是失去了。

儒家的"无逸"可以和佛教的"精进"比较。"精进"往往有方向有目标，而"无逸"于此皆不谈，以为人生本来如此。在生死之间没有其他，只有工作，这就是"无逸"。

周公曰："呜呼！

发出深沉的感慨，表示以下所谈，关系重大。"呜呼！"从心底把声音发出来，感动自己也感动别人。用感叹开场，既是向生存根基的探索，也是对周边气氛的清理。在开篇时以此引导，起压堂的作用。

全篇总共有七"呜呼"。

君子所其无逸。

主题句，鲜明有力。

君子把自己放在什么位置才恰当，那就是无逸吧。或者说，君子如何才能安顿自己的身心，那就是无逸吧。所，把自己放在什么位置，也就是安身立命之处。其，疑问词，大概是……吧。郑玄注："君子，止谓在官长者。所，犹处也。君子处位为政，其无自逸豫也。"

本篇的言说对象是即将执政的成王，而直接呼告的却是君子，也就是把成王放入君子的序列。对后世来说，那些自我期许为君子的人，才是本篇的理想读者，而君子有可能成为某一方主持人。在周公时代，君子指在官长之位者（仕而优），在孔子时，君子多指不在位者（学而优）。

什么是君子？《白虎通·号篇》："或称君子者何？道德之称也。君之为言群也。子者，丈夫之通称也。"君子是中国传统社会的政治性存在，是领导成员的候补阶层，可比拟宗教社会的僧侣阶层，或者现代社会的精英阶层。君子上通君，下通群，是社会上担纲的中坚阶层。

由士而大夫，君子不在位，可以相应士；君子在位，可以相应大夫。然而，君子和士常常可以互换，强调的重点有所不同。君子强调政治或道德，士强调技能或知识（《说文解字·士部》"推十合一为士"）。

在政治层面，君子上通于君。"君"从尹、口，本义是发号施令的人。"君子"是通称，分有"君"的成分，可以彻上彻下。以君子来要求成王，正是《大学》"自天子以至于庶人，壹是皆以修身为本"。最高领导者并不特殊，放入时代中，也是君子系列中的一员，在道德层面，君子上通于圣人。政治和道德之间的沟通，也就是传统的君道和师道，可比拟古希腊的王与哲人。周公接近于统治中心，比哲人与王关系还密切。而孔子有其德而无其位，哲人与王已不能统一，只能被后代称为素王（语出《庄子·天道》）。哲人与王的统一出现在古代，也就是理想中的尧舜之治。

由于哲人与王不能统一，于是君道和师道分裂为二，互相支持并且互相限制，维持中国传统的治道，达二千多年之久。

先知稼穑之艰难，乃逸，则知小人之依。

老百姓生活的疾苦，执政者必须首先考虑。稼穑指播种与收获，春耕为稼，秋收为穑。君子能体会"锄禾日当午，汗滴禾下土"（李绅《悯农》）的艰辛，就知道小人不能缺少的是什么了。君子、小人分工所导致的分化，小人或可以不知，而君子必须知晓。

"先知……乃"的句式，参考《论语》"仁者先难而后获"（《雍也》），君子"先行其言而后从之"（《为政》）。范仲淹《岳阳楼记》"先天下之忧而忧，后天下之乐而乐"。

依，一般解释为衣；衣，隐也，隐也就是痛。如果按字面解释，就是凭依、依赖、依靠，也就是维系。小人生活艰难，而不能脱离的维系，也就是隐痛（参见王引之《经义述闻》）。人类有其生存的困境，因为能获得的物质在总体上是稀缺不平衡的，这是经济学成立的条件，也是战争的引发因素。

如果把君子定义为政治性的存在，那么也可以把小人定义为生存性的存在。小人以追求生存为主，在原初没有贬义，因为他没有条件来理解，也不一定需要理解与生存无关的内容。而君子除了生存追求以外，还有其政治追求乃至道德追求。在其他追求和生存追求有矛盾的情况下，君子也可能抑制乃至在极端情况下放弃其生存追求，《论语》称"求仁得仁"（《述而》），《孟子》称"舍生取义"（《告子上》）、"无恒产而有恒心者，惟士为能"（《梁惠王上》）。

然而，君子存在的先决条件是必须理解小人，否则就是压迫人、剥削人的官长。而压迫人、剥削人的官长，其实也不是真正的君子，而是占据君子地位的小人，这就是后来有贬义的小人。然而小人不必理解君子，因为小人理解了君子，也会成为君子。而君子必须理解小人，因为不能理解小人的君子，就不是君子而是小人。君子、小人相互依存，各安其位，乃古代社会治世之理想。

> 相小人，厥父母勤劳稼穑，厥子乃不知稼穑之艰难，乃逸乃谚。

相，看。厥，其。谚，犟头倔脑。《论语·先进》："由也喭。"朱熹注："喭，粗俗也。"

这就是代沟，两代人之间永远的问题。如果留心观察，也可以在周围人中看到此类情形。有些人家庭经济状况并不好，但是子女也沾染浮华习气，不思进取，尤其令人痛心。

> 既诞，否则侮厥父母曰：'昔之人无闻知。'"

诞，一作延，时间长了，《史记·鲁世家》引作"为业至长久"。也可以按字面解释，指出生以至渐渐长大以后。否则，于是，反过来。侮厥父母，把父母气死。"昔之人无闻知"，你们那些想法早就老掉牙了，我们如今可是后现代。以流行的时尚理论否定上代人的生存根基，两代人之间往往会有此变化，故有"富不过三代"之说，通常不会超过五代。

《孟子·离娄下》："君子之泽，五世而斩。小人之泽，五世而斩。"人类社会的结构就是如此，具体的家庭和个人处身于这样大淘洗的格局中，不是往上升，就是往下降。如果连续观察几代人，可以清晰地画出走势图。《红楼梦》的故事，就是截取了其中一段，并且在细节上予以放大。

理解自己在数代人之间的位置，也是"认识你自己"题中应有之义。人在成年以后，可以尝试了解自己的父母，以至父母的父母，追溯祖先来时之路。反过来说，从孩子的身上也可以看到自己的影子。在孩子成长过程中，孩子也是老师。你在教育他，其实他也在教育你，而且是非常及时地反馈。如果教的不对，反馈回来也不会对，在无形中给你打分。

人应该在这个互动过程中学会做父母，这是成年人的第二次成长，值得无比珍惜的机会。人从上下两端中看出自己血脉里的内容，传统的"孝"经过洗练，仍然可以取资。

> 周公曰："呜呼！我闻曰：

以序、破、急的三段结构而言，以上序，此破一。（参见拙稿《〈风姿花传〉讲记》）

往古代追溯并寻找根据，以花中之花击败一时之花。

> 昔在殷王中宗，严恭寅畏，天命自度，治民祗惧，不敢荒宁。肆中宗之享国七十有五年。

中宗即太戊，是殷商第九位君主，主政时殷道复兴，诸侯归之。古代社会为祖宗立庙，祖有功而宗有德（《孔子家语·庙制》），创业垂统有功者祀以为祖，守文之主有德者祀以为宗。凡祖、宗之庙皆不毁，而汉后尤其是唐后以为庙号之常，不复论德。

"严恭寅畏"，严恭在外表，寅畏在内心。严，通俨，《论语·子张》："望之俨然。"寅，通夤，敬。《易·乾》："夕惕若，厉，无咎。""厉"一作"夤"。"天命自度"，度，可解作忖度。内心时时刻刻观察天命,判断其是否离开自己。《康诰》云:"惟命不于常。"度,也可解作法度,以天命为法度。古代统治者以受命于天来统治人,自己也相信天命,所以有畏惧,怕失去统治合法性。

"治民祗惧",祗,敬。水能载舟,亦能覆舟(《荀子·王制》,又《哀公》:"君者,舟也。庶人者,水也。水则载舟,水则覆舟。"《贞观政要·政体》引用之)。参考《易·系辞下》"惧以终始,其要无咎"。《论语·季氏》称"君子有三畏",君子畏不同于小人怕。君子畏的,小人不怕。小人怕的,君子不畏。"不敢荒宁",荒宁,荒废自安。肆,所以,《史记·鲁世家》引作"故"。

> 其在高宗,时旧劳于外,爰暨小人。作其即位,乃或亮阴,三年不言。其惟不言,言乃雍。

高宗即武丁,是殷商第二十二位君主。"时旧劳于外",时,是也。旧,久也。此段早年经历,《说命》的记述比较详细:"台小子旧学于甘盘,既乃遯于荒野,入宅于河。自河徂亳,暨厥终罔显。"(参见《〈尚书·说命〉析义》)"爰暨小人",爰,于是。暨,与。王子和普通人在一起,深知民间疾苦。

"作其即位",作,等到,开始,兴起。"乃或亮阴,三年不言。"马融注:"亮,信也。阴,默也。为听于冢宰,信默而不言。"天子居丧三年,不言国事。此段《论语·宪问》引及:"子张曰:'《书》云:高宗谅阴,三年不言,何谓也?'子曰:'何必高宗,古之人皆然。君薨,百官总己,以听于冢宰三年。'"

"其惟不言，言乃雍。"在信任的气场中不言，而一旦言就很恰当。这里的言，应该指发布政令。雍，和谐，为有层次、有厚度的氛围。《礼记·坊记》《史记·鲁世家》引作"言乃讙"。讙通欢，上下喜悦也。

不敢荒宁，嘉靖殷邦。至于小大，无时或怨。肆高宗之享国五十有九年。

"不敢荒宁"，再三言及，亦即无逸。嘉靖，治理和谐社会。"言乃雍"尚在朝廷的范围，"嘉靖殷邦"推广于全国。嘉，《史记》作密，密通宓，安也。靖，和也。

"至于小大，无时或怨。"各阶层的人都满意。无时或怨，治理国家从消除民怨入手，从减轻人的痛苦入手。参考《康诰》："怨不在大，亦不在小。"

其在祖甲，不义惟王，旧为小人。作其即位，爰知小人之依，能保惠于庶民，不敢侮鳏寡。肆祖甲之享国三十有三年。

祖甲，武丁子。"不义惟王"，武丁欲立祖甲，祖甲以为废兄立弟不义，逃亡民间。武丁"旧劳于外，爰暨小人"，还有其王子身份。祖甲"旧为小人"，直接成为底层老百姓。"爰知小人之依，能保惠于庶民"，对民间疾苦有切身感受。"不敢侮鳏寡"，对于弱势群体，有敬畏之心。

《左传》僖公二十八年，楚成王评晋文公："无从晋师。晋侯在外十九年矣，而果得晋国。险阻艰难，备尝之矣；民之情伪，尽知之矣。天假之年，而除其害。天之所置，其可废乎？"

> 自时厥后立王，生则逸，生则逸，不知稼穑之艰难，不闻小人之劳，惟耽乐之从。

"自时厥后立王"，与前面诸王形成对比。时，是。厥，其。"生则逸，生则逸"，重言感叹，无比痛心。当然也可以拆开来，于前一个"生则逸"施句号。那么前一个"生则逸"描述现象，后一个"生则逸"陈述原因。前人创下的基业，被不肖子孙轻易败去，"崽卖爷田不心疼"。

"惟耽乐之从"，只知道耽于享乐，虚度人生。

> 自时厥后，亦罔或克寿。或十年，或七八年，或五六年，或四三年。

一蟹不如一蟹，每况愈下。前面举出正面例子，这里举出反面例子。前三例在位时间已有缩短趋势，此则越来越短，惊心动魄。遗传退化，乃家天下必然之失。观察历代王朝，也常常是开国者寿长一些，后代继位者往往不及。

> 周公曰："呜呼！厥亦惟我周太王、王季，克自抑畏。

破二。

改朝换代，另外兴起一波，此追溯根源。"太王、王季"，文王的祖父和父亲。"克自抑畏"，克，能也。抑，慎密，低调做人。《诗·大雅》有《抑》篇，修养功夫极深。畏，参考《易·系辞下》："作《易》者其有忧患乎？"《王风·黍离》："知我者谓我心忧，不知者谓我何求。"中华民族的忧患意识，是长期自立于世界民族之林的重要因素。

此段的谋篇，从殷之中兴进入，未提殷商的始祖汤而提周的始祖，连举三人，此培补元气，乃贞下起元之象。提及殷商中兴诸君，亦见其胸怀宽广，周享国长久，并非偶然。

> 文王卑服，即康功田功。徽柔懿恭，怀保小民，惠鲜鳏寡。自朝至于日中昃，不遑暇食，用咸和万民。

"卑服"可以是穿破旧的衣服，也可以是做低下的事情。《论语·微子》中子曰："禹，吾无间然矣。菲饮食而致孝乎鬼神，恶衣服而致美乎黻冕，卑宫室而尽力乎沟洫。禹，吾无间然矣。"

即，亲身参与。"康功"有多种解释：一、安民；二、建造房屋；三、修路；四、开荒。虚实不相隔，抽象和具体，多解可以统一。"康功"，整治居住环境，使它适合人的生存。"田功"，民以食为天，耕种土地。又"康功"安居，"田功"乐业。

"徽柔懿恭"是精神状态。徽的本义为敬。《朱子语类》卷七十九："柔者须徽，恭者须懿。柔而不徽则姑息，恭而不懿则非由中出。"又："柔易于暗弱，徽有发扬之意；恭形于外，懿则有蕴藏之意。""惠鲜鳏寡",照顾弱势群体。鲜,善也。

"自朝至于日中昃,不遑暇食,用咸和万民。"从早忙到晚,举轻若重,勤于政务。咸,感也,出于至诚的无心之感。又此语《国语·楚语上》引及:"《周书》曰:'文王至于日中昃,不皇暇食。惠于小民,唯政之恭。'""怀保小民",即"惠于小民",小民即小人。

> 文王不敢盘于游田,以庶邦惟正之供。文王受命惟中身,厥享国五十年。"

盘,乐也,耽也。"以庶邦惟正之供",供,待也。一作恭,敬也,恭恭敬敬地对待各国事物。正者,政也,犹公正或正义。又供,按字面或解为提供。如果用经济理论来分析,也可以认为这里存在市场:百姓交付税收,王卖出公正,通过交易达成平衡。"受命惟中身",到了中年才当政。

> 周公曰:"呜呼!继自今嗣王,则其无淫于观、于逸、于游、于田,以万民惟正之供。

破三。

"于观、于逸、于游、于田",由内而外。于观,孔颖达疏称非时而行,违礼观物,如《春秋》隐公如棠观鱼(参见《左传》隐公五年),庄公如齐观社(参见《左传》庄公二十三年)。田为打猎,差不多是当时最刺激的游戏。"以万民惟正之供",也就是

"以庶邦惟正之供"。《伪古文尚书·五子之歌》:"民惟邦本,本固邦宁。"

> 无皇曰:'今日耽乐。'乃非民攸训,非天攸若,时人丕则有愆。无若殷王受之迷乱,酗于酒德哉!"

无皇曰,不要堂而皇之找借口。"今日耽乐",今天痛痛快快地玩一玩吧,明天再努力好了。这其实是思维常有的误区,拖延其实是逃避,明日复明日,明日何其多(tomorrow never comes)。

曾经读过某则寓言,说有一段时期因为人心向善,下地狱人数锐减。魔王紧急召集属下开会,商讨如何引诱人下地狱。一个属下说,我去告诉人类,"丢弃你的良知吧! 根本就没有天国!"魔王考虑了一会,觉得不好。一个属下说,我去告诉人类,"为所欲为吧! 根本就没有地狱!"魔王想了想,还是摇摇头。过了一会,一个躲在角落里的属下说,我有一招,我去告诉人类,"还有明天!"魔王听了以后,终于露出笑容。

"乃非民攸训,非天攸若,时人丕则有愆。"如果不教导老百姓,不顺天意,则有大患。以中华文明而言,国乃至家,就是完整的教育机构,无时无处不在。若,顺。丕则,于是。"无若殷王受之迷乱,酗于酒德哉!"看看殷王受吧,酗于酒德,亡国了呢! 酗,从酉从凶,参看《酒诰》。

> 周公曰:"呜呼! 我闻曰:'古之人犹胥训告,胥保惠,胥教诲,民无或胥诪张为幻。'此厥不听,人乃训之,乃变乱

先王之正刑，至于小大。民否则厥心违怨，否则厥口诅祝。"

急一。

"胥训告，胥保惠，胥教诲"，互相之间的正面教育，就是nomos 的形成。胥，互相，在亲人之间，邻里之间，朋友之间。训告是告诉做人的道理，保惠是叮嘱当心身体，教诲是提供知识和经验。训告、保惠、教诲，大致相当德、体、智，它们提升社会的风气，降低人生的风险。"诪张为幻"，意识形态混乱，用流行理论自欺欺人。这是反面的教育。

"此厥不听，人乃训之"，每个人自己来一套。"乃变乱先王之正刑，至于小大"，先王正刑就是 nomos 或法，破坏了 nomos，法的基础也毁去了。《诗·大雅·思齐》："刑于寡妻，至于兄弟，以御于家邦。"刑通形，亦即象，模仿的标准。"民否则厥心违怨，否则厥口诅祝。"社会荆天棘地，老百姓怨声载道。

> 周公曰："呜呼！自殷王中宗及高宗及祖甲及我周文王，兹四人迪哲。厥或告之曰：'小人怨汝詈汝。'则皇自敬德。

迪，开启，开出。哲相当于政治哲学，犹明智，有审慎之意。"兹四人迪哲"，四人引导走一条踏踏实实的道路。此处不言大同理想（《礼记·礼运》中孔子对子游说，或有子游传乐之意），实现有限度的目标。

"厥或告之曰：'小人怨汝詈汝。'"如果有人来告诉，老百姓批评你、谩骂你。"则皇自敬德"，皇，大也，愈加。有则改之，无则加勉,反身以修善,归过于自己。

> 厥愆,曰:'朕之愆,允若时。'不啻不敢含怒。

"厥愆",有人指出过错。"朕之愆,允若时。"你说得很对,我确实有过错。"不啻不敢含怒",完全接受,不敢报复。

《论语·子路》定公问:"一言而可以兴邦,有诸?"孔子对曰:"言不可以若是其几也。人之言曰:'为君难,为臣不易。'如知为君之难也,不几乎一言而兴邦乎?"曰:"一言而丧邦,有诸?"孔子对曰:"言不可以若是其几也。人之言曰:'予无乐乎为君,唯其言而莫予违也。'如其善而莫之违也,不亦善乎?如不善而莫之违也,不几乎一言而丧邦乎?"

> 此厥不听,人乃或诪张为幻,曰小人怨汝詈汝,则信之。则若时,不永念厥辟,不宽绰厥心,乱罚无罪,杀无辜。怨有同,是丛于厥身。"

"此厥不听,人乃或诪张为幻。"如果主政者拒谏饰非,千奇百怪的事情就出来了。"曰小人怨汝詈汝,则信之。"如果听信小报告,总会有人顺着杆儿往上爬。

"则若时",如果这样,就会产生以下后果。"不永念厥辟",不再心心念念想着为君之道,国家的长治久安。辟为法,引申为执法者,君王亦称辟。《书·洪范》:"惟辟作福,惟辟作威,惟辟玉食。"《诗·大雅·荡》:"荡荡上帝,下民之辟。""不宽绰厥心"，如果说宰相肚里能撑船，那么君王也不能小肚鸡肠吧。

"乱罚无罪，杀无辜"，内在修养不到家，必然有外在表现。"怨有同"，怨恨集中起来，乃因果之必然。怨有小大，本来并不同，而此时形成合力。"是丛于厥身"，千夫所指，无疾而死。《汉书·王嘉传》引"里谚"曰："千人所指，无病而死。"

  周公曰："呜呼！嗣王其监于兹。"

急二。

后来继承王位的人啊，请借鉴以上的象吧，也许能看得深远一些。历史是照见人类行事的镜子，也就是法。监通鑑（鉴），也就是《资治通鉴》的鉴。

（原载《文景》2008 年第 11 期）

《诗经·大雅·抑》讲记

一

《诗经》中的《大雅·抑》,是我非常喜欢的一篇诗。

这篇诗在《大雅》中属于"荡之什"。什么是"荡之什"?"荡"是《诗经》的篇名,"什"是十篇诗。在《诗经》中,"风"以国别来区分,"雅""颂"没有如此的便利,只能用"什"来区分。把十篇竹简用绳子捆一起,大体算成一组,那就是"什"。有时候也会多出一篇,比如《大雅》"荡之什"有十一篇,《周颂》"闵予小子之什"也有十一篇。十篇诗放在一起,有天然的相近关系。过去的成语有"中原板荡",形容社会不安定,兵荒马乱。它的语源可以追溯至《诗经》:《板》是《大雅》"生民之什"最后一篇,《荡》是"荡之什"第一篇。从诗中描写的情景,可以想见当时的人,生活在水深火热之中。

传统有诗六义:风、雅、颂、赋、比、兴。赋、比、兴,历代解释很多,一般都推崇比兴,尤其是兴,其实赋也是高明的手法。平白叙述,依然可以惊心动魄。这次想讲风、雅、颂。

读《诗经》有两篇序绕不开，一篇是大序，一篇是小序。大序谈诗六义，论及风、雅、颂：

> 是以一国之事，系一人之本，谓之风。言天下之事，形四方之风，谓之雅。雅者，正也，言王政之所由废兴也。政有小大，故有小雅焉，有大雅焉。颂者，美盛德之形容，以其成功告于神明者也。

什么是风？风是空气的流动。《诗经》中的风，意思不止于此。它既是发生在某一块土地上的自然现象，也与那块土地上生活的人，以及他们的生活习惯分不开。繁体字"風"，从凡从虫。"凡"模仿风的发生，是声符 f，好像吹拂的拂。虫是意符，跟生物相关联。

推究生物的性质，主要在于两件事，一件是生存，一件是繁衍。《诗经》十五国风，很多都是歌咏男女之情。男女之间曲曲折折、千言万语说不尽的事情，就是风。《左传》僖公四年："唯是风马牛不相及也。"服虔注："牝牡相诱谓之风。"风就是男女之间的互相爱慕、互相吸引，也就是那里的风土人情。《诗经》描述得特别多的是男女，男女结合成夫妇，夫妇维持好生存和繁殖，然后相应国家政治以及天下大势的变迁。

"是以一国之事，系一人之本，谓之风。""一国"是分封的政治区划，十五国风就是十五个国家或地区。"一人"是那个国家、那个地区中特定的人。一个地方的风气，跟那块土地上的物产气候、方言土语有关。旅游或者采风，就是去感受那个地方的风土人情，理解那里人的生活习惯。老百姓世世代代生活在那里，风也就是民歌或风谣。

"言天下之事，形四方之风，谓之雅。"在空间上风是地方，雅是中央。地方和中央之间的博弈，最终达成平衡，而天下是当时人心目中最大的政治空间。风是地方利益，雅在风之间进行调节，是中央的作用。风是自然的、民间的，任何想法都有其理由，什么话都可以说。"硕鼠硕鼠"（《魏风·硕鼠》），抱怨贪官太多了；或者"一日不见，如三月兮"（《郑风·子衿》），看上心爱的女孩子，焦急地等回音。雅是领导人想的问题，说的话。《论语·述而》："子所雅言，《诗》《书》，执礼，皆雅言也。"雅言是当时的普通话，背后是王家的主旋律。

"雅者，正也，言王政之所由废兴也。"雅是对风的调整，正就是政，以政教齐正天下。"政有小大，故有小雅焉，有大雅焉。"小雅可联系风，大雅可联系颂。

"颂者，美盛德之形容，以其成功告于神明者也。"通过祭祀性歌舞演出，把祖先的形象复原出来。经常回想祖先创业的艰难，把自己的成功联系先人的伟绩，通过仪式和伟大的亡灵沟通，纯净自己的思想，激励自己的斗志，以此维护政治共同体。

风、雅是空间的关系，联系地方和中央，是政治。雅和颂是时间的关系，联系现在和过去，是宗教。在《诗经》中，雅处在中心的位置。

《诗经》的形成年代，相当于西周初期至春秋中期（前1100—前600），延续大约五百年。五百年间各个地域、各个阶层、各种不同人的思想和感情包含其中，是有着时空结构的广阔舞台。《诗经》描述的是人的生活，包括人的自然生活和政治生活。如果真能把这些内容看明白，那么人，至少传统的中国人，跳不出这些范围。

读《诗经》脱离不了大序、小序。把大小序砍去了，经就不成其为经。历代的《诗经》研究错综复杂，在任何细节上聚讼纷纭。《诗经》每一根毛细血管，被几千年的人用放大镜看了无数遍。关于大序和小序的作者，《四库总目提要》列出好几种说法，最终到底是谁写的，没有考证出来。我的大体想法是，小序应该是先秦传下来的，子夏起过很大的作用。有些意思可能来自孔子，甚至当初采诗或编诗的人，就有可能留一点提示。现在读到的小序是由毛亨、毛苌确定的，以后还有人做了些局部修改，主要应该落实于西汉。

谈了一段大序，以下是小序：

《抑》，卫武公刺厉王，亦以自警也。

《抑》的作者是卫武公，作诗目的是刺厉王。

卫武公（约前852—前758），西周和东周之际的四朝元老，一生经历了厉王的流放、宣王的中兴、幽王的覆灭、平王的东迁。据《史记·十二诸侯年表》，他于宣王十六年（前812）为卫侯，平王十三年（前758）卒。

在中国历史上，这是最关键的时期之一，有划时代的意义。卫武公即位前大约三十年，公元前841年，是《史记》的共和元年，这是中国有确切纪年的开始。在卫武公去世后大约三十年，公元前722年,《春秋》开始。

在共和元年之前,中国发生的事情没有具体的年代。在《春秋》之后,中国几乎每一年都有记载,基本的历史完全清楚。古代中国是一个历史大国,历史内在地维系这个超级文明体,本身就关乎政治和哲学。如果和古希腊比较,《抑》的作者在传说中的荷马(约公元前9世纪)稍后一点,但是远远早于苏格拉底(前469—前399)。当时中国人的思想,已经非常精密。

总上所述,《抑》的年代在西周末年或东周初年。为什么老是有人主张废除小序呢?因为上来就有问题。卫武公当政在宣王时期,然后在平王时期去世,他的活动跟厉王接不上。卫武公经历四个王:厉王是不好的时代;宣王有所中兴;然后幽王时犬戎入侵,完全葬送西周;于是平王不得不迁都洛阳,东周开始了。

过去有人批评说小序不对,因为厉王时卫武公刚刚出生,不可能写这首诗去刺他。诚然,小序作者可能别有怀抱,说的不一定是真实情况。同时,我以为批评者也可能执着了,追刺厉王有什么不可以呢?一切历史都是当代史,卫武公看到现实社会有问题,于是用以古讽今的方式追刺厉王。其次,小序"刺"和"自警"的矛盾,也可以解决。给最高领导人提意见,同时也对照自己。因为自己也是高级领导人,自我要求也不能松懈。

这篇《抑》诗,《国语·楚语上》有记载:

> 左使倚相曰:"昔卫武公年数九十有五矣,犹箴儆于国曰:'自卿以下至于师长、士,苟在朝者,无谓我老耄而舍我,必恭恪于朝,朝夕以交戒我。闻一二之言,必诵志而纳

之,以训道我。'……于是乎作《懿戒》以自儆也。"

韦昭曰:"《懿》诗,《大雅·抑》之篇也。懿读曰抑。"

卫武公到了九十五岁的时候,仍然要求自己国家中的人,从卿以下到普通士人,不要以为我年龄大了就放弃我,不来给我提意见。我有需要改进的地方,你们如果在哪儿听到可取的意见,一定记下来告诉我。让我有所警醒,使我可以进修。这里的"交戒",可以理解为不断地告诫,也可以理解为全方位地告诫。于是写《懿戒》来自警,真是"活到老,学到老"的形象。懿的字义是美好,也就是接受告诫,使自己变得美好。懿的字音,与"抑"相通,一般认为是通假。

《诗经》中卫武公有三篇诗,一篇是《卫风》的《淇奥》,一篇是《小雅》的《宾之初筵》,一篇是《大雅》的《抑》。《淇奥》"如切如磋,如琢如磨",是君子的修身,相应于风。《宾之初筵》和《抑》是大臣的修身,相应于雅。《宾之初筵》的修身是局部的,《抑》的修身是整体的,这就是大臣体段,主持大局的人胸怀天下的图景。

以下是《抑》的正文:

抑抑威仪,维德之隅。

"抑抑威仪",从为政者修身进入。抑抑是缜密的形象。修身是对自己有要求,抑抑是内修并消化,而且是一层层地修正,一层层地深入。一旦对了路,外表上会产生相应的美,威仪是显出来的形象。"维德之隅"是棱角，体现出品德的严正。

在《诗经》中，"抑抑威仪"出现了好几次，《小雅·宾之初筵》用过，《大雅·假乐》也用过，两处均作"威仪抑抑"。《左传》的解释是，"有威而可畏谓之威，有仪而可象谓之仪"（襄公三十一年）。"威仪"一词，后来被佛教用了去，把行、住、坐、卧称为四威仪。一个严肃或严正的领导者，内在修持到了家，自然有威严显出来。

人亦有言，靡哲不愚。

听说过这样一句话，所有的哲人都显出愚人的样子。也可以说，所有的哲人都不喜欢表现自己，低调处世，看起来就像愚人一样。为什么？这是由于当时的时代。东西周交替之际，周王朝已过了全盛期。厉王和幽王是向下的趋势，宣王和平王好像有所振作，也无法扭转，只能稍微稳定局势。重新开创西周的礼乐制度，已经成为逝去的好时光。身处这样的时代，哲人或者上智之人，不能有所作为，表现得很愚蠢。孔子说"宁武子，邦有道则知，邦无道则愚。其知可及也，其愚不可及也"（《论语·公冶长》）；又说"邦有道，危言危行；邦无道，危行言孙"（《论语·宪问》）。必须收敛身心，自我调整，最好的人其实不会让你看到。

为什么开篇讲自我修持，忽然又讲到哲人和庶人呢？几句话似乎脱空而来，和上文没有必然联系。灵感一现，好像逻辑不大通，却是神来之笔。这就是诗，在笔法上称为"波峭"。当然逻辑上也能讲通，这里指涉两种不同类型的人：一种哲人，一种愚人。《小雅·鸿雁》："维此哲人，谓我劬劳。维彼愚人，谓我宣骄。"修持本来是极其私人的事情，还是不得不跟人群有关系。你如果要对自己有认识，一定要对所有人有认识。而对人群的认识有两端，用孔子的话可以讲明白，"唯上智与下愚不移"（《论语·阳货》）。每个人的聪明才智天然不一样，这是人类社会的普遍现实。对此一定要搞清楚，否则你想做一个好人，不是压制了别人，就是自取灭亡。

"人亦有言"这句话，在《诗经·大雅》中出现过好几次。《桑柔》："人亦有言，进退维谷。"《烝民》："人亦有言，柔则茹之，刚则吐之。"《荡》："人亦有言，颠沛之揭，枝叶未有害，本实先拨。"可见是当时流传的格言。他从修身开始讲起，马上就出现问题。其时百忧交集，宕开一笔，忽然跳出来过去听到的话，"靡哲不愚"。别人的话在这时候想起来，恰好表达了他最难以表达的意思。这层意思用自己的话讲不清楚，用别人的话讲清楚了。

庶人之愚，亦职维疾。哲人之愚，亦维斯戾。

"靡哲不愚"有不同的解释。《毛诗正义》的解释是，时代不好，哲人不得不有所隐藏。方玉润《诗经原始》的解释是，哲人也有认识不到的盲点或误区。毛诗的解释应该是正解，但方玉润的解释也有启发性。比如说一些哲人的思想，不能说不吸引人，但是推广到比较大的人群范围，却没有产生理想的效果。所以在书斋里做研究，怎样激进都可以，但是要把思想用于社会实践，那就要对人群有基本的认识。人群的基本光谱就是这样，其智慧程度、心性要求，天然有所不同。修身必须认清这个基本事实，绝对不能一意孤行。理想国悬在天上，美轮美奂，真要实现它，却往往走向反面，哈耶克引荷尔德林说："总是使一个国家变成人间地狱的东西，恰恰是人们试图将其变成天堂。"（《通往奴役之路》第二章）

方玉润《诗经原始》说："盖愚人之愚，其愚也宜破；哲人之愚，其愚也难明。自以为哲，则无乎不愚矣。故欲砭其愚，必先针其自哲之病而言乃可入。"把一个自以为好的想法推向社会，决不能不考虑可能产生的副作用。哲人必须有明智或审慎的美德，知道推行自己的想法要适可而止，不能不顾一切。因为老天给你的不是一张白纸，把硬盘全部格式化，伤害会很大。哲人和庶人混杂在一起，不可能把所有庶人都剔除，也不可能把所有庶人都提升为哲人。

"庶人之愚，亦职维疾。"庶就是众，职就是主。有些人天生智力不足，绝不能忽略人的心性有自然差异。"哲人之愚，亦维斯戾。"戾就是罪。哲人为什么显得愚蠢呢，因为他害怕压迫。换句话说，庶人之愚是由于内在因素，哲人之愚是由于外在因素。诗中没有讲清楚应该怎样对待哲人和愚人，也没有说自己是哲人还是愚人。这就是人类基本光谱的两端，到此为止，明白了本身就是修身。

《诗经》有正风和变风，还有正雅和变雅，这篇《抑》是变大雅，当时的统治已经不大对了。时代不好，哲人一定深自敛抑，向内收藏。反过来讲，只有修德到了一定的程度，才能体会到人的心性，确实纷繁复杂。对此不应该抱有幻想，理论上人人可以为尧舜，实践中还必须注意唯上智与下愚不移。

无竞维人，四方其训之。

此句亦见《周颂·烈文》，应该是西周以来的建国思想之一。国和国之间的竞争，最重要的是人才。"无竞维人"，竞就是强。拥有人才是最强大的，一个国家的核心竞争力在于人。当然，这里呼唤的是统观全局的人才，有其道德上的感召力。"训"是教化，也是顺从。

《吕氏春秋·慎行论·求人》引用了这句诗：

> 身定、国安、天下治，必贤人。古之有天下也者七十一圣，观于《春秋》，自鲁隐公以至哀公十有二世，其所以得之，所以失之，其术一也：得贤人，国无不安，名无不荣；失贤人，国无不危，名无不辱。先王之索贤人，无不以也。极卑极贱，极远极劳。虞用宫之奇、吴用伍子胥之言，此二国者，虽至于今存可也，则是国可寿也。有能益人之寿者，则人莫不愿之；今寿国有道，而君人者而不求，过矣。
>
> 晋人欲攻郑，令叔向聘焉，视其有人与无人。子产为之诗曰："子惠思我，褰裳涉洧；子不我思，岂无他士？"叔向归曰："郑有人，子产在焉，不可攻也。秦、荆近，其诗有异心，不可攻也。"晋人乃辍攻郑。孔子曰："《诗》云：'无竞惟人。'子产一称而郑国免。"

一个国家乃至地区的长久发展之道，在于持续地吸引人才。春秋时晋国想攻打郑国，派有名的贤者叔向出使或者访问，探察那里有没有人才。子产咏了一首诗，《诗经·郑风·褰裳》："子惠思我，褰裳涉洧；子不我思，岂无他士？"这首诗字面上写的是男女爱情：如果你真心想对我好呢，我赶紧拉起衣裳，过河来见你。如果你不想对我好呢，难道我不能找其他男朋友？

叔向回去说，郑国有子产在主持大政，不能去攻打。郑国靠近秦国和楚国，在他咏的诗中，流露出早已做好准备，如果晋攻打郑，郑就会投向秦。当时各国合纵连横，叔向看出来动武没有用，于是避免了一场军事行动。这完全是子产的功劳，如果他把诗咏错了，那么大兵就要压境了。故事结束时，孔子引用"无竞维人"，称赞了子产。当时从政的人，对《诗经》滚瓜烂熟，随便引用一句诗，听的人就懂了弦外之音。

有觉德行，四国顺之。

"四方其训之"，以"四国顺之"呼应。你的德行好了，周围的国家也会采取合作态度。这就是体制和人才的竞争，在政治上有优势，经济上也比较有利。《毛诗》觉训直，直也就是德。德者升也，从直从心。人心正直，行为和说话正直，这就是德。后来觉字被佛教用了去，儒家用的就比较少了。当然解作觉悟也未尝不可，一个人知道自己在做什么，把自己走的路、想的念头都检查清楚。"有觉德行"，所有的行为自己都能够明白。这样的人有生命的光彩，对周围环境有影响力。

> 訏谟定命，远犹辰告。

主持确定了大政方针，把远大的谋略宣告于众。这里有整体的大局观，后来称为宰相的胸襟或肚量。訏是大，谟是谋，訏谟是宏大的谋略。远是想得深远，犹也是谋略，辰为时。訏谟，宏图大略，是空间；远犹，深谋远虑，是时间。

我在学生时代知道《抑》这首诗，就是来自这句话，当时深深受到吸引。我先读《世说新语·文学》，然后倒过去找来了《大雅·抑》：

> 谢公（安）因子弟集聚，问《毛诗》何句最佳？遏（谢玄小字）称曰："昔我往矣，杨柳依依。今我来思，雨雪霏霏。"公曰："訏谟定命，远猷辰告。"谓此句偏有雅人深致。

"旧时王谢堂前燕"（刘禹锡《乌衣巷》），江右王谢是贵族之家。谢安是主持大政的宰相，他问谢家子弟，"毛诗何句最佳？"遏就是谢玄，淝水之战的指挥者，他回答说，"昔我往矣，杨柳依依。今我来思，雨雪霏霏"。大学中文系的学生，或许只看到文辞的漂亮。其实这首诗是讲战争的，开出去打仗的时候还是春天，过几年回来时，路途上雨雪纷纷扬扬。这是部队将士的感情，描写他们路上看到的景象，其底子是艰苦的行军，完全不是拈花弄柳，吟风赏月。谢玄喜欢这句诗，符合军事将领身份，他指挥了淝水之战。谢安喜欢的是另外一句，"訏谟定命，远猷辰告"。这就是做宰相之人的风度，好比在下一盘很大的棋。

《世说新语·雅量》和《晋书·谢安传》（卷七十九）中，出了谢安一个丑。淝水之战胜利的时候，他在后方下围棋，别人告诉他仗打赢了，他不动声色，继续下棋。等这盘棋下完了，走出门的时候，他的木屐断裂了，自己竟然没有感觉到。可见他还是很紧张、很高兴的，就是克制着不流露出来。

敬慎威仪，维民之则。

此句又见《鲁颂·泮水》，应该是西周以来的共同思想。一个当领导的人，注意自己的形象，有美好的言行举止，成为老百姓的榜样。安静的言行举止，对人产生深远的影响。

其在于今，兴迷乱于政。

以上是从正面讲，接着从反面讲，这就是"刺"。到了现今的时代，政治上兴起一波迷乱。"兴"是倒行逆施，乱折腾。这个"今"指厉王，也可能指平王，当然也可以指历代，每一代人读《诗经》都会有所共鸣。

颠覆厥德，荒湛于酒。

酗酒败德。湛，沉浸，沉迷。修身要有清明之象，反过来则是酒色财气。先秦的典籍《尚书》《诗经》，经常会提到酒。当时的社会生活很贫乏，一般人容易到酒中寻找娱乐。

女虽湛乐从，弗念厥绍。

　　你完全被酒吸引住了，就像学生被电脑游戏吸引住了。电脑游戏有些像现在的鸦片，意志薄弱的人对它没有免疫力。你虽然喜欢走享乐这条路，但是为什么不想想祖先辛苦打下来的基业。"忘记过去，就意味着背叛"，你摸着良心想想，总这样下去行吗？绍，就是继承。其实诱惑总是抗拒不了，祖先艰苦奋斗开创的基业，过几代完全可能败坏。诗人不愿意，所以要"追刺""自警"。

　　罔敷求先王，克共明刑。

　　罔就是不，敷就是广泛。不广泛学习先王的统治经验，这么广大的谱系，不好好地去求，不可能现成地塞给你。克是能，共是贯通。古今永远可以贯通，尽管当时的今，现在也已经极其古了。明是光明，刑是法，或者是形象。字面粗略地读一下没有用，只有自己的头脑中有了形象，才可能真正掌握。

　　"克共明刑"的"共"，是与传统共生一体，成为传统的一部分。好好地学习先辈的传统，接受其传下来的能量，然后阐明其大法。先辈留下的法都是死的，只有现实的人重新加以阐明，传统才是鲜活的。

　　肆皇天弗尚，如彼泉流，无沦胥以亡。

这句诗是对为政者、主事者的警戒。得不到上天的保佑，你只能趋于下流，相率沉沦。"肆皇天弗尚"，肆就是故，所以皇天不保佑你。为什么不保佑呢？实际上是你自己做得不对，"荒湛于酒"，"弗念厥绍"，"罔敷求先王，克共明刑"。头脑里有"皇天"这个象，"尚"是保佑，也是《尚书》的尚，上出的上。在我看来，来自皇天最大的保佑，就是此民族必须是要求上进的民族，或者此人是必须是要求上进的人。《易经》"天行健，君子以自强不息"，永远是对此民族中精英的激励，天佑就是自佑。

"如彼泉流，无沦胥以亡。"好比泉水往下流，"沦胥"是相率沦丧或陷溺。一家接一家连着倒闭，好像多米诺骨牌，显赫的帝国，一下子全垮了。世界潮流浩浩荡荡，顺之者昌，逆之者亡。无论你有多大的资本，如果与潮流对抗，一会儿就打水漂。《小雅·小旻》也有类似的话，"如彼泉流，无沦胥以败"。昔日庞大的帝国，在大潮流里只打几个转，被水漂走了，这就是潮流的力量。

总体因果的积累，在"皇天"这家大银行里存着。如果现在没有清算，那是因为正面价值还压倒着负面价值。哪一天把正面价值透支了，总收支不相抵，那么就是"无沦胥以亡"。如果贪图享受，永远透支未来，透支到一定时间，会有一波总的清算，从来不会发生差错。

夙兴夜寐，洒扫庭内，维民之章。

重新整顿，从根本上努力。"夙兴夜寐"，晚上睡觉，早晨起来。"洒扫庭内",整理周围的环境,也清理自己的思想,"一屋不扫,何以扫天下?"以后《朱子治家格言》"黎明即起,洒扫庭除",当由此而来。"维民之章",保持良好的生活习惯,作为老百姓的表率。

> 修尔车马,弓矢戎兵,用戒戎作,用逷蛮方。

"洒扫庭内"是内,内政;"修尔车马,弓矢戎兵"是外,军事。整顿军备,"用戒戎作",如果边远地区有什么异动,我早已做好了准备。"用逷蛮方",蛮方是当时文化落后的地区,那边的人如果来抢掠,就用武力驱逐。逷通剔,指治服。

方玉润《诗经原始》:"内而庭除之近,外而蛮方之远;细而寝兴洒扫之常,大而车马戎兵之变:无一非当整饬。"小事情、大事情全在他的头脑里,有着整体的图谱。全方位的整顿,振奋共同体成员的精神。

> 质尔人民,谨尔侯度,用戒不虞。

三家诗把"质"解释为告,告诉人民。其实按字面解释也很好,质就是使人民质朴,不要滑头,消除浮夸之风。质朴,做实实在在的人,说老实话,办老实事。"质尔人民",人和民不同,人是有身份的上层人士,民是普通的底层人士。

"谨尔侯度",侯度就是政府的法度。侯就是领导人;度就是法度,也就是政策。制定政策的时候,必须严谨小心。"用戒不虞",以此来提防意外的事故。"不虞"事先想不到,但是可以"质尔人民",把房子造得牢固一点,危害可能会少一点。比如地震之类,事先做好预防,就可以减少灾害。

> 慎尔出话,敬尔威仪,无不柔嘉。

领导人讲话要非常谨慎,行动要非常注意。"慎尔出话"是言,"敬尔威仪"是行。言行的标准是"柔嘉",也就是柔顺美好。

> 白圭之玷,尚可磨也;斯言之玷,不可为也。

一旦讲错话,后悔来不及。玉有瑕疵,还可以打磨;话讲错,在时空中就永远擦不掉了。

《论语·先进》:"南容三复'白圭',孔子以其兄之子妻之。"南容是南宫括,孔子弟子。有一回南宫括反复念这句诗,身心完全沉浸其中。孔子看到了他的神情,就把侄女嫁给了他。念诗呈现出来的是心象,南宫括对此特别有感触,那种专注的神态给孔子看见了。在我想来,这句诗现在还可能是灵验的,如果有谁恋爱不大成功,多念念这句诗,想想其中的道理,说不定也会有丈母娘看了喜欢。

> 无易由言,无曰苟矣。

言行要谨慎,不可以随便敷衍。由是虚词,意思是"于"。不要轻易地说话，习惯性地堆砌辞藻，形成语言的泡沫。古代的典籍为什么经得起读，因为其中有实质内容，读经典可以进修身心。《史记·太史公自序》说，你要敲敲这个语言，听听这个声音。没有实质的语言，返回来的声音不会对。

　　莫扪朕舌，言不可逝矣。

没有人拉住你的舌头，一旦话说出口，就追不回来。
在先秦语言中，"朕"就是我，没有贵贱之分。后来"朕"被皇帝垄断，一般人就不能用来自称了。

　　无言不雠，无德不报。

雠是对应。没有一句话没有对应，没有德行不会返回自身。在印度佛教传来之前，中国早已有因果的思想。《尚书·大禹谟》："惠迪吉，从逆凶，惟影响。"你做一件好事情，有好的东西返回。做一件坏事情，有坏的东西返回。它和影子、声响一样，确切无疑，不会发生差错。

　　惠于朋友，庶民小子。

对周围的朋友好，也就是对同道中人好，然后延伸到普通人。庶民是地位、身份比你低，小子是年龄上比你轻。"朋友"这个词，跟现在的含义有所不同。郑玄云："同门曰朋，同志曰友。"

(《周礼·地官·司谏》贾公彦疏引《论语》注）过去的朋友差不多都是道义上的，彼此以君子相期许，在学业上有沟通。

> 子孙绳绳，万民靡不承。

一代一代地传下去，老百姓都来给你托盘，达到王朝延续的理想状态。其实这种状况不可能，地球上有形之物，都有生命的周期。有些东西看上去似乎永久如此，那是因为观察者个人生命有限，无法测量其变化。如果把观察的主体化去，就可以看出任何有形之物都不可能永存，变化是必然的。

儒家的人，即使遇到的时代不好，还是要在其中尽最大的努力。这种努力有其不可磨灭的价值，其能量一直延续到现在。

二

胡适有一篇《谈谈〈诗经〉》(1925年在武昌大学的演讲，收入《古史辨》第三册，1931年初版），我对其中的观点有所保留。这是民初以来的学界风气，不仅仅是胡适一个人的看法。他的观点大体如下：

> 《诗经》在中国文学上的位置，谁也知道，它是世界上最古的有价值的文学的一部，这是全世界公认的。

在我看来，《诗经》虽然带有文学的性质，却不完全是文学。

仅仅把《诗经》看成文学，把《诗经》的程度拉低了。胡适提出新想法，好的方面是消除了经学的神圣化和僵化，坏的方面是导致虚无主义。同时，用文学观点来解释《诗经》，毕竟给了《诗经》一个地位，在新的时代保存了《诗经》，尽管这样也遮蔽了《诗经》的读法。

孔子时代的人没有文学的概念。《论语·先进》称"文学：子游、子夏"，"文学"大致为古代文献的意思，到了汉代以后变成经学；而包含西方小说、诗歌、戏剧、散文的文学概念，远远是后来的事情。《诗经》是一本试图理解人各种感情的书，孔子对《诗经》有极其透彻的认识。《论语》中相关评论有二十多条，每一条都产生极大的影响（参见《〈论语〉说〈诗〉析义》）。

从世界史角度来看，《诗经》的年代不晚于荷马史诗。荷马大概是公元前九世纪的人，往前推荷马所描述的时代，大致是公元前十一世纪至九世纪。荷马史诗的具体成文，大体迟至公元前六世纪。公元前十一世纪，荷马史诗的上限，在中国相当于殷周之际，《诗经》的很多篇章已经有了。《诗经》对中国人的影响，如同荷马史诗对希腊人的影响。

> 《诗经》有十三国的国风，只没有《楚风》。在表面上看来，湖北这个地方，在《诗经》里，似乎不能占一个位置。但近来一般学者主张，《诗经》里面是有《楚风》的，不过没有把它叫作《楚风》，叫它作《周南》《召南》罢了。所以我们可以说：《周南》《召南》就是《诗经》里面的《楚风》。

《诗经》和《楚辞》的关系，非常有意思。《诗经》基本是春秋以前的，《楚辞》是战国的；《诗经》基本是北方的，《楚辞》是南方的；《诗经》基本是集体的，《楚辞》是个人的；《诗经》基本是天下的，《楚辞》是一国的；《诗经》的基调是现实，《楚辞》的基调是浪漫。《诗经》由不同阶层的人创作，每首诗的思想不一样。比如说，《魏风·硕鼠》是反对贪官的，而《小雅·天保》则强调忠诚，其中有一句颂辞"万寿无疆"（又见《豳风·七月》《小雅·南山有台》《鼓钟》《信南山》《甫田》），一直流传到现代。这些不同的思想、不同的感情放在同一本经中，《论语·为政》"《诗》三百，一言以蔽之，曰思无邪"，都不是虚假的，完全是真情流露。

　　总体上说，《诗经》程度要比《楚辞》高。尽管如此，《楚辞》有些光芒，《诗经》也掩盖不了。比如说《远游》《天问》《卜居》，这些都是《诗经》没有的。在四部分类中，《诗经》属于经部，《楚辞》是集部之始。《楚辞》的爱国感情很动人，后来朱熹注过《楚辞》，因为是南宋；船山注过《楚辞》，因为是明亡：都跟时代有关系。

> 　　我觉得用新的科学方法来研究古代的东西，确能得着很有趣味的效果。一字的古音，一字的古义，都应该拿正当的方法去研究的。在今日研究古书，方法最要紧；同样的方法可以收同样的效果。

　　胡适把一字的古音、一字的古义看得太重了。很长时间以来的《诗经》研究,大部分都是这样。一字的古音、一字的古义,对理解一首诗确实很重要,但是更重要的是理解站在诗后面的那个活生生的人及其时代。如果仅仅研究一字的古音、一字的古义,但是不研究整篇诗讲什么、诗中的感情跟读诗人有什么沟通,有可能本末倒置。

  《诗经》不是一部经典。从前的人把这部《诗经》都看得非常神圣,说它是一部经典,我们现在要打破这个观念;假如这个观念不能打破,《诗经》简直可以不研究了。因为《诗经》并不是一部圣经,确实是一部古代歌谣的总集,可以做社会史的材料,可以做政治史的材料,可以做文化史的材料。万不可说它是一部神圣的经典。

胡适否定《诗经》是一部经典,是为了否定经学。为什么?因为《诗经》本来就是诗,这些诗本来没有神圣性,那么《诗经》的神圣性从哪儿来呢?因为读这首诗,作诗人和读诗人的生命建立了联系,诗的神圣性因此而来。那些诗既然和孔子时代相通,那么它也可以和其他时代相通,所以历代读诗人都会有感发。

胡适文章中藏了一句话,非常值得注意。这是他的虚无主义态度,把《诗经》废掉了。"可以做社会史的材料,可以做政治史的材料,可以做文化史的材料",可见在他心目中,《诗经》这部古代的歌谣总集,比不上社会史、政治史、文化史。在我看来,《诗经》为什么废不了,因为它有内在的整体,讲的是不同时代、不同地域、不同阶层的人的生存状态,这个基本事实从古到今没有变。比如说我出生于某地，在某个单位供职，有自己的家庭生活，其中包含我的感情，满心希望收入提高一些，也希望孩子将来会有出息。这些是人的基本想法，好比柴米油盐，天天脱离不了。这就是《诗经》，这个基本事实不变，《诗经》不会过时。社会史、政治史、文化史，固然了不起，但它们都是后来产生的观念，从生活中截取了一部分材料，试图拼拢出整体。如果寻找这些学问的根，其背后还是人的生存状态。

上面把我对于《诗经》的概念说了一个大概，现在要谈到《诗经》具体的研究了。研究《诗经》大约不外下面这两条路：

第一，训诂。用小心的精密的科学的方法，来做一种新的训诂功夫，对于《诗经》的文字和文法上都从新下注解。

第二，解题。大胆地推翻二千年来积下来的附会的见解；完全用社会学的、历史的、文学的眼光从新给每一首诗下个解释。

所以我们研究《诗经》，关于一句一字，都要用小心的科学的方法去研究；关于一首诗的用意，要大胆地推翻前人的附会，自己有一种新的见解。

胡适认为正确的是"小心的精密的科学的方法"，这就是他从西方搬来的新神，用来对付经学这一中国原有的旧神。他的科学方法就是训诂，那么清代的乾嘉学派还有可取之处，其他的学术就完全否定了。但是《诗经》讲的是人，过于强调训诂，人就没有了。"大胆地推翻二千年来积下来的附会的见解",附会的根本源头就是小序。"完全用社会学的、历史的、文学的眼光从新给每一首诗下个解释",他虽然说用小心的方法,其实是大胆推翻前人的见解,建立新的解释。

> 总而言之,你要懂得《诗经》的文字和文法,必须要用归纳比较的方法。你要懂得三百篇中每一首的题旨,必须撇开一切《毛传》《郑笺》《朱注》等等,自己去细细涵泳原文。

撇开历代注疏,直接涵泳原文。即使像胡适这样的才子,把毛传、郑笺、朱注都撇开,谁敢说看得懂《诗经》?其实他也是先看注疏,知道了大体的意思,然后再抛弃前人的见解。当然,胡适也有功劳,无论如何,他还是保存《诗经》的。他把《诗经》归入文学,认为它还是有趣味的,还可以作为材料。那么《诗经》还没有被完全废除,否则恢复起来更困难。

还有几句话,补充讲一下。

在中国古代,《诗经》有教材的性质,是一部怎样理解国家和个人的书,以及怎样达到感性和理性平衡的书。这本书引导认识人的各种感情,进而认识自己的感情,过去是用来培养君子的,而君子也就是当时社会的中坚力量。

在中国古代文献的序列中,《诗经·大雅·抑》位置很高。在卫武公的时代,现在很多必读不可的书还没有产生,像《论语》和《老子》,都是后来的事情。公元前七世纪到公元前五世纪,差不多等于印度《奥义书》的时代,《抑》就是那时候中国人的智慧。

继续回到正文:

> 视尔友君子,辑柔尔颜,不遐有愆。

辑,柔和。遐,远。愆,过错。看着你的朋友和君子,其实朋友也就是君子。表里一致,内心和外表通彻透明,反省并化除自己的过错,做一个纯粹的人。其实,照字面讲也很有趣:编辑脸部的肌肉,露出了笑容。笑容跟内心不一致,那就是伪装。要是内心也是这样想,那就是和颜悦色。

这句话有两种解释,《毛诗正义》从反面讲,朱熹《诗集传》从正面讲。我采用正面的讲法,当然从反面讲也成立。你交往的那些酒肉朋友,脸上堆满谄笑,没有肃敬之心,离犯错误已不远了。

《易经》革卦上六爻辞,"君子豹变,小人革面"。豹子到了秋天,从里到外更换皮毛颜色,而小人和君子不同,只是把表面改变一下。小人没什么不好,他的问题解决了。人活着就是吃饭穿衣这些事情,即使社会有比较大变动,比如政权更替之类,那也不过是换一面旗帜罢了。君子认为社会变动应该有其实质性正当,必须赞成或者反对。如何认识时代?革卦九五爻辞"大人虎变,未占有孚",大人审时度势,领导时代,君子跟随着变化。

> 相在尔室,尚不愧于屋漏。

这是儒家的戒律,由祭祀而来。在公开场合你可以端着架子,关起门谁也看不到的时候,面对的只有神。屋漏是屋子的西北角,也就是祭神的地方,相当于家中的神位。此外还有一种解释,我估计不一定是原意,那就是开天窗,完全透明。假设你的一言一行都有人看到,没有隐私,好像有神明监察,儒家因此而重视慎独。

这句诗完全被《中庸》引用。同样一首诗,孔子读出来什么?《中庸》作者读出来什么?我们现在读他们读过的诗,想象他们的感受。《中庸》:

> 《诗》曰"衣锦尚䌹",恶其文之著也。故君子之道,闇然而日章;小人之道,的然而日亡。君子之道,淡而不厌,简而文,温而理,知远之近,知风之自,知微之显,可与入德矣。《诗》云:"潜虽伏矣,亦孔之昭。"故君子内省不疚,无恶于志。君子所不可及者,其唯人之所不见乎?《诗》云:"相在尔室,尚不愧于屋漏。"故君子不动而敬,不言而信。

"诗曰'衣锦尚䌹',恶其文之著也。"《中庸》引了一句诗,见《卫风·硕人》《郑风·丰》,穿的衣裳不能太光鲜,要有所遮掩。"故君子之道,闇然而日章;小人之道,的然而日亡。"君子之道虽然隐晦,但是逐渐章明,小人之道全在外表上,内涵却逐渐流失。"君子之道,淡而不厌,简而文,温而理,知远之近,知风之自,知微之显,可与入德矣。"君子之道,平淡而不令人讨厌,简朴而文采焕发,温文尔雅而有条理。从远推到近,知道风气形成的来源,知道细微通往显白,才能进入道德的境地。

"《诗》云:'潜虽伏矣,亦孔之昭。'"(《诗经·小雅·正月》)虽然潜伏在下,却非常明亮。越是默默地下工夫,越是有光辉。"故君子内省不疚,无恶于志。君子之所不可及者,其唯人之所不见乎?"君子反省后感到无愧于心,没有辜负平生的志向。他的不可及之处,就是把工夫花在人看不见的地方,而绝不是在人的面前作表演。以下引《大雅·抑》:"相在尔室,尚不愧于屋漏。"这是儒家的胸怀和美学。"故君子不动而敬,不言而信。"这是从实践得到的效验。

　　无曰不显,莫予云觏。

不要说做的事没有人看见,始终有眼睛在看着你,无时无刻不在。其实人在天地的大舞台上,总有东西在看着你,神永远看下边的人在乱动。

　　神之格思,不可度思,矧可射思。

格即"格物"的格,格就是来,或者是交接。思是语气词。神之来,不可测度。即使你把门窗都关上,他在多维空间之中,你根本无法堵上。矧是何况,射是讨厌,你怎么可以讨厌他或者躲开他呢?这是对君子的要求,时时刻刻都在监察,没有可以懈怠的时候。

这段诗《中庸》也引用了:

子曰："鬼神之为德，其盛矣乎？视之而弗见，听之而弗闻，体物而不可遗，使天下之人齐明盛服，以承祭祀。洋洋乎如在其上，如在其左右。《诗》曰：'神之格思，不可度思，矧可射思。'夫微之显，诚之不可掩如此夫。"

中国文化的神完全到此为止，再上去不谈了，以诚敬的心，彻上彻下。中国人注重现实，神是无形的。《易经》破除迷信，《系辞上》称"阴阳不测之谓神"。人终究有不知道的东西，对不知道的东西有所敬畏，这就是神。这个敬畏起作用吗？起作用。

辟尔为德，俾臧俾嘉。

辟就是国君，或者是主持大政的人。国君的德要越来越好，在完美的阶梯上越走越高。臧是善，嘉是美。

淑慎尔止，不愆于仪。

由言而行，注意自己的举止，不违背礼仪。

不僭不贼，鲜不为则。

"俾臧俾嘉"是正面，"不僭不贼"是反面。僭是差错，贼是害。一方面越来越好，一方面杜绝坏。"鲜不"是否定之否定，他的所有行为，都可以作为法则。

> 投我以桃，报之以李。

你做出去的事情是对的，返回来的事情也是对的。上次讨论"种瓜得瓜，种豆得豆"，换一个形式则是投桃报李。佛教所谓正报转，依报也转。依报是你的环境，正报是你的身心，关乎内在的修行。一直埋怨环境不好的人，也应该检查自己是不是够好。君子不管环境好不好，首先要自己做对，走向阳的路。

> 彼童而角，实虹小子。

童是羊而无角，"彼童而角"，力小而任重。虹，就是溃散。这里的年轻人，估计指当时的执政者。你纸上谈兵，好像有一大套理论，看上去头角峥嵘，好像非常厉害。实际上这个角是虹做的，空的，假的，触碰后就消散。

> 荏染柔木，言缗之丝。温温恭人，维德之基。

"荏染柔木"，这个木头的质量很好，有弹性，装上弦可以做弓。木头是可以弯的，有德行的人身段也比较柔软。《礼记·经解》"温柔敦厚，诗教也"，中国人深受这些思想的无形影响。"温温恭人，维德之基"，它是富于弹性的木头，有非常强的抵抗力。

钱锺书有一联集句，我非常喜欢："非阡非陌非道路，亦狂亦侠亦温文。"上句用张融的《门律自序》："夫文岂有常体，但以有体为常，政当使常有其体。……政以属辞多出，比事不羁，不阡不陌，非途非路耳。"(《南齐书·张融传》引)下句用龚自珍的《己亥杂诗》第二十八："不是逢人苦誉君，亦狂亦侠亦温文。"把狂和侠收敛到温文中去，避免了软弱。《诗经》的平和中正，有内在的张力。

　　其维哲人，告之话言，顺德之行。

　　哲人一听就懂了，并照着去做。《老子》四十一章："上士闻道，勤而行之。"

　　其维愚人，覆谓我僭，民各有心。

　　如果跟愚人讲，他会说你不好，找出种种理由来辩驳。《老子》："下士闻道，大笑之。"(同上)
　　民的天性各不相同，确实有人聪明有人笨。当然也有一些人，你不管怎样说，他都不明白。其实对不明白的人，最好应该不说。但如果那是你的家人或者朋友怎么办？无论如何要多提醒几句，这里的分寸很难把握。君子讲得通道理，老百姓不可能统一意见，因为"民各有心"。

　　於乎小子，未知臧否。

　　这就是卫武公摆老资格了。你这个年轻人啊，不知道好坏，是非观念都分不清楚。在《大雅·荡》中还有一句，"虽无老成人，尚有典刑"。在中国古代，一般总是假设年龄大一点的人，经验会丰富一点，在《诗经》里就是"老成人"。老成人做事比较稳健，跟年龄没有必然的关系。老成人是旧臣，典刑是旧法。

匪手携之，言示之事。

手把手地教你。

匪面命之，言提其耳。

这就是成语"耳提面命"的出处。怎样把人生经验在两代人之间传承，这是人类至今没有解决的大问题。对古典政治哲学来说，最关注的就是教育。

借曰未知，亦既抱子。

要说你不知道，年龄还小吧，你已经是做父亲的人了。怎么还是不成器，烂泥扶不上墙。可见并不是年龄大了，智慧必然就会高。有时候人们说，年轻人不懂事，长大了他自然知道。其实不是自然知道的，有些人长大了还是不明白，到老了还是不明白，这就是巨婴。

民之靡盈，谁夙知而莫成？

老百姓早已不满，有谁是早上知道而晚上成就的呢？早上知道早上成就，晚上知道晚上成就，但是你无论如何不肯知道，怎样教也教不会，说话者非常痛苦。"莫"就是暮。

昊天孔昭，我生靡乐。

浩浩荡荡的天，气候这么好，阳光这么明媚，可是我总觉得不开心。因为没有把这套对的东西传下去，永远觉得不开心。

这就是儒家的执着，不抛弃，不放弃。道家对于拎不清的人，他早就走开了，为什么辛辛苦苦跟你讲？儒家是知其不可而为之，他还是要尽自己的责任。但是那个人就是听不进，永远听不进，因为心性不一样。其实他听不进，有旁边人听得进，到今天还是有人听得进。

视尔梦梦，我心惨惨。

看你糊里糊涂如同梦游，无法喊醒，心里非常难过。是啊，一些很聪明的人，包括大哲人，他的孩子不一定聪明。我当年读朱熹的文集，他把儿子送到吕祖谦家中，让老朋友来管教：如果他不行，你打也好，骂也好，都可以；实在教不会也不勉强，只要不太添麻烦，你怎样处理都行（《晦庵集》卷三十三《答吕伯恭》）。这其实没办法，因为人的根性确实不同。

诲尔谆谆，听我藐藐。

辛辛苦苦，苦口婆心地讲，被当成耳旁风。

匪用为教，覆用为虐。

完全糟蹋了好话，变本加厉地做坏事。

借曰未知，亦聿既耄。

说你不知道吧，也老大不小了。人生很快就会过去，还不赶快觉悟。但是听的人根本听不进。他大概只会想，对啊，人很快会变老，何不抓紧时间，好好享受。这就是人生目标不同，一个用灵魂满足身体，一个用身体满足灵魂。两种不同的向度，彼此无法沟通。

於乎小子，告尔旧止。

你这个小子，告诉你相传的规矩吧。

听用我谋，庶无大悔。

听听我的话吧，你就不会后悔。诗人终究不肯放弃，真是多情的人哪。

天方艰难，曰丧厥国。

"天方艰难"就是长期积累的、隐藏的矛盾爆发了，到这个时候掩盖不住了。"日丧厥国"，在动荡不安的年代，说话间就没有了，一个国家毁掉。这些人看得太深邃了，他们直接看到亡国，其实还要过好长时间。有这些人努力地维持，所以可能会亡得慢一点。

　　读这两句诗，很有感触。所有发生的事情，如果过后成为历史，那就是"古今多少事，都付笑谈中"（杨慎《临江仙·廿一史弹词说秦汉》，用于《三国演义》开篇），然而在当时，确实是天翻地覆的大变化。比如1989年末的苏联东欧巨变，再比如百年一遇的金融海啸。我们这一代的人，从小到大，脑子里全是苏联，然而在几星期之内，苏联就解体了。"日丧厥国"，看上去多么大的庞然大物，说变就变了。这个时机的因缘成熟，就是中国人平常讲的"不是不报，时候没到"。"天方艰难"，时候一到，积累的种种矛盾都翻腾出来，没有任何力量阻挡得住。金融海啸也是这样，其中的问题深不可测。这些三角、五角、十几角的金融债务，极其复杂的衍生品泡沫，威胁国家的安全。

　　西周变成东周，也是剧烈的大变化。读《诗经》应该知道当时人的感情表达。这些大事的发生，在历史上也是一瞬间，记载中不过短短几行字而已。当时也发生地震，《诗经·小雅·十月之交》："高岸为谷，深谷为陵。"那是地壳发生的大变化。

　　　　取譬不远，昊天不忒。

　　要知道这不是很久远的事情，昊天一点也不会发生差错。《老子》三十八章称"天网恢恢，疏而不失"，因果不爽。"殷鉴不远，在夏后之世"（《大雅·荡》），成功和失败的例子都在眼前，对昊天来说完全透明。这部总的计算机从不会出错，没有侥幸的可能。在老天爷的银行里，你不能永远地透支，透支到一定程度，会反过来总清算。

回遹其德，俾民大棘。

回就是搞来搞去。遹就是邪僻。棘就是困，也就是急。你的品德、心性没有端正，使老百姓过得非常艰难，言下之意就是"不亡何待"？一个国家说亡就亡了，遇到了金融海啸，华尔街的大投资银行，也是说垮就垮了。

（原载"经典与解释"第 33 辑《荷马笔下的伦理》，华夏出版社 2010 年）

《诗经·郑风·风雨》大义

这首诗有三种解说:

一、《毛诗·小序》以政治和文化解说,三家诗无异义。二、朱熹《诗集传》以男女爱情解说,当时称"淫奔"。三、方玉润《诗经原始》认为,风雨未必喻乱世,"风雨晦冥,独处无聊,此时最易怀人"。

从文学的角度来看,朱熹和方玉润没有错。然而从整体学术来看,这样说把先秦的文献软化了。这首诗和国家、民族的命运相关,是有传道性质的政治诗,而不仅仅是卿卿我我的爱情诗。

《小序》:"《风雨》,思君子也。乱世则思君子不改其度焉。"

风雨比喻乱世,君子坚守法度,成为文化的传承人。

风雨凄凄,鸡鸣喈喈。既见君子,云胡不夷。

在动荡的年代，君子是稳定的因素。夷，心理平衡了，安顿下来。

　　风雨潇潇，鸡鸣胶胶。既见君子，云胡不瘳。

相思病医好了，缓解了心头的痛。

　　风雨如晦，鸡鸣不已。既见君子，云胡不喜。

确确实实看到想见的人，心花开了。

"风雨凄凄""风雨潇潇""风雨如晦"，描绘从小雨到中雨到大雨。"风雨凄凄"，风雨开始变大。"风雨潇潇"，更大了。"风雨如晦"，风雨如磐，一片黑暗，正是黎明前的黑暗。

以易象而言，鸡鸣是震象，鸡不停地叫唤，不停地叫唤，一定要叫破黑暗。风雨越来越大，黑暗越来越深，然而鸡鸣象征信心，无论如何不停地叫唤，一直叫到风雨过去，黎明来临。

"鸡鸣喈喈"，风雨刚开始的时候，鸡就有了反应。如果晨起敲钟，早点或晚点，声音没什么不同。鸡有生物的敏感性，风雨两样了，对黎明的感受两样了，鸡的反应也两样了。"鸡鸣胶胶"，风雨和黑暗深了一层，鸡鸣也密集起来，胶胶是声音成片。"鸡鸣不已"，风雨和黑暗到了最深层，鸡鸣也到了最高峰。

"云胡不夷"，夷就是心平。本来忐忑不安，现在石头落了地。"云胡不瘳"，心中一直在想一个人，久等而不来，也不知道会不会来。看到了他就在眼前，相思病就医好了。"云胡不喜"，日思夜想的问题解决了，身心完全振奋，充满力量。

用易象来解，风雨是天地，环境为乱世，鸡鸣知时而报晓。"鸡鸣喈喈"是信心，然而单凭信心不够，还要看到确确实实的人，这就是"既见君子"。鸡不停地鸣叫，一定要叫破黑暗，引入曙光，把晴朗的天召唤出来。鸡鸣是上达之象，从没有希望中找到希望，必须把握到实质性的支持，也就是处于阴阳变化中的君子。阴阳相配，性命相合，精神得以振奋，生理的反应变了。

诗中有两个人，一个未露面的女主角，相对一个刚到的男主角。在屋内的灯光下，看得见，摸得着，心完全安定下来。室外的鸡鸣是呼唤，是前哨；屋内的男女，是面对未来的生力军。确确实实已经到了，彼此就在身边，两个人携手共同应付难关，再大的难关也就不难了。如此阳气显发，才可能度过面临的危机。

2008 年 12 月 26 日

（原载《文景》2011 年第 4 期）

《论语》说《诗》析义

《论语》中记载的孔子语录,有22章论及《诗经》。其中有两处论学《诗》,又有两处论言《诗》,可当其首尾。加以适当编辑,体味涵泳,交错阐释,圆融互成,愈进愈深,呈现出孔子论《诗》的体系。

试开显八条作为阶梯,引导升堂而入室(《先进》)。

一、学《诗》

首先,以学《诗》开篇,有两处。一处对广大门人说:

> 1.子曰:"小子,何莫学夫《诗》?《诗》可以兴,可以观,可以群,可以怨。迩之事父,远之事君。多识于鸟兽草木之名。"(《阳货》第十七)

这是《论语》揭示学《诗》的总体纲领,也是《诗》的全体大用。"小子"是对门人或晚辈的称呼。

兴，感发奋起；观，体察风俗民情；群，沟通人际关系，增强共同体凝聚力；怨，表达对上层统治的不满，怨而不怒，婉而多讽。兴、观、群、怨是《诗》的作用，兴阳而怨阴，观以为出，群以当入。

"迩之事父，远之事君"，为家国一致，构成社会秩序。"多识于鸟兽草木之名"，推广联系于自然，动植物各得其所，人与环境和谐相处。

另一处对自己儿子说：

> 2. 陈亢问于伯鱼曰："子亦有异闻乎？"对曰："未也。尝独立，鲤趋而过庭。曰：'学《诗》乎？'对曰：'未也。''不学《诗》，无以言。'鲤退而学《诗》。他日，又独立，鲤趋而过庭。曰：'学礼乎？'对曰：'未也。''不学礼，无以立。'鲤退而学礼。闻斯二者。"陈亢退而喜曰："问一得三，闻《诗》、闻礼，又闻君子之远其子也。"（《季氏》第十六）

1勉励弟子在前，2督促子弟在后。对待弟子或子弟，老师的态度没有区别。孔子的教育方针是"有教无类"（《卫灵公》），因材施教。《论语》一百余处说仁，因时因地因人而异，无一相同。孔子是否对自己儿子有特别传授？陈亢有疑惑，所以向伯鱼探问。然而，老师一视同仁，并无异闻，陈亢可以安心。中国人重视家庭教育，父亲对儿子的教诲，以后就称为庭训。

问一得三，是孔门的学习方法，《公冶长》："回也闻一以知十,赐也闻一以知二。"《述而》:"举一隅不以三隅反,则不复也。"远其子,可知孔子对自己的后代,并无特殊的藏私。后世儒学的发展,到底是孟子、荀子、董仲舒、郑玄、周敦颐、二程、张载、朱熹、陆九渊、王阳明的贡献大,还是受到帝王扶持的孔府贡献大?毫无疑问,当然是前者。

伯鱼称述由学《诗》而学礼,于经已包括六经之间的关系(见第二节"《诗》《书》《礼》《乐》"),于人已包括言行。人之处世修身,有言行之外者乎?孔子指点的是入门工夫,深远则不可测。

"不学《诗》,无以言","不学礼,无以立"。此见言、行二者,当孔门为学之要,亦即《尧曰》末章:"不知礼,无以立也;不知言,无以知人也。"学为始事,知为终事。又"无以言",对己而言;"不知言",对人而言。始则学《诗》而言,学礼而立;终则言即诗,立即礼。孔门以《诗》、礼传家,"吾无隐乎尔"(《述而》)。

二、《诗》《书》《礼》《乐》

《论语》和六经之关系,首先相通于《诗》《书》《礼》《乐》,至于《易》与《春秋》,另外论述(此六经顺序,用《庄子·天下篇》和《天运》)。汉以后,六经亦称六艺(《史记·孔子世家》《儒林列传》,又《七略》有《六艺略》)。

"六艺"指涉有二,一指礼、乐、射、御、书、数(《周礼·保氏》),一指六经(马一浮《泰和宜山会语》"以道言谓之经,以教言谓之艺")。两者重合处为礼乐,故下文提及礼乐时,或不加书名号。

3. 子所雅言，《诗》、《书》、执礼，皆雅言也。(《述而》第七)

以《诗》《书》当言，以执礼当行，孔子以此教导弟子，师生融洽共学，体之于身。2 由《诗》带出礼，3 由《诗》带出《书》，4 又由《诗》带出乐，乃成《诗》《书》礼乐之象。《诗》《书》为文，礼乐为行，《诗》对应乐，《书》对应礼，彼此支持，互相成就，"文质彬彬，然后君子"(《雍也》)。

《礼记·王制》："乐正崇四术，立四教，顺先王《诗》《书》《礼》《乐》以造士。春秋教以《礼》《乐》，冬夏教以《诗》《书》。"《史记·孔子世家》："故孔子不仕，退而修《诗》《书》《礼》《乐》，弟子弥众，至自远方，莫不受业焉。"又："孔子以《诗》《书》《礼》《乐》教，弟子盖三千焉，身通六艺者七十有二人。"

雅者，正也，常也。雅言，纯正之言，常说之言，也是通行的官方语言。雅亦即《小雅》《大雅》的雅，孔子有天下大同的理想，"如有用我者，吾其为东周乎"(《阳货》)，故于《诗》、《书》、执礼，皆以雅言宣之。《诗》《书》，犹内在的思想理解；执礼，犹外在的形体训练。又《诗》理情性、《书》道政事为言，执礼为行，内外相成，"言顾行，行顾言"(《中庸》)。

4. 子曰："兴于《诗》，立于礼，成于乐。"(《泰伯》第八)

兴，即"《诗》可以兴"的兴，《诗》之兴根极于人，重在生命力之感发，而非语言之雕琢。相对于《诗》《书》《礼》《乐》，3 引入礼，4 引入乐，四经的组合由此完整。2 言"无以立"，4 言

"立于礼",互相呼应。

参见《尧曰》:"孔子曰:不知命,无以为君子也;不知礼,无以立也;不知言,无以知人也。"《论语》以此三言结束,呼应于开端三言:"学而时习之,不亦说乎? 有朋自远方来,不亦乐乎? 人不知而不愠,不亦君子乎?"以君子为人道之标准,首尾相合,意义深远。(参见拙稿《〈论语〉四章说》)

以言行两方面入,即《诗》《书》《礼》《乐》之发展。君子知命,不在于其他,就在于言行,由生理之命而达义理之命。《易·系辞上》:"言行,君子之枢机。枢机之发,荣辱之主也。言行,君子之所以动天地也,可不慎乎?"知命谓根本,知礼谓行,知言谓言。知命者知言行,知言行者知命。又知命,知己;知礼,知人际关系;知言,知人。

于六经而言,知命,关涉《易》《春秋》;知礼,关涉《礼》《乐》;知言,关涉《诗》《书》(《孟子·公孙丑上》有"知言"之说)。《易》为宇宙的根本原理,《春秋》为现实的社会环境,正是《论语》的时代背景。孔子和弟子处身于这样的环境中,修习《诗》《书》《礼》《乐》,维系文明火种,完成人道,自足于天地之间,知命在其中矣。

三、编《诗》的结构:《风》《雅》《颂》

5. 子曰:"吾自卫反鲁,然后乐正,《雅》《颂》各得其所。"(《子罕》第九)

孔子周游列国，观风而采风，自卫返鲁（《史记·孔子世家》系于鲁哀公十一年，即公元前484年），于是校正乐调，完成《诗经》的《雅》《颂》结构。此即孔子编《诗》之证，乃知《诗》不能脱离乐，知音为知言之基础。

《尚书·舜典》："诗言志，歌永言，声依永，律和声。"孔子正乐之标准，或在《韶》《武》乎？《述而》："子在齐闻《韶》，三月不知肉味，曰：不图为乐之至于斯也。"《八佾》："子谓《韶》，尽美矣，又尽善也。谓《武》，尽美矣，未尽善也。"《史记·孔子世家》："三百五篇孔子皆弦歌之，以求合《韶》《武》《雅》《颂》之音。礼乐自此可得而述，以备王道，成六艺。"《汉书·艺文志》："（诗）遭秦而全者，以其讽诵，不独在竹帛故也。"

四、正变

勉励正风（以《周南》《召南》及其首篇《关雎》为代表）：

从《风》《雅》《颂》进一步深入，《风》《雅》有其正变（当空间），《颂》未言正变，以《周颂》为主，而以《商颂》《鲁颂》夹辅之（当时间），亦与正变同构。《诗大序》："至于王道衰，礼义废，政教失，国异政，家殊俗，而变风变雅作矣。"孔子勉励学《诗》从正风始，也就是从《周南》《召南》及其首篇《关雎》始。涵泳并体味正风，即"《诗》始《关雎》"的大义。

6.子谓伯鱼曰："女为《周南》《召南》矣乎？人而不为《周南》《召南》，其犹正墙面而立也与？"（《阳货》第十七）

《阳货》中，6排列于1之下。何晏《集解》合为一章、朱熹《集注》分为二章，应该有其用心。合以为教导弟子的入口，分以为教导子弟的入口。本文从《集注》，将6作为2的补充。

《周南》《召南》为正风，亦即二南之化，可用于乡人，用于邦国。正墙面而立，"正"训为向（刘宝楠《正义》）。《集注》谓"至近之地，而一物无所见，一步不可行"。不学《周南》《召南》，人就不能进入《诗经》的广大世界，当自我封闭之象。

7. 子曰："《关雎》，乐而不淫，哀而不伤。"（《八佾》第三）

以音乐调整感情，此之谓定调。读《诗》之法，平衡以得性情之正，养成君子的品格，《礼记·经解》谓"温柔敦厚，诗教也"。治国齐家由男女恋爱成夫妇始，故《诗大序》以《关雎》为"后妃之德也，风之始也"。乐、哀，情感之两面。

8. 子曰："师挚之始，《关雎》之乱，洋洋乎盈耳哉。"（《泰伯》第八）

《诗》、乐相合，开端处有人无音乐（师挚为鲁国乐师），结束时有音乐无人（乱为乐曲卒章）。洋洋盈耳，气象阔大，铺天盖地，延续至今。

参见《八佾》："子语鲁大师乐，曰：乐其可知也：始作，翕如也；从之，纯如也，皦如也，绎如也，以成。"孔子深知音律，描述乐曲的演进，莫善于此。

讨伐变风（以《郑风》为代表）：

9. 子曰："恶紫之夺朱也，恶郑声之乱雅乐也，恶利口之覆邦家者。"（《阳货》第十七）
10. 颜渊问为邦。子曰："行夏之时，乘殷之辂，服周之冕。乐则韶舞。放郑声，远佞人。郑声淫，佞人殆。"（《卫灵公》第十五）

"恶紫之夺朱也"，近似而弥乱真，似则似矣，是则未是。朱是正色（三原色之一），紫为间色（由原色调配而来的颜色）。《汉书·王莽传赞》："紫色蛙声，余分闰位。"注："应劭曰：'紫，间色；蛙，邪音也。'""恶郑声之乱雅乐也"，亦即《卫灵公》"郑声淫"，淫谓靡靡之音。"恶利口之覆邦家者"，指斥"巧言令色鲜矣仁"（《学而》，又《季氏》），亦即"佞人殆"。

颜渊问治国之道，孔子以三代损益答之。夏时天，殷辂地，周冕人，韶犹尧舜之尽善，舞犹武王之尽美。"放郑声，远佞人"，东周时《雅》降而为《王风》，此求拨乱反正之道。"郑声淫"，泛滥无归宿，非振兴气象。"佞人殆"，佞人以是为非，以非为是，用巧妙的言辞倾动人。

后世经学家往往讨论"郑诗淫"，孔子此处讨论的是"郑声淫"，淫者过也，过其常度（程树德《集释》引陈启源《毛诗稽古篇》卷六）。经学家从礼的角度讲，孔子从乐的角度讲。人和音乐不脱离，由声而诗，3之雅言相称于9之雅乐。《孟子·尽心上》："仁言不如仁声之入人深也。"赵岐注："仁声，乐声《雅》《颂》也。"

正变的标准在于《颂》，亦即礼乐的极致。正风、正雅合于《颂》，变风、变雅不合于《颂》。

11. 三家者以《雍》彻。子曰："'相维辟公，天子穆穆'，奚取于三家之堂？"（《八佾》第三）

"王者之迹熄而《诗》亡，《诗》亡然后《春秋》作"（《孟子·离娄下》）。此已兼及《春秋》，引《诗·周颂·雍》斥责三家（鲁大夫孟孙、叔孙、季孙）失礼。全盛时期的周天子气象，三家何能擅自模仿，亦礼崩乐坏之例。《雍》为武王祭祀文王的乐歌，主祭者天子雍雍，助祭者诸侯肃肃。"彻"即撤，祭毕而收其俎（盛放祭品的器皿）。"相"，助。"辟公"指诸侯。"穆穆"，深远之意。

参见《季氏》："孔子曰：天下有道，则礼乐征伐自天子出。天下无道，则礼乐征伐自诸侯出。……天下有道，则政不在大夫。天下有道，则庶人不议。""天下有道，则政不在大夫。"此春秋而至战国的关键，亦孔子所痛心疾首者。"三家者以《雍》彻"，诸侯大夫纷纷僭越，已为三家分晋、田氏代齐之伏笔。

《季氏》又云："孔子曰：禄之去公室，五世矣；政逮于大夫，四世矣。故夫三桓之子孙，微矣。"由上而下，趋势已成。三桓即三家，微者，衰落之象，孔子已见其几。

五、引用

学以致用，故有引用。一般引用，与原意相去不远。特殊引用，由春秋时"赋《诗》断章，余取所求焉"（《左传》襄公二十八年）而来，已逐步脱离原意，见第七节"言《诗》"。

12. 子曰："衣敝缊袍，与衣狐貉者立而不耻者，其由也与？'不忮不求，何用不臧？'"子路终身诵之。子曰："是道也，何足以臧？"（《子罕》第九）

子路穿低贱衣服，与穿华贵衣服的人站在一起，并不感到羞愧。达成此不动心之人，有其底气或勇气，后世禅家"上与帝王同坐，下与乞丐共行"是也。引诗见《邶风·雄雉》："百尔君子，不知德行。不忮不求，何用不臧？"忮，害也；求，贪也。臧，善也，自足之象。

子路往勇气一路走，孔子从底气一路走。子路的自信非常可贵，孔子以"是道也"勉之，然而不可停留于此。

13. 子张问崇德辨惑。子曰："主忠信，徙义，崇德也。爱之欲其生，恶之欲其死。既欲其生又欲其死，是惑也。'诚不以富，亦祇以异。'"（《颜渊》第十二）

崇德，仁之事；辨惑，知之事。主忠信，徙义，从道理出为性。爱之欲其生，恶之欲其死，从情感出为情。《易·乾》："利贞者，性情也。"谓以性化情。王弼注："不性其情，何能久行其正？"

"诚不以富，亦祇以异"，引诗见《小雅·我行其野》。《集注》引程子以为错简，当系于《季氏》"齐景公有马千驷"之上。

潘雨廷先生称《诗经》中，有三首是传道诗："宣王时之《白驹》、幽王时之《小旻》、秦风中之《蒹葭》当之。"（《诗说》，上海文艺出版社，2023）《论语》中两次引用《小旻》："不敢暴虎，不敢冯河。人知其一，莫知其他。战战兢兢，如临深渊，如履薄冰。"一相应内圣，一相应外王。

内圣方面：曾子之学，从"吾日三省吾身"（《学而》）入手，终身修持，死而后已。

14. 曾子有疾，召门弟子曰："启予足，启予手。《诗》云：'战战兢兢，如临深渊，如履薄冰。'而今而后，吾知免夫！小子！"（《泰伯》第八）

"启予足，启予手"，看看我的脚，看看我的手，是否完好无损？"身体发肤，受之父母，不敢毁伤"（《孝经》）。由生而死，战战兢兢，犹如持戒，临深履薄，即释氏"尽形寿"之象。"而今而后，吾知免夫"，任重道远，至此才可以放下责任的担子，"存吾顺事，没吾宁也"（张载《西铭》）。

外王方面：赞赏颜渊，纠弹子路。

15.子谓颜渊曰:"用之则行,舍之则藏,唯我与尔有是夫。"子路曰:"子行三军,则谁与?"子曰:"暴虎冯河,死而无悔者,吾不与也。必也临事而惧,好谋而成者也。"(《述而》第七)

"用之则行,舍之则藏",《史记》记载老子临别告诫:"君子得其时则驾,不得其时则蓬累而行"(《老子韩非列传》),此切合春秋时代状况,亦见孔老相应处。

《论语》中类似言辞甚多,《公冶长》子曰:"宁武子,邦有道则知,邦无道则愚。其知可及也,其愚不可及也。"又《宪问》子曰:"邦有道,危言危行;邦无道,危行言孙。"后来《孟子·尽心上》云"穷则独善其身,达则兼善天下",流传后世。

孔子与颜渊讨论出处(政治),子路表达特殊情况(军事),孔子批评一勇之夫,提出敬畏思想,由敬畏天命而来。《季氏》:"君子有三畏:畏天命,畏大人,畏圣人之言。"有此三畏,乃当"仁者必有勇"(《宪问》)之象。

参见后世《太平经》"贤不肖自知法":"上士高贤,事无大小,悉尽畏之;中士半畏之;下士全无可畏。"又《旧唐书·魏元忠传》引北齐段孝玄云:"持大兵者,如擎盘水,倾在俯仰间,一致蹉跌,求止岂得哉。"盖敬畏亦即无畏,真正英雄从战战兢兢中来,而非小人之无忌惮也。

六、知言而知音

什么是"不学《诗》,无以言"(《季氏》)?有内圣和外王两方面。

于外王:当诸侯之间的折冲樽俎,言为外交辞令。

孔门弟子,分四科十哲:"德行:颜渊、闵子骞、冉伯牛、仲弓。言语:宰我、子贡。政事:冉有、季路。文学:子游、子夏。"(《先进》)德行当立德;言语、政事为外交、内政两方面,当立功。文学当立言,后世的经学,大体继承之。

16. 子曰:"诵《诗》三百,授之以政,不达;使于四方,不能专对,虽多,亦奚以为?"(《子路》第十三)

"授之以政,不达",理解《风》《雅》《颂》的结构,当内政。"使于四方,不能专对",当外交。言即"专对",听懂对方的意思,做出针对性回应。

于内圣:言为心声,知言以知人。

17. 南容三复"白圭",孔子以其兄之子妻之。(《先进》第十一)

南容品格高洁,慎言处世。"三复",乃深味之。《诗·大雅·抑》:"白圭之玷,尚可磨也;斯言之玷,不可为也。"

《公冶长》云:"子谓公冶长,可妻也。虽在缧绁之中,非其罪也。以其子妻之。子谓南容，邦有道，不废；邦无道，免于刑戮。以其兄之子妻之。"公冶长有所坚守，南容有所规避，皆有其持世原则，故孔子许之。《卫灵公》有云："直哉史鱼！邦有道如矢，邦无道如矢。君子哉蘧伯玉！邦有道则仕，邦无道则可卷而怀之。"亦见史鱼、蘧伯玉之不同而同。

孔子于己之子和兄之子，无轩轾其间。或以避嫌为说，自以凡心测度圣量，故程子斥之。

知言引申而知音，涉及判断的标准。

18.子击磬于卫，有荷蒉而过孔氏之门者曰："有心哉，击磬乎！"既而曰："鄙哉，硁硁乎！莫己知也，斯己而已矣。'深则厉，浅则揭。'"子曰："果哉，末之难矣！"（《宪问》第十四）

闻击磬而知其心声，此之谓知音。当时深知孔子者，往往乃道家人物。

"有心哉，击磬乎！""鄙哉，硁硁乎"；那个有心事的人啊！固执而钻牛角尖啊！"莫己知也，斯己而已矣"，那个不被理解的人啊，只有自己懂啊。"深则厉，浅则揭"，深水就全衣趟过去，浅水就掀衣趟过去，犹《楚辞·渔父》之水清濯缨，水浊濯足。"果哉，末之难矣！"那个人真是忍心啊，如果跨过这一关，还有什么事不能做呢？这是孔子慈悲心的自然流露。

"深则厉，浅则揭"，出《邶风·匏有苦叶》，讽以随时之义，可当劝诫。儒道立场不同，"道不同不相为谋"（《论语·卫灵公》）。

前见相通处,此见分歧处。荷蒉者为道家人物,观其对音乐的评论,知孔子甚深。"莫己知也",孔子本人也有感叹,"子曰:'莫我知也夫!'子贡曰:'何为其莫知子也?'子曰:'不怨天,不尤人,下学而上达。知我者其天乎!'"(《宪问》)

孔子对荷蒉者没有完全否定,而是更进一解:你所说的我都知道,只是我怎么忍得下心来呢?《微子》中称述己志:"天下有道,丘不与易也。"

七、言《诗》

由学《诗》而言《诗》,进入高级境界,于辞句完全活用,不拘泥字面意义。

> 19.子贡曰:"贫而无谄,富而无骄,何如?"子曰:"可也,未若贫而乐,富而好礼者也。"子贡曰:"《诗》云:'如切如磋,如琢如磨。'其斯之谓与?"子曰:"赐也,始可与言《诗》已矣。告诸往而知来者。"(《学而》第一)

子贡体会到一义,向孔子求证。"贫而无谄,富而无骄",平衡以防止流弊。"贫而乐,富而好礼",上出,进入更高境界。子贡大受启发,闻一知二,抽象为修行原则,引《卫风·淇奥》以证之。

"始可与言《诗》已矣",在通晓原意的基础上,以意逆志,脱离文字拘束而自由发挥。子贡切磋琢磨,步步深入,终成美器。

孔子去世后,弟子皆服三年心丧,唯独他守墓六年(《史记·孔子世家》)。

子贡由浅而深,于下学思得精义;孔子转而进一步指引上达。"始可与言《诗》"为大赞许,乃知诗象之神变莫测。"告诸往而知来者",引而申之,触类而长之,天下之能事毕矣。

20. 子夏问曰:"'巧笑倩兮,美目盼兮,素以为绚兮。'何谓也?"子曰:"绘事后素。"曰:"礼后乎?"子曰:"起予者商也,始可与言《诗》已矣。"(《八佾》第三)

此即读《诗》之法,诗为活物,随物赋形,读犹抽绎也。"巧笑倩兮,美目盼兮",出《卫风·硕人》;"素以为绚兮",由朴素而绚丽,一般认为是逸诗。

"绘事后素",汉宋解释不同。何晏《集解》谓"凡绘画先布众色,然后以素分布其间,以成其文"(《考工记》"绘画之事后素功")。朱熹《集注》谓"先以粉地为质,而后施五采"(《礼记·礼器》"甘受和,白受采")。"礼后乎",子夏触类引申,礼后于忠信,犹绘事后于素也。"始可与言《诗》已矣",相通读《易》玩辞之法,孔门读《诗》已完全活用。

子夏长于文学,传《诗》(《经典释文》谓孔子授子夏,子夏作《序》),而且传《易》(今本《子夏易传》为伪作)。汉代"韩诗"得其衣钵,惜其《易》亡而《诗》仅存《外传》。

李鼎祚《周易集解序》:"自卜商入室,亲授微言。"卜即卜子夏,商即商瞿子木。子夏传《易》和子木传《易》不同,前者通于《诗》，后者纯粹传《易》，以象数为主（参见《史记·儒林列传》）。

八、最终指归

"始可与言《诗》已矣"，有其始，是否有其终？试以孔子本人引《诗》当之。此已入孔门最高境界，乃学《诗》的指归，本身也是言《诗》。

21."唐棣之华，偏其反而。岂不尔思？室是远而。"子曰："未之思也，夫何远之有？"（《子罕》第九）

此节前文云："子曰：可与共学，未可与适道；可与适道，未可与立；可与立，未可与权。"后后胜于前前，学以致用，列出阶梯：共学，学之起点；适道，学之终点；立，担荷道体，顶天立地，用之起点；权，施行得宜，道之变化，用之终点。未可与者，不共也。

"权"为孔门之最高境界，解释分歧出两义：一、权即经也，"能权轻重使合义也"（《集注》引程子）。二、反经合道为权（《公羊传》桓公十一年"权者，反于经然后有善者也"）。若未达本源，则有权变、权术之说，有害而不足取。其间的衡量标准，到底在哪里？即以此逸诗当之。

此节极深妙，乃感应之理。道不远人，"我欲仁，斯仁至矣"（《述而》）。

22. 子曰："《诗》三百，一言以蔽之，曰：思无邪。"（《为政》第二）

三百入一言，一言化三百，各正性命，保合太和。《颂》无正变，《鲁颂》《商颂》，夹辅《周颂》，鲁继商周，颂声无疆。"思无疆"，"思无期"，"思无斁"，"思无邪"（《鲁颂·駉》），骏马奔腾，一往无前，延伸无穷，味之不尽。

此为编《诗》的关键，也是学《诗》的指归。思无邪者，相应人类表达的一切真实情感，而归于情性之正，故"关关雎鸠"无邪，"静女其姝"无邪，"硕鼠硕鼠"无邪，乃至"杭育杭育"无邪。

无邪故无淫诗，淫者在人之思，不在诗也。思无邪者，祝祷也，亦可化为无意义之纯声（程树德《集释》引《项氏家说》"思，语辞也"）。由显入隐，由隐而显，有一切无碍、海阔天空之象。

（原载《中国经学》第十九辑，广西师范大学出版社，2016）

《庄子·达生》析义

解题:"达生""达命",两句全篇纲宗。欲透彻理解此文,"达生""达命","达生""达命",当反复诵念之,余闻师云。

> 达生之情者,不务生之所无以为;达命之情者,不务知之所无奈何。

开宗明义,并言"生"和"命",包含今天"生命"一词。生和命互相联系,侧重点不同:生是命的初始和当下展现,命是生的承载和延续。"达"谓通达,既指四周看得清,又指四面行得通(《书·召诰》"周公朝至于洛,则达观于新邑营")。道家主形神俱妙,达者,达成也。"情"谓实情,达情以透彻之,乃达生命之源。

"不务生之所无以为",此言生,相关于心理,而以行为主。"不务知之所无奈何",此言命,相关于生理,而以知为主。此之谓错综,盖生与命相辅相成,二而一者也。又,禅宗"即生成佛"相应前者,密教"即身成佛"相应后者。"达生""达命",当道家之修持法，此即顺其自然，亦即无为。

"达命之情者，不务知之所无奈何。"诸家注释皆以为"知"当作"命"，宜校正为："达命之情者，不务命之所无奈何。"[1] 以"知"为解，身体如果不相应，不要用思想去勉强它。以"命"为解，身体如果不相应，不要用身体去勉强它。前解甚深邃，后解更透彻，乃至题无剩义。

达生犹觉悟，达命犹解脱，"不务"以养成之，积极兼以消极。又，"不务生之所无以为"，《淮南子·诠言训》引"生"作"性"（《泰族训》同），如此"生命"之学亦即"性命"之学，涵容概括，彻上彻下，更有修持义。

> 养形必先之以物，物有余而形不养者有之矣。有生必先无离形，形不离而生亡者有之矣。

"养形必先之以物，物有余而形不养者有之矣。"维持生命，固然离不开外物，然而外物争取到了，身体却已拆坏了。

"有生必先无离形，形不离而生亡者有之矣。"有刃必有刀，而有刀未必有刃。知养形而不知存生，则成为"行尸走肉"。

> 生之来不能却，其去不能止。悲夫！

---

[1] 郭庆藩《庄子集释》引《弘明集·正诬论》引"知"作"命"。刘文典《庄子补正》复引《淮南子·诠言训》、《泰族训》证之。王叔岷《庄子校诠》复引《养生主》郭注证之："达命之情者，不务命之所无奈何也。"遂成定谳。

笼罩古今无数的事实，透彻理解生命的局限。生命无依托，生死不可知，不能不产生无常之感。

> 世之人以为养形足以存生，而养形果不足以存生，则世奚足为哉！虽不足为而不可不为者，其为不免矣。

世人执着养形，百般设计，百般作为，深究下来完全没有用。那么辛辛苦苦地操持这一生（三十年为一世），又为什么呢？奚足，何足，哪里值得。此点出人生的根本矛盾：积极地做不值得，然而又不可能不做，痛点就在这里。

《老子》十三章："吾所以有大患者，为吾有身。及吾无身，吾有何患？"有待之身，实不得不有所养形，勤苦劳作，戕性伤生，殆不可免矣。

> 夫欲免为形者，莫如弃世。弃世则无累，无累则正平，正平则与彼更生，更生则几矣。

"夫欲免为形者，莫如弃世。"如果想解脱形体的拖累，最好的做法是"弃世"，放弃自己的一生，成为无时间之人，也就是"今者吾丧我"（《齐物论》）。《新约·马太福音》云："得着生命的，将要丧失生命。为我丧失生命的，将要得着生命。"（10：39）藏传佛教某派传授最大的口诀，比修气脉、明点更要紧："且第诺统（放弃对此生的执着）！"

"弃世则无累"，摆脱外物的牵绊；"无累则正平"，"正平"犹

《书·洪范》"平康正直",得到做人的中道。林希逸《庄子鬳斋口义》:"正平者,心无高下决择也。""正平则与彼更生","彼"即《齐物论》"非彼无我"之"彼",《大宗师》"生生者不生"。"更生",重新获得生命,盖走出洞穴、大梦初醒之象。"更生则几矣",能"更生"者,脱胎换骨,形神俱妙。"几"有二义,一是变化之几,二是近乎之几。达到变化之几,那就差不多了。

事奚足弃而生奚足遗?弃事则形不劳,遗生则精不亏。

"弃事"形而下,"遗生"形而上。"弃事""遗生",内外夹持,直指向上一路。

"弃事"有其法,参考《朱子语类》卷十三:"世事无时是了。且拣大段无甚紧要底事,不要做……先去其粗,却去其精,磨去一重,又磨一重。天下事都是如此。""遗生"则更深,"放下、看破、自在"是也。

夫形全精复,与天为一。

形全精复者,德也。与天为一者,德通道也。三才之盗,彼此平衡,天人合一。

天地者,万物之父母也。合则成体,散则成始。

此即邵雍"乾坤大父母,复姤小父母"之说(沈括《梦溪笔谈·象数一》引郑夬说)。"成体"谓乾坤或六十四卦有其整体，"成始"谓"物物一太极"或复姤之生。

> 形精不亏，是谓能移。精而又精，反以相天。

"形精不亏"，道家之筑基。"是谓能移"，人反作用于天地，有其主观能动性。"精而又精，反以相天"，乃丹道极深工夫，形神相接，彼此挹注，与天地呼吸相通。陆西星《南华真经副墨》："相天，犹儒言赞化。"参见闵一得述《三尼医世功法》。

以上本篇总论，以下分段阐发。

> 子列子问关尹曰："至人潜行不窒，蹈火不热，行乎万物之上而不慄。请问何以至于此？"关尹曰："是纯气之守也，非知巧果敢之列。居，予语汝。凡有貌象声色者，皆物也，物与物何以相远！夫奚足以至乎先？是色而已。则物之造乎不形而止乎无所化。夫得是而穷之者，物焉得而止焉！

"潜行不窒，蹈火不热"谓水火，此入；"行乎万物之上而不慄"谓超然，此出。窒，阻塞。"是纯气之守也，非知巧果敢之列"，出入无疾，乃养气所得，知巧果敢外铄之（语出《孟子·尽心上》），乃所谓客气。

"凡有貌象声色者，皆物也，物与物何以相远？"物与物彼此差别，乃成"万殊"，"万殊"则无穷。"夫奚足以至乎先？是色而已。"如何理解"万殊"，不能停留于貌象声色，当以至于万物之先。以者，顺势而为，先之又先，乃至"无先"（语出《道教宗源》）。色者，犹佛教"色不异空，空不异色"（《心经》）。

"则物之造乎不形而止乎无所化。""造乎不形"是即"混沌"（《旧约·创世记》without form），"止乎无所化"是即得"一"。"即夫得是而穷之者，物焉得而止焉！"穷即不穷，止即不止，物呈露其本相。

> 彼将处乎不淫之度，而藏乎无端之纪，游乎万物之所终始。壹其性，养其气，合其德，以通乎物之所造。夫若是者，其天守全，其神无郤，物奚自入焉！"

"处乎不淫之度"（nothing in excess），乃得乎"中庸不可能也"。淫，过分。"藏乎无端之纪"，即《老子》十四章"迎之不见其首，随之不见其后"，纪犹纲领。"游乎万物之所终始"，贯通源流，终始亦即无端，故"行乎万物之上而不慄"。

"壹其性，养其气，合其德"，整合身心而使其专一，为生物修养之极至；"以通乎物之所造"，乃相合于物理。"夫若是者，其天守全，其神无郤，物奚自入焉！"是即"纯气之守也"。"其神无郤"，乃无漏之象，参考后世禅家"无缝塔"。郤（xì），缝隙。

> 夫醉者之坠车，虽疾不死，骨节与人同而犯害与人异，其神全也。乘亦不知也，坠亦不知也，死生惊惧不入乎其胸中，是故遻物而不慴。彼得全于酒而犹若是，而况得全于天乎？圣人藏于天，故莫之能伤也。

此即"醉者神全"之说。然而全于酒者有其域，全于天者则无其域。天者，时也。

"圣人藏于天，故莫之能伤也。"参考《庚桑楚》"无有一无有，圣人藏乎是"。遻（è）同遌，触忤。慴（shè），震惊。

复仇者不折镆干，虽有忮心者不怨飘瓦。是以天下平均，故无攻战之乱，无杀戮之刑者，由此道也。

卢梭有云："事物的本性不会使我们疯狂，唯有不良的企图，才会使我们如此。"（以赛亚·伯林《两种自由概念》引，陈晓林译）镆干，指莫邪、干将，古代利剑。忮（zhì）心，猜忌之心。"平均"谓平衡。各尽其力，各得其所，"圣人感人心而天下和平"（《易·咸》）。

不开人之天，而开天之天。开天者德生，开人者贼生。不厌其天，不忽于人，民几乎以其真。

"不开人之天，开天之天。"郭象注："不虑而知，开天也；知而后感，开人也。"陆西星《南华真经副墨》："开天之天者，虚静恬淡，明其自然之理也。开人之天者，妄起知识，凿其混沌之窍也。"

"开天者德生，开人者贼生。不厌其天，不忽于人。"首句扬天抑人，次句天人平均，兼顾彼此。"民几乎以其真"，最大限度地保全本性。称"几乎"，是因为过于追求完美，或为败坏之因，阳极则阴生。

又，本节"子列子"至"莫之能伤也"，亦见《列子·黄帝》；"复仇者"至"民几乎以其真"，仅见于庄书。

> 仲尼适楚，出于林中，见痀偻者承蜩，犹掇之也。仲尼曰："子巧乎！有道邪？"曰："我有道也。五六月累丸二而不坠，则失者锱铢；累三而不坠，则失者十一；累五而不坠，犹掇之也。

痀偻，驼背。承蜩，用长竹竿粘取知了。"犹掇之也"，此人神乎其技，差不多俯拾即是。"子巧乎！有道邪？"熟能生巧，掌握巧，就是道。

"五六月累丸二而不坠，则失者锱铢"，训练五六个月，在竹竿顶部放两个弹丸而不掉下来，就很少失手了。由此而"累三""累五"，从初级、中级而高级，通过三级进阶，至"犹掇之也"而达到顶峰。

> 吾处身也，若厥株拘；吾执臂也，若槁木之枝。虽天地之大，万物之多，而唯蜩翼之知。吾不反不侧，不以万物易蜩之翼，何为而不得！"

控制自己，远比控制外物重要。处身"若厥株拘"、执臂"若槁木之枝"，参考《齐物论》"形固可使如槁木，而心固可使如死灰乎"；《田子方》"向者先生形体掘若槁木，似遗物离人而立于独也"。

"虽天地之大，万物之多，而唯蜩翼之知。"此之谓专注。"吾不反不侧，不以万物易蜩之翼，何为而不得！"制心一处，无事不办(《遗教经》)。

> 孔子顾谓弟子曰："用志不分，乃凝于神，其痀偻丈人之谓乎！"

高度地专心致志，是任何事业成功的基础。凝于神，一作疑，疑通凝。

> 颜渊问仲尼曰："吾尝济乎觞深之渊，津人操舟若神。吾问焉，曰：'操舟可学邪？'曰：'可。善游者数能。若乃夫没人，则未尝见舟而便操之也。'吾问焉而不吾告，敢问何谓也？"

"济乎觞深之渊"，觞深是渊名，盖其渊可以浅，可以深，随人之技艺而变。"善游者数能"，会游泳的人，很容易学会操舟。两种技能的相关度高，可形成支援意识。

"若乃夫没人，则未尝见舟而便操之也。"没人是潜水之人，更是进入自由之境。"吾问焉而不吾告"，因为"告"就成了理论，而操舟完全从实践到实践，服从身体记忆的反应。

> 仲尼曰："善游者数能，忘水也。若乃夫没人之未尝见舟

而便操之也,彼视渊若陵,视舟之覆犹其车却也。覆却万方陈乎前而不得入其舍,恶往而不暇!以瓦注者巧,以钩注者惮,以黄金注者殙。其巧一也,而有所矜,则重外也。凡外重者内拙。"

善游者犹如九段棋手,忘水乃克服介质的阻碍。没人乃超一流棋手,在他们面前介质已如同无物,随心所欲在水中如履平地。"覆却万方陈乎前而不得入其舍,恶往而不暇!"各种各样的变故都不入心,自然而从容。

"以瓦注者巧,以钩注者惮,以黄金注者殙。其巧一也,而有所矜,则重外也。"同样的赌博技术,因赌注分量不同,而影响正常发挥。"凡外重者内拙。"注重外物内心就笨拙,当渐渐轻外而重内。

田开之见周威公。威公曰:"吾闻祝肾学生,吾子与祝肾游,亦何闻焉?"田开之曰:"开之操拔篲以侍门庭,亦何闻于夫子!"威公曰:"田子无让,寡人愿闻之。"

"学生"即下文"学养生","学养生"稍着痕迹,"学生"更趋直接。"操拔篲以侍门庭",盖古代之从学方式。在夫子近距离当下手,言传身教,潜移默化。日本围棋道场往往收"内弟子",亦此遗风。"拔"是拂尘,"篲"是扫帚,皆服役者执持。

"田子无让,寡人愿闻之。"你不要谦虚了,我是诚心请教。庄书遇到有人来提问,第一遍往往不回答,盖扫除其虚浮之气,以此清场。比如《应帝王》天根问于无名人，首问拒绝之，再问始告之。

> 开之曰："闻之夫子曰：'善养生者，若牧羊然，视其后者而鞭之。'"威公曰："何谓也？"

此为道家之"牧羊喻"，以补过而言，盖精进即补过，可连类《徐无鬼》之"牧马喻"。"视其后者而鞭之"，此言养生，犹内圣；"去其害马而已矣"，彼言为天下，犹外王。可参观释家之"牧牛喻"（《遗教经》），禅门多次引述（参见《五灯会元》卷三石巩慧藏章次、卷四长庆大安章次）。

> 田开之曰："鲁有单豹者，岩居而水饮，不与民共利，行年七十而犹有婴儿之色。不幸遇饿虎，饿虎杀而食之。有张毅者，高门县薄，无不走也，行年四十而有内热之病以死。豹养其内而虎食其外，毅养其外而病攻其内。此二子者，皆不鞭其后者也。"

豹养其内而偏于出世，毅养其外而偏于入世。此二子者，皆未能明"生"与"命"互根，故鞭其后以达之。鞭后者，消除致命弱点，平衡不足之处。

林希逸《庄子鬳斋口义》："牧羊本听其自然，若行者在后而不逐其群，则鞭之。此意便谓循天理而行，亦必尽人事也。"

仲尼曰："无入而藏，无出而阳，柴立其中央。三者若得，其名必极。

"无入而藏"，此免滞乎阴，谓单豹；"无出而阳"，此免滞乎阳，谓张毅。"柴立其中央"，此中道。严复《庄子评点》："颇疑惑'柴立'上有一'无'字敚去。"两边俱遣弃中心，当为佛学传入后的思想，先秦未必如此，原文或不脱。

"三者若得，其名必极。"完全做到此三者，其名必穿越时空，为后世所乐闻。成玄英疏："得此三者，名为证至极之人也。"

夫畏涂者，十杀一人，则父子兄弟相戒也，必盛卒徒而后敢出焉，不亦知乎！人之所取畏者，衽席之上，饮食之间；而不知为之戒者，过也。"

有危险而畏惧之，预防之，发生的概率就会降低。日常生活不经意之间，可能酝酿着极大危险，而人皆不知提防。因果之无形积累，可不慎乎？

"衽席之上，饮食之间"，即男女饮食，人之大欲存焉。傅咸《答杨济书》："卫公云：'酒色之杀人，此甚于作直。'坐酒色死，人不为悔，逆畏以直取祸。此由心不直正，欲以苟且为明哲耳。"

祝宗人玄端以临牢筴，说彘曰："汝奚恶死？吾将三月犓汝，十日戒，三日齐，藉白茅，加汝肩尻乎雕俎之上，则汝为之乎？"为彘谋，曰不如食以糠糟而错之牢筴之中。自为谋，则苟生有轩冕之尊，死得于腞楯之上、聚偻之中则为之。为彘谋则去之，自为谋则取之，所异彘者何也？

祝宗人是主持祭祀活动的官员，他身穿正规的黑色祭服，来到猪圈下说辞。虽然开出种种优越条件，内心知道猪不可能接受。这些利害取舍人人都懂，官员也完全清楚。然而，同样情形发生在自己身上，怎么就糊涂了呢。腞（zhuàn）楯，画盾。聚偻，干草。

参见《养生主》："泽雉十步一啄，百步一饮，不蕲畜乎樊中。神虽王，不善也。"

> 桓公田于泽，管仲御，见鬼焉。公抚管仲之手曰："仲父何见？"对曰："臣无所见。"公反，诶诒为病，数日不出。齐士有皇子告敖者曰："公则自伤，鬼恶能伤公！夫忿滀之气，散而不反，则为不足；上而不下，则使人善怒；下而不上，则使人善忘；不上不下，中身当心，则为病。"桓公曰："然则有鬼乎？"曰："有。沈有履，灶有髻。户内之烦壤，雷霆处之；东北方之下者，倍阿鲑蠪跃之；西北方之下者，则泆阳处之。水有罔象，丘有峷，山有夔，野有彷徨，泽有委蛇。"公曰："请问委蛇之状何如？"皇子曰："委蛇，其大如毂，其长如辕，紫衣而朱冠。其为物也恶，闻雷车之声，则捧其首而立。见之者殆乎霸。"桓公辴然而笑曰："此寡人之所见者也。"于是正衣冠与之坐，不终日而不知病之去也。

齐桓公在沼泽地中打猎，管仲驾车当辅佐。见鬼，可以看成潜意识之显像。桓公看见了，向管仲求证，管仲的回答，却是无所见。为什么所见会不同？因为齐桓公身份是霸王，管仲身份是霸王之臣，两人见界不同，内在心事也不同。

当然，管仲完全可能看见而不说，因为自己不适合说，所以必待桓公病，由他人来引发。桓公心理未获得疏导，"诶诒为病"，有所见而表达不出来，盖未能事物当对（objective correlative，或译"客观对应物"）。[1] 诶诒(tái)，体倦意怠，失魂落魄。

皇子告敖，齐之贤人，善于心理分析，于此局为新生力量，故能言人所不能言。"公则自伤，鬼恶能伤公！"酒不醉人人自醉，外鬼对应于内鬼。"夫忿滀之气，散而不反"云云，乃中医对身心的认识，皆一气之运也。忿滀为郁积，"不足"一种为不及，"上而不下"三种为过，当疏导之。

开列有鬼之处，"沈有履"云云皆为铺垫，主旨在于"泽有委蛇"，终于说出桓公未言之心事："见之者殆乎霸。"鬼由此托生为人，心病一扫而去。"履"以下，皆鬼名。辴（zhěn）然而笑，大笑。

> 纪渻子为王养斗鸡。十日而问："鸡已乎？"曰："未也，方虚憍而恃气。"十日又问，曰："未也，犹应向景。"十日又问，曰："未也。犹疾视而盛气。"十日又问，曰："几矣。鸡虽有鸣者，已无变矣，望之似木鸡矣，其德全矣，异鸡无敢

---

[1] 参见《艾略特诗学文集》，王恩衷编译，国际文化出版公司，1989，13页。

应者,反走矣。"

洗去客气之过程,质朴、质朴、再质朴。木鸡者,浮气吸收净尽,深沉无比。

纪渻子为纪国王族的后裔,纪为齐所灭,故纪渻子为齐王驯养斗鸡。斗鸡不是庶民的技艺,王族虽然沦落,其中隐藏高人。

> 孔子观于吕梁,县水三十仞,流沫四十里,鼋鼍鱼鳖之所不能游也。见一丈夫游之,以为有苦而欲死也,使弟子并流而拯之。数百步而出,被发行歌而游于塘下。孔子从而问焉,曰:"吾以子为鬼,察子则人也。请问,蹈水有道乎?"曰:"亡,吾无道。吾始乎故,长乎性,成乎命。与齐俱入,与汩偕出,从水之道而不为私焉。此吾所以蹈之也。"孔子曰:"何谓始乎故,长乎性,成乎命?"曰:"吾生于陵而安于陵,故也;长于水而安于水,性也;不知吾所以然而然,命也。"

"县水三十仞,流沫四十里,鼋鼍鱼鳖之所不能游也。"一条倾泻着大瀑布的河流,气势雄伟。"见一丈夫游之,以为有苦而欲死也",这个地方不能游泳,孔子看见人,误以为他有什么想不开的心事。"使弟子并流而拯之",这里见出儒家的好,济困扶危,热心于公众事务。并流,沿着水流走,试图救援他。"数百步而出,被发行歌而游于塘下。"别人还在提心吊胆呢,他已经休息了。原来,那个人是大高手,无意中观摩了他的绝技表演。

"吾以子为鬼,察子则人也。"技艺出神入化。"请问,蹈水有道乎?"请教原因,代众生问,孔子是好学之楷模。"亡,吾无道。吾始乎故,长乎性,成乎命。"习惯成自然,此即无道之道,无方法之方法。"与齐俱入,与汨偕出,从水之道而不为私焉",自由出入于水,乃丧我之象。"不知吾所以然而然",不可以成为理论。从小在山水边长大,故、性、命,一也。

> 梓庆削木为鐻,鐻成,见者惊犹鬼神。鲁侯见而问焉,曰:"子何术以为焉?"对曰:"臣工人,何术之有!虽然,有一焉。臣将为鐻,未尝敢以耗气也,必齐以静心。齐三日,而不敢怀庆赏爵禄;齐五日,不敢怀非誉巧拙;齐七日,辄然忘吾有四枝形体也。当是时也,无公朝,其巧专而外骨消;然后入山林,观天性;形躯至矣,然后成见鐻,然后加手焉;不然则已。则以天合天,器之所以疑神者,其是与!"

梓庆的技艺鬼斧神工,见之夺人魂魄。"臣工人,何术之有!"工人,匠人,做工之人。庄书中匠人甚多,比如《天道》的轮扁,此处的梓庆,以技艺获取闲暇和自由。"虽然,有一焉。"澄清后再显出,无术之术。

"臣将为鐻,未尝敢以耗气也,必齐以静心。"斋戒以修少阳之生气。耗谓消息之消,今云消耗。齐三日、齐五日、齐七日,由外而内,化消为息,转修转精。"不敢怀庆赏爵禄",化去朝廷功名利禄之心。"不敢怀非誉巧拙",不再想别人的批评或赞许。"辄然忘吾有四枝形体也",修证有成,忘身之象。不写成"肢"而写成"枝",或相应上文"吾处身也,若厥株拘;吾执臂也,若槁木之枝"。

"无公朝",取消公共事务和应酬。"其巧专而外骨消",技艺愈深,脱胎换骨。"入山林,观天性",由命而性,材料自然显像。"形躯至矣,然后成见鐻,然后加手焉",性命合一,胸有成竹,除去多余的部分,就行了。"不然则已",条件不具备就不做,等待时机,水到渠成。

> 东野稷以御见庄公,进退中绳,左右旋中规。庄公以为文弗过也,使之钩百而反。颜阖遇之,入见曰:"稷之马将败。"公密而不应。少焉,果败而反。公曰:"子何以知之?"曰:"其马力竭矣,而犹求焉,故曰败。"

中绳中矩,进退自如,犹方圆之变,驾驭技术高超。"庄公以为文弗过也",此句亦见《吕氏春秋·适威》,"文"作"造父",乃周穆王时善御者。然而"文"亦可用,盖交互之象,亦即爻变。"使之钩百而反",既然这么有本领,那么就多多展示吧。成玄英疏:"任马旋回,如钩之曲,百度反之,皆复其迹。"

"稷之马将败。"此人目光如炬,在旁边看出问题。颜阖亦见《人间世》,其时任卫灵公太子师,当即为庄公师。卫灵公、出公、庄公之变,是非纷扰,是春秋时代的重要事件。"公密而不应",盖不认同。密也就是默(参见拙稿《〈人间世〉析义》)。"其马力竭矣,而犹求焉",能量已接近耗尽,然而还贪心不止,好比牛市末期景象,故断言必败。

> 工倕旋而盖规矩，指与物化而不以心稽，故其灵台一而不桎。忘足，履之适也；忘要，带之适也；知忘是非，心之适也；不内变，不外从，事会之适也。始乎适而未尝不适者，忘适之适也。

"工倕旋而盖规矩"，随手那么一画，完全合乎规矩。"指与物化而不以心稽"，身成与心成不同，以武侠小说为喻，前者犹剑宗，后者犹气宗。古琴演奏有"指静"和"心静"之不同，亦以前者为上（参见《古今琴书集成》卷一一引《弹琴总诀》）。"故其灵台一而不桎。"佛教大圆镜智之象，"一"犹整全，"不桎"乃成解脱。

"忘足，履之适也"，足在下，犹行动的起点。"忘要，带之适也"，由下而中。"知忘是非，心之适也"，由中而上。此犹"达命之情者，不务知之所无奈何"。"不内变，不外从，事会之适也。"随遇而安，所在常适。不受内心和外界之影响，处处成其巧合。"始乎适而未尝不适者，忘适之适也。"开头对，就一直对下去，一得永得。

> 有孙休者，踵门而诧子扁庆子曰："休居乡不见谓不修，临难不见谓不勇；然而田原不遇岁，事君不遇世，宾于乡里，逐于州部，则胡罪乎天哉？休恶遇此命也？"

孙休在当地有些名气，来到子扁庆子门前，倾吐一连串抱怨。诧，告诉，感叹地说。子扁庆子是当时的有道者。"休居乡不见谓不修，临难不见谓不勇"，该做到的我都做到了，然而却事事遭遇不顺心。"则胡罪乎天哉？休恶遇此命也？"此之谓怨天尤人。推原于环境，推原于命，是最方便的借口。

> 扁子曰："子独不闻夫至人之自行邪？忘其肝胆，遗其耳目，芒然彷徨乎尘垢之外，逍遥乎无事之业，是谓为而不恃，长而不宰。今汝饰知以惊愚，修身以明汙，昭昭乎若揭日月而行也。汝得全而形躯，具而九窍，无中道夭于聋盲跛蹇而比于人数，亦幸矣，又何暇乎天之怨哉！子往矣！"孙子出。

"子独不闻夫至人之自行邪？"扁子告诉他"至人"之行持，"闻夫"揭示其象，略微透露光明。"忘其肝胆，遗其耳目，芒然彷徨乎尘垢之外，逍遥乎无事之业"，参见《大宗师》："假于异物，托于同体，忘其肝胆，遗其耳目，反复终始，不知端倪。芒然彷徨乎尘垢之外，逍遥乎无为之业。"彷徨、逍遥对举，亦见《逍遥游》。

"为而不恃，长而不宰"，语出《老子》十章。"今汝饰知以惊愚，修身以明汙，昭昭乎若揭日月而行也。"假装有知识的样子，吸引那些不懂的人。表面上做一些好事，却用来标榜自己，自赞毁他。喜欢把声势搞大，恨不得人人都知道。"汝得全而形躯，具而九窍，无中道夭于聋盲跛蹇而比于人数，亦幸矣，又何暇乎天之怨哉！"你自欺欺人，因果完全不对，连活着都是侥幸，还有什么空闲报怨呢。

> 扁子入，坐有间，仰天而叹。弟子问曰："先生何为叹乎？"扁子曰："向者休来，吾告之以至人之德，吾恐其惊而遂至于惑也。"弟子曰："不然。孙子之所言是邪？先生所言非邪？非固不能惑是。孙子所言非邪？先生所言是邪？彼固惑而来矣，又奚罪焉！"

扁子与孙休的对答，是道家常见说法，而事后的内部反思才真正精彩。扁子回去后重新检查，发现阐发还有未尽之意。这套理论太高了，他可能听不懂，那么错误还是在自己。弟子的质疑来自思辨，用逻辑推论是非，未知纠结难解之处。

> 扁子曰："不然。昔者有鸟止于鲁郊，鲁君说之，为具太牢以飨之，奏九韶以乐之。鸟乃始忧悲眩视，不敢饮食。此之谓以己养养鸟也。若夫以鸟养养鸟者，宜栖之深林，浮之江湖，食之以委蛇，则平陆而已矣。今休，款启寡闻之民也，吾告以至人之德，譬之若载鼷以车马，乐鴳以钟鼓也。彼又恶能无惊乎哉！"

对于孙休来说，简单骂两句就可以了，自己或许说得太多了。"知道易，勿言难"（《列御寇》），恐怕也犯了"饰知以惊愚"的错误。然而，还可以注意两件事：一、这是扁子本人的反思，其言说有对内和对外之不同，自我要求极度严格。二、虽然反思这样说不对，可还是把最高的理论说出来了。这就是哲人之隐微术，作者于此不说而说，说给不在场的读者听。

又，己养养鸟，鸟也；鸟养养鸟，鹏也。此语亦见《至乐》。款通窍，款启，犹《秋水》"以管窥天"。"食之以委蛇"，极深，参见上文"见之者殆乎霸"，应该不是偶然的巧合[1]。哲人之玄思不脱离政治，又远远超越政治。

（原载《古典研究》2014年夏季号）

---

[1]《庄子》中"委蛇"出现共七处，其他五处均用作形容词，唯有《达生》二处用作名词。《达生》"食之以委蛇"，《至乐》作"食之鳝"。参见《应帝王》："吾与之虚而委蛇，不知其谁何，因以为弟靡，因以为波流。"《天运》："形充空虚，乃至委蛇。汝委蛇，故怠。"《庚桑楚》："行不知所之，居不知所为，与物委蛇而同其波。是卫生之经已。"《徐无鬼》："有一狙焉，委蛇攫搔，见巧乎王。"又："吾与之一委蛇而不与之为事所宜。"

《庄子·庚桑楚》析义

解题：《史记》本传："《畏累虚》《亢桑子》之属，皆空语无事实。""《畏累虚》《亢桑子》"，当即此篇《庚桑楚》，而有其分合变化。"皆空语无事实"，因涉及甚深哲理，司马迁为史家，未必能知也。"空语"者，盖化有为无，又化无为有，事实乃成寓言、重言、卮言。《庚桑楚》居《杂篇》之首，是庄书最优秀篇章之一，足可与内七篇媲美而毫不逊色。

> 老聃之役有庚桑楚者，偏得老聃之道。

此即《易·鼎》初爻"得妾以其子"，乃代际传承规律。"偏得"者，从另一角度而得，犹佛教之禅宗，走"教外别传"路线。"偏"为在特殊条件下以偏概全，为剑走偏锋，为"偏见乃思想之放假"（钱锺书《写在人生边上·一个偏见》）。又偏，独也，其他人皆未得，唯此人得之。

"役"近侍于师，有独特相应处，"下下人有上上智"（宗宝本《坛经》），今藏传佛教犹有此风。可参考《天龙八部》中少林寺扫地僧，无名无分，却已得武学之道。

　　以北居畏垒之山，

　　得道以后，继续修持，深入到艰苦的地方去。畏垒，山名，山形拙朴不平的样子。

　　其臣之画然知者去之，其妾之挈然仁者远之。

　　不得道还好，得道之后，反而有些人不愿意跟随了。在《法华经·方便品》中，有五千比丘退席。世尊说法前欲言又止，乃说偈云："止止不须说，我法妙难思。诸增上慢者，闻必不敬信。"臣、妾，谓男男女女，《易·遁》九三："畜臣妾，吉。"画然知者，犹画地为牢，局促而未能通变，此执于逻辑思维。挈然仁者，端着仁的架子，好比妇人之仁，此执于情感思维。逻辑、情感，犹左、右大脑之变。

　　又，孔子往往以仁、知对言，孟子往往以仁、义对言。《论语·雍也》："仁者乐山，知者乐水。"《里仁》："仁者安仁，知者利仁。"庄子此处用仁、知，犹相应孔子。

　　拥肿之与居，鞅掌之为使。

　　做有利于他人的事情，与底层劳苦大众在一起。"拥肿"，臃肿不中绳墨，性情憨厚、朴实；"鞅掌"，引车贩浆者流，性情草野不恭、随随便便。

居三年,畏垒大壤。

三年大见成效。知者、仁者或执着观念,未能务实从事生产。壤,一作穰。大壤,丰收。

畏垒之民相与言曰:"庚桑子之始来,吾洒然异之。

老百姓交头接耳,纷纷议论。这个人刚来的时候,大家摸不准他到底想干什么?

今吾日计之而不足,岁计之而有余。

不久以后,一点一点地发生变化。最初效果好像不明显,过了一段时间,面貌已完全不同。

《老子》六十三章:"是以圣人终不为大,故能成其大。"金圣叹推崇"那辗法"(little by little, one goes far),"天下但有极平易低下之法,是谓天下奇法、妙法、秘密之法"(金批《西厢记》卷六),复初、姤初之积也。

庶几其圣人乎!子胡不相与尸而祝之,社而稷之乎?"

此即古今有成就人士之悲哀。有了一定成就,不得不被当作招牌利用，于是渐渐僵化而吃冷猪肉。鲁迅《而已集·扣丝杂感》有"猛人"被包围之象，正是此类情形。脱化之道甚难，达到最高成就或有可能，故仍存其路。

"尸而祝之，社而稷之"，建一座纪念碑来供养他吧。

> 庚桑子闻之，南面而不释然。弟子异之。

为大家做好事，得到的反馈却不大对，不得不重新检查自己。南面当主政者听治之位，《论语·雍也》："雍也可使南面。"释然犹开怀，解散思想，各归其所。不释然，心中郁闷不乐。

弟子感到很奇怪，这样高等级的荣誉，别人想求也求不到，老师为什么不开心呢？

> 庚桑子曰："弟子何异于予？夫春气发而百草生，正得秋而万宝成。

有什么可以奇怪呢？我所做的，只不过解除几根捆绑人的绳索，顺其自然罢了。

太阳系形成以后，确定日地关系，地球上就有四季变化。春，蠢也，发犹自发，禅家语云："春来草自青。"[1] 秋天是收获的季节，

---

1 《五灯会元》卷六西川灵龛章次："僧问：'如何是诸佛出身处？'师曰：'出处非干佛，春来草自青。'"卷十一鲁祖宗教章次："问：'如何是学人著力处？'师曰：'春来草自青，月上已天明。'"卷十五云门文偃章次："僧问：'如何是佛法大意？'师曰：'春来草自青。'"

《说卦》："兑，正秋也。万物之所说也。"宝（寶），《经典释文》谓元嘉本作实（實），当以宝为善。"正得秋"之正犹标准，时辰一旦踏准，万宝就显出来了。

> 夫春与秋，岂无得而然哉？天道已行矣。

春与秋的发生，难道是无缘无故吗？得，依据，缘故。然而，不管有"得"还是无"得"，在你还没有特别感觉的时候，春天（或秋天）已经悄悄地来了，而且早已走到前面去了。

它正在走而且已经走了，留也留不住——天道已行矣。你还来不及探究它何以如此，它却是本来如此。

> 吾闻至人，尸居环堵之室，而百姓猖狂，不知所如往。

《在宥》："尸居而龙见，渊默而雷声，神动而天随。"又："浮游不知所求，猖狂不知所往。""百姓猖狂"，兴高采烈地走来走去，自由自在的样子。猖狂谓肆意而行，此处无贬义。"不知所如往"，解消社会发展的目的，限制乃至破除"建构理性"。参考《山木》："猖狂妄行，乃蹈乎大方。"

> 今以畏垒之细民，而窃窃焉欲俎豆予于贤人之间，我其杓之人邪？吾是以不释于老聃之言。"

细民，小小老百姓。窃窃，街谈巷议。一个人，当所有人都知道你是谁了，这个人就差不多不知道我是谁了（张新颖《沈从文的后半生》引沈语："没有人知道我是干什么的，我自己倒知道。如到人都知道我，我大致就快到不知道自己究竟是干什么的了。"台北，麦田出版，2015，117页）。"欲俎豆予于贤人之间"，试图供养我吃冷猪肉。孙权请曹操做皇帝，曹操对周围人说，这小子想把我放在炉火上烤呢（《三国志·魏书·武帝纪》裴注引《魏略》："是儿欲踞吾著炉火上邪！"）。

"我其杓之人邪？"我难道有什么把柄被别人拿到了吗？这是极深的反思，太阿倒持，授人以柄。围棋术语称大漏着（昏着）为"勺子"，指不经意中露出破绽，被敌手抓住而一败涂地。"吾是以不释于老聃之言"，自己的修行还没有到家，违背了老师的告诫。参考《天运》："兼忘天下易，使天下兼忘我难。"

> 弟子曰："不然。夫寻常之沟，巨鱼无所还其体，而鲵鳅为之制；步仞之丘陵，巨兽无所隐其躯，而孽狐为之祥。

生物适应环境，大小各有其宜。而此处已不匹配，大到不能不引起注意了。

"巨鱼无所还其体"，体积过大，沟渠里施展不开。八尺为寻，倍寻为常。制，称霸一方，得其所哉。《经典释文》引《广雅》云同折，"谓小鱼得曲折也"。"巨兽无所隐其躯"，笨重不灵活，无法出入自如。祥，福也；或曰祥，妖也。在此作威作福，兴妖作怪。

且夫尊贤授能，先善与利，自古尧、舜以然，而况畏垒之民乎！夫子亦听矣！"

"尊贤授能"，贤犹德，能犹才，德才兼备。"先善与利"，有多种读法，似宜读作"先善、与利"。"先善"尊贤，推崇精神价值；"与利"授能，推崇物质价值。前者相应亚当·斯密《道德情操论》(1759)，所谓道德人；后者相应《国富论》(1776)，所谓经济人。尧、舜为儒家意识形态，犹黄、老为道家意识形态。听，从，你姑且顺从了吧。

　　庚桑子曰："小子来！夫函车之兽，介而离山，则不免于罔罟之患；吞舟之鱼，砀而失水，则蚁能苦之。故鸟兽不厌高，鱼鳖不厌深。

巨兽不可一世，离开山以后，会被罔罟套牢。大鱼翻江倒海，而一旦搁浅，蚂蚁也能困扰它。介，孤单。砀，振荡。"鸟兽不厌高，鱼鳖不厌深"，不可失其所，脱离自己的环境。

　　夫全其形生之人，藏其身也，不厌深眇而已矣。

"夫全其形生之人"，"形""生"之间可加顿号，意为全其形、全其生，前者走命功路线，后者走性功路线，犹后世佛教流派之"即身成佛""即生成佛"。而全其形生，犹性命合一。

"藏其身也"，因身乃大患，故欲藏之，下文谓"无有一无有，圣人藏乎是"。"不厌深眇"为要义,后世修持者入山惟恐不深,遯世惟恐不远似之,犹道家之大戒。若究其极,以"损之又损"为是,所谓藏者,乃化也。

> 且夫二子者,又何足以称扬哉。是其于辩也,将妄凿垣墙而殖蓬蒿也,简发而栉,数米而炊,窃窃乎又何足以济世哉。

二子即尧、舜,庄子否定尧舜,其上有黄帝、伏羲以至几蘧(《人间世》)。前者重视上层建筑乃至意识形态,后者更重视人生和人心。辩谓名理,形名学当之。

"妄凿垣墙而殖蓬蒿",废除真的好的,建立假的坏的,犹先破坏文物,再伪造古董。"简发而栉",多此一举。"数米而炊",根本用不着。以藐姑射之山神人视之,其尘垢粃穅,将犹陶铸尧舜者也(《逍遥游》),故何足以称扬哉。

> 举贤则民相轧,任知则民相盗。之数物者,不足以厚民。

举贤则民相轧,任知则民相盗,《人间世》有云:"德荡乎名,知出乎争。名也者,相轧也;知也者,争之器也。"举贤、任知或不得不然,也必须了解其"不足以厚民"的副作用。厚民之厚,参考《论语·学而》曾子曰:"慎终追远,民德归厚矣。"

> 民之于利甚勤,子有杀父,臣有杀君;正昼为盗,日中穴阫。

于利甚勤,目标单一,不断寻求权益最大化。《史记·货殖列传》:"天下熙熙,皆为利来;天下攘攘,皆为利往。""子有杀父,臣有杀君",当坤初或姤初。《易·坤》:"子弑其父,臣弑其君,非一朝一夕之故,其所由来者渐矣。"

"正昼为盗,日中穴阫。"所有人参与的大博弈,为零和乃至负和游戏。穴阫,钻墙洞。阫,墙。

> 吾语女:大乱之本,必生于尧、舜之间,其末存乎千世之后。千世之后,其必有人与人相食者也。

庚桑子宣说末世论,犹佛教有末法时期。本节相当奇怪,有宏大叙事之嫌。庄子行文,通常总是一句进,一句出,不下绝对的判断,此处好像有些急躁了。

推究先辈的言说,考察自身的经历,感觉道德一代不如一代,学问一代不如一代,确实有可能。大乱之本犹因,其末犹果;因果乘除,消息不停,每下愈况,构成单线的退化观。

然而,庚桑子意思是否为庄子意思呢?不一定。庚桑子为本篇的起兴,庄子之意当推究于更远。又此节文意,《徐无鬼》中许由亦言之:"夫尧畜畜然仁,吾恐其为天下笑,后世其人与人相食与?"

> 南荣趎蹴然正坐曰:"若趎之年者已长矣,将恶乎托业以及此言邪?"

南荣趎为弟子之一，蹵然正坐，听了庚桑子的话，身心受到触动。蹵（cù）然，惊惧的样子。"若趎之年者已长矣"，说起我的年龄呢，已经不小了。"年者已长"与"年已长"语气不同，后者仅为客观叙述，前者多一停顿，融入主观感慨。到了一定年龄，经历世事渐多，有些人会意识到个体生命的短促，产生急迫的心情。

又，南荣趎年者已长，说明庚桑子还相对年轻。于庚桑子而言，当"自古英雄出少年"，有一股发扬蹈厉的英气。于南荣趎而言，被触动心事，生怕来不及，"下手速修犹太迟"（吕岩《沁园春》）。然而修法有两种，一种是越早越好，出名要趁早，悟道也要趁早；一种是再晚也不晚，即使最后一秒钟，修了去还是修了去。那么跟年龄有关呢，还是无关呢？

南荣趎之趎，或含未开化之意，亦即下文"不知乎人谓我朱愚"；南荣者，以南为荣也。"将恶乎托业以及此言邪？"到底怎么做，才能达到这样的成就呢？及此言，指全其形、生。托业，亦即可持续用功的修法。念佛吗？参禅吗？炼丹吗？修气吗？拜斗吗？礼忏吗？每天具体所做为事，事之聚集发生影响为业。业是一种挂乐器的大版，又为书版，故有请业或授业。《说文解字》段玉裁注："凡程功积事言业，如版上之刻，往往可计数也。"

> 庚桑子曰："全汝形，抱汝生，无使汝思虑营营。若此三年，则可以及此言矣。"

"若此三年，则可以及此言矣"，与"居三年，畏垒大壤"不同，彼从事于物质生产，此从事于精神修持。为什么彼成而此不成？彼未明说，而"百姓猖狂，不知所如往"，不知不觉中成之；此条件未成熟而过早揭示关键，则内外不能相应。

> 南荣趎曰："目之与形，吾不知其异也，而盲者不能自见；耳之与形，吾不知其异也，而聋者不能自闻；心之与形，吾不知其异也，而狂者不能自得。形之与形亦辟矣，而物或间之邪？欲相求而不能相得。

目、耳、心，外形上没有什么差别，不同人却有不同感知。人和人之间的交流看起来是开通的，为什么好像其间有阻隔呢？"欲相求而不能相得"，极形象，活画出人渴求交流而力有所不及。"而物或间之邪"，物究竟是什么，以及如何间，含禅机待参。

南荣趎提出的问题，内涵甚深，他本人却不明白，所说一大堆话，可以归结为："我没有听懂。"

> 今谓趎曰：'全汝形，抱汝生，勿使汝思虑营营。'趎勉闻道达耳矣！"

勉，其力未充，好像努力了，却没有结果，不是由自然积累而来。《论语·里仁》子曰"朝闻道，夕死可矣"，由入耳而入心。南容趎达耳而未能入心，听而不闻。

"全汝形，抱汝生，勿使汝思虑营营"，呼应庚桑楚。老师说了以后，学生再重复，前后两言可当注，深入阐发"夫全其形生之人，藏其身也，不厌深眇而已矣"，阳一阴二也。又"勿使汝思虑营营"，道家坎水镇离火之象。

"趎勉闻道达耳矣"，入乎耳，不能通乎心。后世禅家用旁敲侧击法，时机未至，绝不明说，"任从沧海变，终不为君通"是也。[1]

> 庚桑子曰："辞尽矣，曰：奔蜂不能化藿蠋，越鸡不能伏鹄卵，鲁鸡固能矣！鸡之与鸡，其德非不同也。有能与不能者，其才固有巨小也。今吾才小，不足以化子。子胡不南见老子！"

高手出招，一击不中，即飘然远引，终不成死缠烂打？"全其形生"之修法，就是"全其形生"本身。"形之与形亦辟矣，而物或间之邪"之答案，就是"形之与形亦辟矣，而物或间之邪"本身。尧舜"尊贤授能"云云，与南荣趎"恶乎托业"云云相同，皆属于"思虑营营"。

"辞尽矣"，该说的都说完了，再说就往下走了。"有能与不能者，其才固有巨小也"，亦即《易·系辞下》"德薄而位尊，知小而谋大，力小而任重"。庚桑楚说出惊世大预言，又未能化南荣趎，完成其角色而退场，引出道家更深广境界。

> 南荣趎赢粮，七日七夜至老子之所。

---

[1]《五灯会元》卷十一首山省念章次："僧曰：'如何是世尊不说说？'师曰：'任从沧海变，终不为君通。'"卷十二道吾悟真章次："叮咛损君德，无言真有功。任从沧海变，终不为君通。"

庚桑楚于不当时机说出关键，由先天落入后天，其语已不能起作用。如此三年如何度过？不得不化时间为空间，引南荣趎南下见老子，而另起其机。

"七日七夜"，是消化的过程，也是积累的过程。由"三年"而"七日七夜"，由"七日七夜"而"十日"，为由渐入顿的三个阶梯。然而或渐或顿，此篇终未明言，盖其象不定，读者自思之。

> 老子曰："子自楚之所来乎？"南荣趎曰："唯。"老子曰："子何与人偕来之众也？"南荣趎惧然顾其后。

"子自楚之所来乎"之自，即《寓言》"有自也而可，有自也而不可"之自。"子何与人偕来之众也？"当《易·咸》"憧憧往来，朋从尔思"。南荣趎是一个人，却因为思虑营营，好像背后跟随了一群人。

"惧然顾其后"，南荣趎一惊，所执不觉脱落。不过此仅为暂时轻松，而非桶底脱落，故须再化之。顾其后，回头是岸，后世道教有张果老倒骑毛驴之象。思虑营营之气，至此稍稍落地，其心初安，仍未能晓悟。

> 老子曰："子不知吾所谓乎？"南荣趎俯而惭，仰而叹，曰："今者吾忘吾答，因失吾问。"

"子不知吾所谓乎"，你听不懂我讲什么吗？下手遇上手，缚手缚脚，往往如此。

"吾忘吾答，因失吾问"，一瞬间之丧我（sich verlieren），乃禅家之机锋。南荣趎满脑子充斥各种想法，老子不和他纠缠理论，而是猝不及防地夺其根据，亦可见"空手入白刃"功夫。

> 老子曰："何谓也？"南荣趎曰："不知乎人谓我朱愚，知乎反愁我躯；不仁则害人，仁则反愁我身；不义则伤彼，义则反愁我己。我安逃此而可？此三言者，趎之所患者。愿因楚而问之。"

"何谓也？"接续上文"子不知吾所谓乎？"，此为老子之探路，前者试图从我的话中进入，后者试图从你的话中进入，消除交流的障碍，在交往中澄明。古希腊苏格拉底的谈话术，亦从讨论意见进入，所谓辩证法（dialectics）。

"不知乎人谓我朱愚，知乎反愁我躯；不仁则害人，仁则反愁我身；不义则伤彼，义则反愁我己。我安逃此而可？"做好人害己，做坏人害人，究竟应该怎么办？南荣趎心心念念的问题在此，古代人的矛盾在此，现代人的矛盾也在此。朱愚，蠢得不开化。

又三言为知、仁、义，仁前接知，后接义。仁知为古学，仁义为今学，此含孔、孟之转变，亦见庄之通其源流。

> 老子曰："向吾见若眉睫之间，吾因以得汝矣。今汝又言而信之。

"向吾见若眉睫之间，吾因以得汝矣。"此即高明的观象法，有定力之人一望可知。因以得（get）汝，知道你的整体，知道你的心思。"今汝又言而信之"，听了你的话，更证实了我的想法。此得到双重证据，故做出确定判断。比较孔子的观象法："视其所以，察其所由，观其所安。人焉廋哉？人焉廋哉？"（《论语·为政》）

又"向吾见若眉睫之间"，犹一瞥见其所藏，观人入微矣。

> 若规规然若丧父母，揭竿而求诸海也，女亡人哉！惘惘乎，汝欲反汝情性而无由入，可怜哉！"

"若规规然若丧父母，揭竿而求诸海也，女亡人哉！"规规然，精神焦虑的样子。丧父母，失去依靠。揭竿而求诸海，举着一根竹竿，想测量大海，完全不成比例。亡人，亡失本根之人。

"惘惘乎，汝欲反汝情性而无由入，可怜哉！"惘惘，失魂落魄的样子。反汝情性，安顿魂魄，推情合性，做回真实的自己。

> 南荣趎请入就舍，召其所好，去其所恶。十日自愁，复见老子。老子曰："汝自洒濯，熟哉郁郁乎！然而其中津津乎犹有恶也。

"请入就舍"，犹闭方便关。调整思想，"召其所好，去其所恶"，犹王阳明天泉证道"为善去恶是格物"。"十日自愁"，成玄英疏："未能契道，所以悲愁。"

"汝自洒濯，熟哉郁郁乎！然而其中津津乎犹有恶也。"此即吕岩《沁园春》："辨水源清浊，木金间隔，不因师指，此事争知？""郁郁乎"，"其中津津乎犹有恶"，乃水源不清之象。孰犹孰；"洒濯"谓洗心，《易·系辞上》："圣人以此洗心，退藏于密。"《知北游》："汝齐戒，疏瀹而心，澡雪而精神。"

> 夫外韄者不可繁而捉，将内揵；内韄者不可缪而捉，将外揵；外内韄者，道德不能持，而况放道而行者乎？"

韄（huò），系缚，束缚；揵（jiàn），关闭。外界纷繁复杂，内心亦千丝万缕，如果被牵着走，以内闭或外闭对治，将不胜其烦。林希逸《庄子鬳斋口义》："此言学道而不得其要，或欲制之于外，或欲制之于内，皆无下手处。"盖外揵者，闭其耳目；内揵者，制其内心。

"外内韄者，道德不能持，而况放道而行者乎？"如果内外一起发动，即使修养很高的人也不能承受，何况初学者呢？放，背弃，或通仿。

> 南荣趎曰："里人有病，里人问之。

"里人有病，里人问之"，通常解释为乡里有人生病了，邻居去探问他；也可以解释为乡里有人生病了，乡里人自己探问，意思就深了。杨慎《古今谚》引《相家书》："山川而能语，葬师食无所。肺腑而能语，医师色如土。"问之乃显其机，不问则无从踏入。

病者能言其病，然其病病者犹未病也。

"然其病病者犹未病也"，高山寺本作"病者犹未病也"，无"然其病"三字，两者意义有异。"病者能言其病，病者犹未病也。"大意为：病者能说出自己的病情，那么他的病情还不严重。能问病，说明病者神志清楚，此正是施行治疗的基础。"病者能言其病，然其病病者犹未病也。"大意为：病者能说出自己的病情，然而，使病者生病的那个东西是不生病的。"病病者"指产生病的本体，识此乃明治疗之根源。参考《大宗师》"杀生者不死，生生者不生"。

"病病者"可能来自《老子》七十一章："夫唯病病，是以不病。圣人不病，以其病病，是以不病。"以义理而言，"病病者"深于"病者"，然此非南荣趎所能知，所能言，故此处有可能是错简。当为作者或传抄者思想矛盾所致，而此恰成参思之机。

若趎之闻大道，譬犹饮药以加病也。趎愿闻卫生之经而已矣。"

"闻大道"乃物理兼生物，"卫生之经"仅言生物，亦即养生之道。"譬犹饮药以加病也"，饮药当然可能有副作用，故当知时知量。参考《韩非子·解老》："道譬诸若水，溺者多饮之即死，渴者适饮之即生。"南容趎听不懂而试图逃避，而老子恒顺之而言卫生之经，亦黄叶止儿啼而已。

老子曰："卫生之经，能抱一乎？能勿失乎？能无卜筮而知吉凶乎？能止乎？能已乎？能舍诸人而求诸己乎？能翛然乎？能侗然乎？能儿子乎？

"能抱一乎？能勿失乎？"语出《老子》十章："载营魄抱一，能无离乎？"河上公注："言人能抱一使不离于身，则长存。一者，道始所生，太和之精气也。"又第二十二章："圣人抱一以为天下式。"河上公注："圣人守一，乃知万事，故能为天下法式也。""能无卜筮而知吉凶乎？"《管子·心术》《内业》之语略同，用《易》之象。《论语·子路》："不占而已矣。"《左传》哀公十八年："圣人不烦卜筮。"

"能止乎？能已乎？"止犹结束，已犹结束于不结束，大休歇之象。前者截断，后者顿超。"能舍诸人而求诸己乎？"一切依报都是正报，一切外在都是内在，永远不推托找借口，犹释迦、基督担荷人类罪恶之意。《论语·公冶长》："已矣乎！吾未见能见其过而能内自讼者也。"《宪问》："子贡方人。子曰：'赐也贤乎哉！夫我则不暇。'"

"能翛然乎？能侗然乎？"翛（xiāo）然，开合进出之间，无拘束的样子。侗（tóng）然，诚悫，谨愿，淳厚。"能儿子乎？"语出《老子》五十五章："含德之厚，比于赤子。"返老还童，返僵硬还柔软，元气充沛，生命力强。《马太福音》亦云："你们若不回转来，变成小孩子的样式，断不得进天国。"（18：3）

儿子终日嗥而嗌不嗄，和之至也；终日握而手不掜，共其德也；终日视而目不瞚，偏不在外也。

恰如其分，不透支，不费力而长其力。"嗌不嗄"，声音和顺。嗌（yì），喉咙；嗄（shà），沙哑。"手不掜"，骨节软。掜（yì），拳曲，痉挛。"共其德"，消除力点，不紧张。瞚（shùn），同瞬，眨眼，目光迷离散乱。"偏不在外也"，不受外界吸引，不动心。

行不知所之，居不知所为，与物委蛇而同其波，是卫生之经已。

参考《应帝王》："吾与之虚而委蛇，因以为弟靡，因以为波流。"内外兼修，完完全全松弛。

南荣趎曰："然则是至人之德已乎？"曰："非也。是乃所谓冰解冻释者，能乎？

此云"非也"，下云"未也"，皆老子之遮诠。老子所言皆含活机，声气互通。南荣趎节节而追之，必欲得其言而执之，则死于句下，故老子不许也。

"是乃所谓冰解冻释者，能乎？"解散其体，得新生之象。参考《老子》十五章："涣兮若冰之将释。"杜预《春秋经传集解序》："涣然冰释，怡然理顺。"冰解冻释时节，犹中国文化大革命结束时的气氛，一九七七、一九七八年恢复高考，全城排队购买名著，进入改革开放。

> 夫至人者，相与交食乎地而交乐乎天，不以人物利害相撄，不相与为怪，不相与为谋，不相与为事，翛然而往，侗然而来，是谓卫生之经已。

相与，相互增上。交食、交乐而不以利害相撄，此当天地人。"食"者食于有形，"乐"者乐于无形，而"撄"者，撄宁也，撄而后成。相与为怪，就是你与我为怪，我与你为怪；相与为谋，就是你算计我，我算计你；相与为事，就是你阻碍我，我阻碍你。萨特称"他人就是地狱"（《禁闭》），然而，他人的他人难道不是我吗？所以我也是地狱。

前文云"能舍诸人而求诸己乎"，化导这一切，当先从他人的他人（也就是我）做起。"不相与为怪"，从此念出发，逐步上修，由消极转为积极。"不相与为谋，不相与为事"，犹《应帝王》"无为谋府，无为事任"，成人成己。"翛然而往，侗然而来，是谓卫生之经已。"翛然，无所牵挂；侗然，心怀开朗。

"至人之德"与"卫生之经"有异有同，上出于大道，否定以后再肯定，即老子之变化。

> 曰："然则是至乎？"曰："未也。吾固告汝曰：'能儿子乎？'儿子动不知所为，行不知所之，身若槁木之枝而心若死灰。若是者，祸亦不至，福亦不来。祸福无有，恶有人灾也！"

曰："然则是至乎？"南荣趎力量不足，无法向上走了。曰：

"未也。"老子继续否定,未可停留于此,经过渡而引出道家之大定。"身若槁木之枝而心若死灰",犹小乘之念死,有"乞活埋"之象。《齐物论》有云:"何居乎?形固可使如槁木,而心固可使如死灰乎!"

"祸亦不至,福亦不来",遣除两边,中间亦不立。取"卫生之经"为至,而至即不至,此即大道,此即卫生之经,亦即"能儿子乎"。

> 宇泰定者,发乎天光。发乎天光者,人见其人,物见其物。人有修者,乃今有恒。有恒者,人舍之,天助之。人之所舍,谓之天民;天之所助,谓之天子。

"宇泰定"乃道家极深之定。此定乃全宇宙在宁静之中,可相应《奥义书》篇末之祈祷:"平安!平安!平安!"此犹佛教之华严境界,至纯、至善、至美,故曰"发乎天光"。"发乎天光者,人见其人,物见其物",见及人和物之实相,亘古以来从未破坏过。"人有修者,乃今有恒",达成永久不变的时间,"恒"者常也,马王堆帛书《易》"易有大恒",《老子》"道可道,非恒道,名可名,非恒名"。《论语·子路》引《易》"不恒其德,或承之羞","子曰:不占而已矣"。

"有恒者,人舍之,天助之。人之所舍,谓之天民;天之所助,谓之天子。""有恒者"乃体道之人。"人舍之"乃"奇里斯玛"(charisma)现象,故曰"天民",亦即《人间世》"鬼神将来舍,而况人乎"?"天助之"盖因缘和合,人神共助(God helps who helps himself），故曰"天子"，亦即《人间世》"知天子之于己，皆天之所子"。"天子"者，乃得君、人之平等，且学道（学佛）乃大丈夫事，非王侯将相所能为也。

又"天民""天子"相辅相成："天民"者，自然而然显出等差；"天子"者，等差之间亦相等也。

> 学者，学其所不能学也；行者，行其所不能行也；辩者，辩其所不能辩也。知止乎其所不能知，至矣！若有不即是者，天钧败之。

学、行、辩三句，正禅家之"百尺竿头，更进一步"（语出《五灯会元》卷四长沙景岑章次）。到达百尺竿头，似已无路可走，然而真正的学、行、辩就从这里开始，更进一步，将出现另外的广阔世界。"知止乎其所不能知，至矣！"凡知识要达成"不可知论"才能有真正的知，高高山头立，深深海底行，"不厌深眇而已矣"。参考《大宗师》："知天之所为，知人之所为者，至矣。"

"是"为日正，亦即真正的标准，学、行、辩至于"其所不能知"之际，"能"者人为，"不能"者入天。"天钧"乃大自然的内在平衡，《齐物论》称"休乎天钧"，《寓言》称"天均者，天倪也"。"天钧败之"，未能达此天人之际者，百计作为而终归无用，"天钧"必自然而然破坏之。

> 备物以将形，藏不虞以生心，敬中以达彼。若是而万恶至者，皆天也，而非人也，不足以滑成，不可内于灵台。

"备物以将形"，犹释氏"四大"（一说"五大"），《孟子·尽心上》"万物皆备于我"近似之。"藏不虞以生心"犹唯识之现量，《金刚经》"应无所住而生其心"。"不虞"是事先没想到，有新鲜的惊喜。《左传·僖公四年》："不虞君之涉吾地也。"《孟子·离娄上》："有不虞之誉，有求全之毁。""敬中以达彼"，诚合外内，沟通乃至理解外物，尊重现象本身。

"备物以将形，藏不虞以生心"，由外而内，由身而心；"敬中以达彼"，由内而外，由心而身。"敬"犹《曲礼》之"毋不敬"，后世理学有"主敬"之说。《说文解字·心部》"悊，敬也"，悊同哲，与古希腊"爱智慧"，相辅相成。"若是而万恶至者，皆天也，而非人也"，修持如是，仍有"万恶"而来，则皆旧业，顺受而已，亦无碍也。"不足以滑成，不可内于灵台"，亦即《德充符》"不足以滑和，不可入于灵府"。滑，乱。

> 灵台者有持，不知其所持而不可持者也。

"灵台"起"持"（记忆、思考）的作用，而这个"持"是不可"持"的。"灵台者有持"，即神秀之偈"时时勤拂拭，莫使惹尘埃"。"不知其所持而不可持者也"，即慧能之偈"本来无一物，何处惹尘埃"（宗宝本《坛经》）。前句乃成大圆镜智，后句乃破镜而虚也。

> 不见其诚己而发，每发而不当；业入而不舍，每更为失。为不善乎显明之中者，人得而诛之；为不善乎幽闲之中者，

鬼得而诛之。明乎人，明乎鬼者，然后能独行。

"不见其诚己而发，每发而不当"，端正动机，相应《中庸》诚合外内之旨。"诚己"者，所谓"自诚明"（《德充符》"以知得其心"云云为"自明诚"）；"发而当"者，所谓"发而皆中节"。"业入而不舍，每更为失"，每每纠正过失，造成更大的过失。参见《维摩诘经》卷三《弟子品》"无重增此二比丘罪，当直除灭，勿扰其心"。

"为不善乎显明之中者，人得而诛之；为不善乎幽闲之中者，鬼得而诛之"，即民俗阳祸、阴祸之说。以儒家而言，则《中庸》有"慎独"之义。"明乎人，明乎鬼者，然后能独行"，亦即《易·履》初爻"素履，往无咎"，《象》"素履之往，独行愿也"。马克思《资本论·序》引佛罗伦萨诗人但丁名言："走你的路，任凭人家去说吧！"《神曲》为中世纪著作，尚有"明乎人，明乎鬼"之风，《资本论》已至近代，不言鬼而仅言人。

券内者，行乎无名；券外者，志乎期费。行乎无名者，唯庸有光；志乎期费者，唯贾人也。人见其跂，犹之魁然。

"券"谓契合，"券内"、"券外"，契合内心，契合外界。"行乎无名"，"志乎期费"，犹《中庸》"君子之道，闇然而日章；小人之道，的然而日亡"。"行乎无名"，参考《史记·李将军列传》引谚曰"桃李不言，下自成蹊"；"唯庸有光"，犹《易》"谦尊而光"，西语谓 aura。庸，常也。"志乎期费"，"期"为期限，"费"

谓获取报偿。"费"可有二义：一为显，犹光鲜，《中庸》"君子之道费而隐"；一为钱财，《论语·尧曰》"君子惠而不费"。此有求名、求利之异，追逐利益则一，故曰"唯贾人也"。

"人见其跂，犹之魁然。"跂通企，踮起脚跟，《荀子·劝学》"吾尝跂而望矣，不如登高之博见也"。魁，魁梧，高大、结实的样子。人见其站立起来很高大，好像了不起的样子，似乎是真老虎，其实他踮着脚呢（泥足巨人）。参见《老子》二十四章"跂者不立"，《红楼梦》第二回"外面的架子虽未甚倒，内囊却也尽上来了"。

> 与物穷者，物入焉；与物且者，其身之不能容，焉能容人！不能容人者无亲，无亲者尽人。

"穷"谓通、谓尽，"入"谓来。"与物穷者，物入焉"，犹《大学》"物格而知至"，乃达成八目。"与物且者，其身之不能容，焉能容人！""且"谓阻、谓隔，王阳明格竹子而病，可当此不通之象。"容身""容人"者，由《大学》之"明明德"而"亲民"。"尽"谓绝，"尽人"者，不能达成八目，且不能达成三纲，则人道绝矣。

> 兵莫憯于志，镆铘为下。寇莫大于阴阳，无所逃于天地之间。非阴阳贼之，心则使之也。

"兵莫憯于志，镆铘为下。"拿破仑谓世界上有两样东西最强大，一是剑，一是思想。从长远来看，思想战胜剑。而宝剑镆铘之成，亦含人之精神。《吴越春秋》卷四记干将、莫邪铸剑，初未成，夫妇讨论，略云："夫神物之化，须人而成之……昔吾师作冶，金铁之类不销，夫妻俱入冶炉中，然后成物。"于是莫邪断发剪爪，投于炉中，金铁乃濡，遂以成剑。阳曰干将，阴曰莫邪；阳作龟文，阴作漫理。

"寇莫大于阴阳，无所逃于天地之间"，即《人间世》"阴阳之患"和"人道之患"，"阴阳"谓消息。"非阴阳贼之，心则使之也"，即《人间世》"若成若不成而后无患者，唯有德者能之"。

> 道通其分也，其成也毁也。所恶乎分者，其分也以备。所以恶乎备者，其有以备。

"道通其分也，其成也毁也"，有二种读法。一、如句。"道通"犹不断分化，后世"一分为二"近似之。如太极、二仪、四象、八卦以至于六十四卦，而成则毁也，亦即前引"阴阳之患"。二、高山寺本作："道通，其分也成也，其成也毁也。"如此与《齐物论》相同，近似后世"围城"之象。细玩整段文义，当以如句为是。

"所恶乎分者，其分也以备。"为什么有分呢？因为分的同时有整体。"所以恶乎备者，其有以备。"为什么有整体呢？因为有整体成立之条件。而"有以备"又不是空的，它依存于"备"与"分"，故"道通其分也"。

> 故出而不反，见其鬼。出而得，是谓得死。灭而有实，鬼之一也。以有形者象无形者而定矣。

"出而不反"，不知"道通"而仅知"其分也"；"鬼"者游魂，知出不知归。为何不知归呢？因为出来受到花花绿绿世界的吸引，满手想抓，什么也抓不到，最终只能抓到死。如此看来，未成"真人""至人"者，阳气虽未尽，皆有见"鬼"之象。而世俗所谓"鬼"（"灭而有实"），仅为"鬼"之一。

"以有形者象无形者而定矣"，出而能反。以"有形象无形"之路，由"其分也备"至"其有以备"而见"道通其分也"。"道通其分也"，虽然事物不断分化，人出而不反，而"道通"通于"分"、通于"出"，始终没有脱离过。只要一"象"即反，始知从来没有离开过清凉世界。

> 出无本，入无窍。有实而无乎处，有长而无乎本剽，有所出而无窍者有实。有实而无乎处者，宇也；有长而无乎本剽者，宙也。

"出无本"，谓"其分也备""其有以备"相待而立，本体是没有的。"入无窍"，盖"有形象无形"，一"象"即归，"之路"不必，此即最上一乘。"有实而无乎处，有长而无乎本剽"，涉及无限概念，乃空间、时间之所以成立。"有所出而无窍者有实"，康德谓"物自体"（das Ding an sich selbst）。海德格尔解"自然"（physis）一词，希腊文原义为"涌现"，亦即"有所出"。

"有实而无乎处者,宇也;有长而无乎本剽者,宙也。"此处最早提出了"宇宙"观念,不可脱离道论以理解其义。《淮南子·齐俗训》"往古来今谓之宙,上下四方谓之宇",由此而引申。"本剽"犹本末,《说文解字·刀部》:"剽,砭刺也。"段玉裁注:"砭者,以石刺病也;刺者,直伤也。砭刺必用其器之末,因之凡末谓之剽。《庄子》谓本末为本剽,《素问》有《标本病传论》,标亦末也。"

> 有乎生,有乎死;有乎出,有乎入。入出而无见其形,是谓天门。天门者,无有也,万物出乎无有。有不能以有为有,必出乎无有,而无有一无有,圣人藏乎是。

"有乎生,有乎死;有乎出,有乎入。"生、死、出、入皆为现象,而使现象成为现象的是"天门"。此"天门"本身不是现象,故"入出而无见其形"。"天门"概念出于《老子》十章:"天门开阖,能无雌乎?"为全书"三门"之一,余二为"众妙之门""玄牝之门"(潘雨廷《体老观门》,文见《易与佛教、易与老庄》)。

"天门者,无有也,万物出乎无有。""天门"似乎是一样东西,但这样东西是"没有"的,因为有就是现象而非"天门"。而没有此"没有",万物就无法相形而现。"有不能以有为有,必出乎无有",仅仅理解"其分也备"不够,还应该理解"其有以备"。

"而无有一无有,圣人藏乎是",而"天门"乃至"无有"本身是没有的,圣人就藏在那儿。以《老子》为喻,"无有"天门开,"一无有"天门阖,而雌者藏也。此得生命本原,乃至深之义,禅家"藏身处没踪迹,没踪迹处莫藏身"(《五灯会元》卷五船子德诚章次),由此而来。

古之人,其知有所至矣。恶乎至?

至者,达成极点。此句同《齐物论》。前文言:"知止乎其所不能知,至矣!"

有以为未始有物者,至矣,尽矣,弗可以加矣!

无。最上一着。此句同《齐物论》。

其次以为有物矣,将以生为丧也,以死为反也,是以分已。

有。混同无机体与有机体,无而为有,犹上帝造人。分,区别。"将以生为丧也"至"是以分已",《齐物论》作"而未始有封也"。

其次曰始无有,既而有生,生俄而死。以无有为首,以生为体,以死为尻。孰知有无死生之一守者,吾与之为友。

一无有。"既而有生,生俄而死",生生死死,须臾而已。"以无有为首"云云，又见《大宗师》。"以生为体"之体，《大宗师》作脊。"孰知有无死生之一守者"之有无死生，《大宗师》作死生存亡；守，《大宗师》作体。脊，犹《逍遥游》"培风背，负青天"，《养生主》"缘督以为经"。

"有无死生"即"死生存亡"；守者，守其体，亦守其道。"吾与之为友"，参考《天下篇》"上与造物者游，而下与外死生、无终始者为友"。本节《齐物论》作"其次以为有封焉，而未始有是非也"。

> 是三者虽异，公族也。昭、景也，著戴也；甲氏也，著封也；非一也。

公族，大宗也，谓其同。昭、景著戴为氏，犹争其天；甲氏著封为氏，犹争其地；谓其异。非一也，亦一也。

又昭、屈、景，楚之公族三姓。

> 有生，黬也，披然曰"移是"。尝言"移是"，非所言也。虽然，不可知者也。腊者之有膍胲，可散而不可散也；观室者周于寝庙，又适其偃焉。为是举"移是"。

"有生，黬也，披然曰'移是'。"黬（jiān），锅底灰。披然，分散貌。生命偶然聚集，如一黑点，聚散不定，却各是其所是，纷然生是生非。"尝言'移是'，非所言也。虽然，不可知者也。"尝试谈谈"移是"呢，那不是语言能讲清楚的。言再多也穷尽不了"移是",此否定"名"。不是语言,那么是否有"实"呢?那也是不可知的,此否定"实"。

"腊者之有膍胲,可散而不可散也。"腊为祭祀,膍(pí)胲(hǎi)(牛百叶和牛蹄)为祭品。祭事已毕,则以散为是;祭事未毕,则以不散为是。此为譬喻,其象小大由之。《论语·八佾》:"子贡欲去告朔之饩羊。子曰:'赐也,尔爱其羊,我爱其礼。'"亦为散与不散之别。子贡与孔子的分歧谁正确,没有固定的标准。在当时似乎是子贡对,无用的东西还放在那儿干什么呢?而孔子则认为礼不可废,礼崩乐坏,天下大乱。子贡看到形式和内容的分离(可散),孔子看到形式和内容的一致(不可散)。子贡推之极端是要内容不要形式,孔子推之极端是形式就是内容,至少保存了形式,还有希望恢复内容。从后世历史来看,应该是子贡正确,"告朔之饩羊"早已消失无踪。然而孔子真的失败了吗?"告朔之饩羊"实际上永远不可废,也废不了,这就是通古通今的礼乐,比如升国旗、奏国歌等仪式。

"观室者周于寝庙,又适其偃焉。"好比参观故宫,富丽堂皇,然而还得去厕所。于"寝庙"和"偃",宜全面观之。一、"寝庙"喻精神层面,"偃"喻物质层面。精神活动需要物质的支持,热血固然不可少,而过于理想化亦为其失。二、"寝庙"喻美轮美奂的表面,"偃"喻不为人注意的阴暗部分。法国大革命时罗兰夫人名言:"自由自由,多少罪恶假汝之名以行!"抱持信仰的人奔赴圣地,看到的情形却未必符合理想。

"为是举'移是'。""为是"的"是",一般解作"此",也可以解作"是":为了阐明"是"才举出"移是"。"是"是变化的,必须相合于"移是"。

> 请尝言"移是":是以生为本,以知为师,因以乘是非。果有名实,因以己为质;使人以为己节,因以死偿节。若然者,以用为知,以不用为愚,以彻为名,以穷为辱。"移是",今之人也,是蜩与学鸠同于同也。

"请尝言'移是'",再次谈"移是"。前文"非所言""不可知"为遮诠,此处试作表诠。"是以生为本,以知为师,因以乘是非","是"之成立,有两个条件:一为生,一为知。有生有知,所以有是非。"乘"为驾驭,"乘是非"者,纷然之象。"果有名实,因以己为质",执着有是非,就执着有名实,而衡量的标准在己。"使人以为己节,因以死偿节",以别人来符合自己的标准,甚至不惜以生命为代价,把自己也套进去。

"若然者,以用为知,以不用为愚,以彻为名,以穷为辱。"此世俗标准,未知两极相通。《论语·公冶长》赞宁武子:"邦有道则知,邦无道则愚。其知可及也,其愚不可及也。"如此"知"与"愚"相通,犹开和闭,而且"愚"深于"知"。"彻"谓全有,"穷"谓空无。《浮士德》一生追求"彻"而不可得,经历种种境界,最后填海造田成功,然而还有一幢小屋没有拆除,不惜代价拆了它,方才满意:"真美呀,你停一停",于是靡菲斯特出现。如此"彻"与"穷"亦相通,果有是非乎哉?

"'移是',今之人也,是蜩与学鸠同于同也。""移是"是今之人的状况,"蜩与学鸠"(语出《逍遥游》)之"移是"是同的,它们和今之人"移是"也是同的。"蜩与学鸠"（空）和今之人（时）有其不同之同，"同与同"也就是"移是"的"是"。

> 蹍市人之足，则辞以放骜，兄则以妪，大亲则已矣。

"蹍市人之足，辞以放骜"，连忙说对不起，赶紧道歉。放，不知检束。骜，傲慢。"兄则以妪"，兄弟情况不同，只要好言抚慰就行，妪犹婆婆妈妈。"大亲则已矣"，如果是父母，什么都不用说。林希逸《庄子鬳斋口义》："情亲之至，自相孚也。"

> 故曰：至礼有不人，至义不物，至知不谋，至仁无亲，至信辟金。

"至礼有不人"，人我同。不人，或不按人之常规，如亲密之极，昵称小冤家之类。首句多一"有"字，因至礼包括人与不人，故亦不废常规。

"至义不物"，在义不在物。又义者，物之宜也。"至知不谋"，至知统观大局，而谋仅属局部；又至知犹战略，谋犹战术。参考《老子》二十七章："善闭无关楗而不可开。""至仁无亲"，《易·乾》："乾始以美利利天下，不言所利，大矣哉。"参考《老子》五章："天地不仁"，"圣人不仁"。"至信辟金"，不需要金宝作为抵押品。

> 彻志之勃，解心之谬，去德之累，达道之塞。

彻，亦即撤，毁也，通也。勃，兴也。谬，胶着，系缚。达，贯通。

> 贵富显严名利六者，勃志也；容动色理气意六者，谬心也；恶欲喜怒哀乐六者，累德也；去就取与知能六者，塞道也。

贵在富之前，犹官本位。显，光宗耀祖，出名。《史记·项羽本纪》："富贵不归故乡，如衣绣夜行，谁知之者？"严，威严，摆架子，鲁迅《赠邬其山》谓"一阔脸就变"。名，性宫；利，命宫。容，容止（pose）；动，动作；色，颜色；理，辞理；气，气一动志；意，思想。

恶即不欲。《左传》昭公二十五年列出"六情"，与此相同，"恶欲"作"好恶"。去就谓人，取与谓物，知能谓心。

> 此四六者不荡胸中则正，正则静，静则明，明则虚，虚则无为而无不为也。

四组、六项，四六共二十四项。《大学》："知止而后有定，定而后能静，静而后能安，安而后能虑。"此节次序有所相似，然入手处不同，落脚点亦异。裘锡圭谓《庄子》此语亦见于《吕氏春秋·有度》，文字稍有出入，作"静则清明，清明则虚"。又谓二书皆有脱误，未误之文当作"静则清，清则明，明则虚"（《裘锡圭自选集》，大象出版社，1994，170页）。核之本节，校文相对松散。

> 道者,德之钦也。

《中庸》:"苟非至德,至道不凝焉。"钦,敬也,尊也。

> 生者,德之光也。

《易·坤》:"含万物而化光。"成玄英疏:"天地之大德曰生,故生化万物者,盛德之光华也。"

又,张爱玲有《公寓生活记趣》,略云:"阳台上扫灰尘,看楼下人家栏杆上晾着被呢,心想还是等晚些收了进去再扫吧。就这么一转念,顶上生出了灿烂圆光。这就是我们的不甚彻底的道德观念。"

> 性者,生之质也。

《中庸》:"天命之谓性。"修命归于修性,而修性可兼修命。《庄子》佚篇有《意修》,内容未详,或亦修性之法。

> 性之动谓之为,为之伪谓之失。

性之动犹七八,为之伪犹九六。

> 知者，接也；知者，谟也。知者之所不知，犹睨也。

"知者，接也"，感性世界，"知者，谟也"，理性世界。"知者之所不知，犹睨也"，尚有不可知王国，犹灵性世界，或一瞥可见。参考桑德堡《诗的定义试解》："诗是对朝天边消失得太快来不及解释生活的一系列解释。"（赵毅衡译）

> 动以不得已之谓德，动无非我之谓治，名相反而实相顺也。

感而应之，故"动以不得已"；德者，得此也。一切境界皆自心现量，故"动无非我"；治我即治非我，内外相成。前句无我而无为，后句有我而有为，而无我即有我，无为即无不为，名相反而实相顺也。

> 羿工乎中微而拙乎使人无己誉，圣人工乎天而拙乎人。

"羿工乎中微"，此人技艺高超，能射中很小的目标。"而拙乎使人无己誉"，工乎中微则成名，成名则成障，《天运》谓"兼忘天下易，使天下兼忘我难"。

"圣人工乎天"，知道人的理想状态；"而拙乎人"，不知道人的实际状态。"拙乎人"谓不了解人性，因为人处于社会中，有缺点也有私心，不可能纯粹。《荀子·非十二子》："庄子蔽于天而不知人。"此批评未必是，荀子或蔽于人而不知天也。

> 夫工乎天而俍乎人者，唯全人能之。

既知道理想状态，又知道实际状态，乃达成平衡之理。俍，深知人情，有良好的人际关系。全人为完整之人，乃庄书极深意旨。

圣人从普通人起修，修成圣人；全人从圣人起修，再修成普通人。参考《五灯会元》卷十一首山省念章次："'菩萨未成佛时如何？'师曰：'众生。'曰：'成佛后如何？'师曰：'众生，众生。'"首句"众生"指未成佛之普通人，结句"众生，众生"指成佛后之普通人，亦即全人。众生在众生之中，犹水在水之中，《天下篇》谓"不谴是非，以与世俗处"。

全人深入可指全息的人，相应《天下篇》的天人、神人、至人。全人概念，于庄书似仅此一见（于《德充符》指形体完整之人："灵公说之，而视全人，其脰肩肩"），于中国思想史似亦仅此一见，至深至深。

> 虽虫能虫，虽虫能天。

人即人，人即天。虫谓生物，《礼记·月令》有羽虫、毛虫、介虫、鳞虫、倮虫。人，倮虫也。

此多棱镜之象，一转全虫，一转全天，甚深甚妙。虽，一作唯。

> 全人恶天，恶人之天，而况吾天乎人乎？

"全人恶天"，因已在天中。"恶人之天"，不用合一，因无须返还，解除修持，已得无修之道。"而况吾天乎人乎？"此为最上一乘，天即人，人即天，天人浑然不可分。

> 一雀适羿，羿必得之，威也。以天下为之笼，则雀无所逃。

雀为羿之气场笼罩，此即技艺成就者之威势。把羿的气场解散，则成天下的气场，故无所逃。

> 是故汤以胞人笼伊尹，秦穆公以五羊之皮笼百里奚。是故非以其所好笼之而可得者，无有也。

《乐纬动声仪》："如寒暑风雨之动物，如物之动人，雷动禽兽，风雨动鱼龙，仁义动君子，财色动小人。"是人就有可笼之处。以庖人笼伊尹，以五羊之皮笼百里奚，王定保《唐摭言》卷一记唐太宗喜曰："天下英雄入吾彀中矣。"庖人喻治国，《老子》六十章："治大国若烹小鲜。"《逍遥游》："庖人虽不治庖，尸祝不越樽俎而代之矣。"

> 介者拸画，外非誉也。胥靡登高而不惧，遗死生也。

"介者拸画"，不事修饰，或不拘法度。介者，独足之人。拸，去除。釜底抽薪，盖皮之不存，毛将焉附，毁誉置之度外，故彻底解决。小乘有修"念死"者，盖贼入空室，死尽偷心也。胥靡，服役的苦力。《五灯会元》卷五刺史李翱章次："闺阁中物舍不得，便为渗漏。"

> 夫复謵不馈而忘人，忘人，因以为天人矣！

全盘吸收，黑洞之象，犹《达生》"望之似木鸡矣，其德全矣"，故成天人。《天下篇》排列"天人、神人、至人"之次，于全书中"天人"仅此一见。复謵，犹各种各样的刺激。馈，反馈。《五灯会元》卷二寿州道树章次："野人作多色伎俩，眩惑于人，只消老僧不见不闻。伊伎俩有穷，吾不见不闻无尽。""野人作多色伎俩，眩惑于人"，犹复謵也；"只消老僧不见不闻"，犹不馈也。

> 故敬之而不喜，侮之而不怒者，唯同乎天和者为然。

解脱于《老子》十三章之"宠辱若惊"。天和，参考《易·乾》之"太和"。

> 出怒不怒，则怒出于不怒矣；出为无为，则为出于无为矣。

出怒于不怒，出为于无为，乃由本达末。文天祥诗云："日出云俱静，风消水自平。"（《吟啸集·遇异人指示以大光明正法于是死生脱然若遗矣》）

> 欲静则平气，欲神则顺心。

平气，心平气和，当损之又损。顺心，顺其性向所为，创造性奇迹总是在松弛而投入的状态下发生的。以教师而言，协助学生找出自己的发展倾向，为教育之主要目的。做适合自己的事情，也尊重别人的选择。

> 有为也欲当，则缘于不得已。不得已之类，圣人之道。

"有为也欲当，则缘于不得已。"接通上文"性之动，谓之为，为之伪，谓之失"。参考《人间世》："一宅而寓于不得已。""性之动，谓之为"，即当；"为之伪，谓之失"，即不当。

"不得已之类，圣人之道。"参考德国埃克哈特《论真正的顺从》(《埃克哈特大师文集》，荣震华译，商务印书馆，2003，1—2页)，此无为之象，乃最深之指点。文章末尾又重新抬出圣人，就圣人在人群中作用而言。在前门赶走的圣人，又从后门迎了进来，此为《庚桑楚》结束之笔。

2005 年 12 月 19 日初稿
2009 年 7 月 14 日修改
2015 年 3 月 28 日再改

（原载"经典与解释"第 31 辑《柏拉图与天人政治》，华夏出版社 2009 年）

《庄子·寓言》析义

题解：《寓言》详解《庄子》的言说方式，上承《齐物论》而贯通内七篇，下启《天下篇》而为全书序例。全篇妙义纷呈，其中东郭子綦回应颜成子游之语，精深之至，或可当修行口诀云。

寓言十九，重言十七，卮言日出，和以天倪。

寓言由空而言，重言由时而言，卮言由当下而言。十九即十分之九，十七即十分之七，盖有重合处。大多数寓言本身就是重言，而所有寓言、重言都是卮言。卮为酒杯，俯仰随意而无心，卮言谓非执一守故之言，也是中正之言。郭象注："夫卮，满则倾，空则仰，非持故也。况之于言，因物随变，唯彼之从，故曰日出。日出谓日新也。"司马彪注："谓支离无首尾言也。"（《经典释文》引）陈景元注："夫卮器满则倾，空则仰，中则正，以喻中正之言也。"（《南华真经章句音义》卷十四）

寓言、重言仅仅为形式，而实质在于卮言。卮言者，随物宛转之象，得其几也。"和以天倪"者，由言而行，调整而达自然，其几不穷也。

> 寓言十九，藉外论之。亲父不为其子媒，亲父誉之，不若非其父者也。非吾罪也，人之罪也。与己同则应，不与己同则反。同于己为是之，异于己为非之。

"寓言十九，藉外论之。"寓言，以讲故事的方式，借助他人他事而论，意内言外，意在此而言在彼。《史记·老子韩非列传》谓庄子："著书十余万言，大抵率寓言也。"《索隐》："寓，寄也。""亲父不为其子媒，亲父誉之，不若非其父者也。"表扬出于自己之口，不如出于他人之口。以文章而言，寄托于篇章即寓言，寄托于句段即比喻。以《易》而言，则为象也。

"非吾罪也，人之罪也。"此即寓言隐而显、显而隐之作用，化有为无，又化无为有。哲人处世，不得不以间接方式言说，亦全身避祸之举。可比较《人间世》论"以古为徒"："其言虽教，谪之实也，古之有也，非吾有也。"

"与己同则应，不与己同则反。同于己为是之，异于己为非之。"此声应气求而寂寞千载，同并之间，应、是则显，而反、非则隐。《论语·卫灵公》："可与言而不与之言，失人；不可与言而与之言，失言。知者不失人，亦不失言。"呈不确定之象，寓言即卮言也。

> 重言十七，所以已言也，是为耆艾。年先矣，而无经纬本末以期年耆者，是非先也。人而无以先人，无人道也；人

而无人道，是之谓陈人。

"重言十七"，老人所讲的经验之言，也是为世所重之言。重言是重复的话，也是重要的话。"所以已言也，是为耆艾。"引述古来相传之言，制止无谓的争论，引导群体的共识。耆艾是德高望重之人，亦即老成持重之人。《书·盘庚》："汝勿侮老成人。"《诗·大雅·荡》："虽无老成人，尚有典刑。"

"年先矣，而无经纬本末以期年耆者，是非先也。"耆艾不等同于年先，年先者应当有年先之德，故尊称"先生"。俞正燮《癸巳存稿·先生释义》引《释名》谓"古者称师曰先生"，又引《韩诗外传》："古之谓知道者曰先生，何也？犹言先醒也。""经纬本末"，对事理的整体把握，用编织之象。"以期年耆"，期望其学与年俱进，如《论语·为政》"三十而立、四十而不惑、五十而知天命"。以艺术而言，犹孙过庭《书谱序》"人书俱老"。

"人而无以先人，无人道也；人而无人道，是之谓陈人。"人之所以为人，在于每个人有不同他人的特点，随年龄渐长而发展之，成竞争之象。"人道"在于有以先人，否则是"无以先人"，亦即俗语"年纪活在狗身上"也。"无人道"则为陈人，陈人为无创造性的人，英国作家福斯特《小说面面观》称为"扁平人物"（flat character），推其极致则成尼采所称的"末人"（the last man）。

严复译英国约翰·穆勒（John Stuart Mill，1806—1873）《群己权界论》（*On liberty*）第三篇曰："今夫人伦之所以贵，而于人心为美无度者，必非取其殊才异禀，磨而刓之，使浑然无圭角，而同于人人也。固将扶植劳来，期其各自立而后已。若无损于他人应得之权利乎？虽纵之于至异无害也。"(《群己权界论》，商务印书馆，1981，68页)

> 卮言日出，和以天倪，因以曼衍，因以穷年。

支离其言，解散其体，得其机以接引人。和以天倪乃最上一乘，惟精惟一，盖不度度之。"因以曼衍"，慢慢地不断引出。"因以穷年"，渐渐地度过人生。以有穷合于无穷，化人化己，两无所尽。《易·系辞上》："引而伸之，触类而长之，天下之能事毕矣。"

《天下篇》："以卮言为曼衍，以重言为真，以寓言为广。"与本篇寓言、重言、卮言的次序不同，而彼此解释，恰成相对之象。

> 不言则齐，齐与言不齐，言与齐不齐也，故曰无言。言无言，终身言，未尝言；终身不言，未尝不言。

"不言则齐，齐与言不齐，言与齐不齐也，故曰无言。"此阐发《齐物论》之旨，亦庄书之要义。明物与物论不齐，息物论则齐物，故曰无言也。"无言"犹《论语·阳货》："天何言哉！四时行焉，百物生焉。天何言哉！""言无言"更深，明物与物论之齐，不齐亦齐，言其无言，言即无言，成两行之象。

"终身言，未尝言；终身不言，未尝不言。"此自觉觉他之行，亦自解后世之难，《外物》曰："吾安得夫忘言之人而与之言哉！"参观《维摩诘经·观众生品》："言说文字皆解脱相。"邵雍《观物外篇》论先天图："吾终日言而未尝离乎是。"

> 有自也而可，有自也而不可；有自也而然，有自也而不然。

物必有其来历，故"有自也而可"；有来历必有其限制，故"有自也而不可"。昔人谓"圣人不带风土"，已当化其自。马克思自称"我是一个世界公民"[1]，亦属化其自。然未能得其自者，必不能化其自，故需就路还家也。

"有自也而然"，凡存在的都是合理的；"有自也而不然"，凡存在的都是可以改变的。

> 恶乎然，然于然。恶乎不然，不然于不然。恶乎可，可于可。恶乎不可，不可于不可。物固有所然，物固有所可。无物不然，无物不可。非卮言日出，和以天倪，孰得其久！

此段与《齐物论》略有异同，由两边立说，执着一边者非是。彼强调"道行之而成，物谓之而然"，此由"有自也"之可不可、然不然衍出。而"有自也"即道之行，可不可、然不然即物之谓，故异而又同。

"非卮言日出，和以天倪，孰得其久！"物固多方，言亦多方，卮言日出，亦属"涌现"（aufgehen），和以天倪者，丝丝入扣也。

---

[1] 对保尔·拉法格说。见《回忆马克思恩格斯》，人民出版社，1957，第69页。

> 万物皆种也，以不同形相禅，始卒若环，莫得其伦，是谓天均。天均者，天倪也。

"万物皆种也"，万物各有其类，各有其"是"。"以不同形相禅"，有其周期变化，禅（metamorphosis）者，代也。"始卒若环，莫得其伦"，此与科学不同，科学可得其伦，玄学莫得其伦。"是谓天均。天均者，天倪也。"天均犹平衡，天倪者几也。

> 庄子谓惠子曰："孔子行年六十而六十化，始时所是，卒而非之，未知今之所谓是之非五十九非也。"

相应《论语》言五十，此言六十，儒家之学或偏重五十以前，道家之学或偏重六十以后。《论语·为政》曰"五十而知天命"，《述而》又曰"五十以学《易》"，而此处言"六十而耳顺"，由外返内。六十花甲，体气已周，故"行年六十而六十化"。六十以前，其学外内双修，六十以后，外内已通。朱熹谓"声入心通，无所违逆"（《论语集注》），故可称"圣"。

参见《则阳》："蘧伯玉行年六十而六十化，未尝不始于是之，而卒诎之以非也。未知今之所谓是之非五十九非也。"比较《论语·子路》称蘧伯玉"夫子欲寡其过而未能也"，知此处之化，指修身寡过。

> 惠子曰："孔子勤志服知也。"庄子曰："孔子谢之矣，而其未之尝言。孔子云：'夫受才乎大本，复灵以生。鸣而当

律,言而当法,利义陈乎前而好恶是非,直服人之口而已矣。使人乃以心服,而不敢蘁立,定天下之定。'已乎,已乎!吾且不得及彼乎!"

"孔子勤志服知也。"孔子的成就,惠子谓由勤奋努力而来。勤志,不断激励;服知,身体力行。然而庄子不同意,"孔子谢之矣",他早已超越此一层面;"而其未之尝言",孔子未尝言,庄子发展之,犹代孔子立言。以王阳明"朱子晚年定论"为喻,此可当庄子"孔子晚年定论"。

"夫受才乎大本,复灵以生。""大本"即老子之"朴"(substance),"复灵"即《易》"复其见天地之心乎",《尚书·泰誓上》"惟人万物之灵"。"鸣而当律,言而当法",他的言论相当于律法,看起来正确,却还是务外。"利义陈乎前而好恶是非,直服人之口而已矣。"大前提之根本未能清洗干净,理由其实都是可以倒装的。

"使人乃以心服,而不敢蘁立,定天下之定。""使人乃以心服",顺乎人情而使之。"而不敢蘁立",蘁,逆。此《周易·系辞上》"吉凶与民同患",《老子》七章"后其身而身先"。郭象注:"我顺众心,则众心信矣,谁敢逆立哉!吾因天下之自定而定之,又何为乎!"此注大体是,而"谁敢逆立哉"非,因"不敢蘁立"当指己,即《诗·小雅·小旻》"战战兢兢,如临深渊,如履薄冰"之象,而不是对百姓"振之以威怒,貌恭而心不服"(魏徵《谏太宗十思疏》)。"定天下之定",顺乎人心而定天下,定天下也就是治天下。

"已乎,已乎！吾且不得及彼乎！"此为发自内心的赞叹,或可当认信宣言,亦即庄子保存孔子之象(参见苏轼《孔子祠堂记》),或云庄子为儒家后学也。

> 曾子再仕而心再化,曰:"吾及亲仕,三釜而心乐;后仕,三千钟而不洎,吾心悲。"弟子问于仲尼曰:"若参者,可谓无所县其罪乎？"曰:"既已县矣。夫无所县者,可以有哀乎？彼视三釜三千钟,如观雀蚊虻相过乎前也。"

曾子求禄以养亲,心情有两次变化。初仕仅得三釜,父母享受到了,故乐。再仕增至三千钟,父母已亡故,故悲。不洎,未赶上。洎,及也。曾子孝之至,而有感情波动,弟子疑其"可谓无所县其罪乎",应该说找不出什么过失吧。县通悬。仲尼说,(有乐有悲,)早已不无挂碍呢。夫无所县者,盖已成悬解,故哀乐不能入也。

彼指无所县者,尽其所能以养亲,"视三釜三千钟,如观雀蚊虻相过乎前也",消息乘除,皆无所容心。程子有曰:"虽尧舜之事,亦只是如太虚中一点浮云过目。"(《河南程氏遗书》卷三)

> 颜成子游谓东郭子綦曰:"自吾闻子之言,一年而野,二年而从,三年而通,四年而物,五年而来,六年而鬼入,七年而天成,八年而不知死不知生,九年而大妙。"

此节叙述进道之顺序,由《齐物论》南郭子綦和颜成子游问答引申，可与《大宗师》"南伯子葵"节相参。

"一年而野"放纵，"二年而从"收敛，"三年而通"平衡。《论语·子路》狂者、狷者以及中行之士，可以相应三者。"一年而野"极要，十五志学之时，已含三十以至七十以后境界。此实为突破之象，为诗作文"宁可如野马，不可如疲驴"（袁枚《随园诗话·补遗》卷九）是也。"二年而从"已感受此事之难。一年乃《论语·述而》"我欲仁，斯仁至矣"，二年在实践中遭遇障碍，乃渐知释氏"一年二年，佛在眼前；三年四年，佛在天边"之象。于是降心而从，重回学地，其极致乃颜回之"终日不违如愚"（《论语·为政》）。"三年而通"，贯通野、从，已"知所以裁之"（《论语·公冶长》），以得其中道。

"四年而物"，三年解决心理问题，故四年能排除内心干扰而及物。必达此阶段方可称唯物，而前此言唯物者皆唯心也。"五年而来"谓感应。此可当《大学》"格物"之理，郑玄注："其知于善深则来善物，其知于恶深则来恶物。"善恶相差仅一线之间，《尚书·多方》"惟圣罔念作狂，惟狂克念作圣"，当自知自明之。"六年而鬼入"为大关节，未至六年不能达此境，达此境而未能化解则前功尽弃，宜万分警惕。

化解则进入"七年而天成"。"天成"者，自然而然，慢就是快，不疾而速，不行而至是也。"八年而不知死不知生"，已见及《大宗师》"杀生者不死，生生者不生"。"九年而大妙"，犹《大宗师》之"撄宁"，撄宁者，撄而后成者也。于释氏当由觉满而回向自觉觉他，《法华经·方便品》"止止不须说，我法妙难思"是也。

> 生有为，死也；劝公，以其私。死也，有自也；而生，
> 阳也，无自也。

此段极其重要，乃庄学关键之一。历代于此处的句读，几乎没有完全相同的。[1] 笔者思量既久，确定以此处为善。

生为始基，有为积累消耗，"只知事逐眼前过，不觉老从头上来"（《彦周诗话》引罗隐诗），故死也。"由有为，故死；由私其生，故有为"（郭象注）；劝公，以化其私。私、死通，化其私，亦即化其死。死也，有自也，故当沿途追索以探求生命起源（我从何处来？）。此为极深之指点，得其自而化之，乃与造物争权，后世道家有云："始知我命不由天"（《悟真篇》七言绝句之五十四）。德里达有云："每个人的解构都是独一无二的。"（2002年在上海社会科学院演讲）

死，（阴也），有自也，而生，阳也，无自也，方可达成大妙。

---

[1] 试列出数家标点，以供对比：
郭庆藩《庄子集释》："生有为，死也。劝公，以其死也，有自也；而生也，无自也。"注：《阙误》引张君房本其下有私字。（中华书局，2012）
钟泰《庄子发微》："生有为死也。劝公，'以其死也有自也，而生阳也无自也。'"（上海古籍出版社，2002）
刘文典《庄子补正》："生有为死也。劝公以其私死也。有自也。而生阳也。无自也。"（云南人民出版社，1980）
王叔岷《庄子校诠》："生有为，死也劝。公以其死也，有自也；而生阳也，无自也。"（台湾中央研究院历史语言研究所，1988）
参见崔大华《庄子歧解》列出的标点（中州古籍出版社，1988，754—755页）：
1."生有为，死也。劝公，以其私。死也有自也，而生阳也无自也。" 2."生有为死也劝。公以其死也有自也，而生阳也无自也。" 3."生有为，死也劝公，以其死也有自也，而生阳也无自也。" 4."生有为，死亡劝，皆以其死阴也有自也，而生阳也，无自也。"

死不言阴而生言阳，可当扶阳抑阴。不用对偶，于文法言，乃求单行之气，且得顿挫之力。

又此节或以为颜成子游之言，或以为东郭子綦之言，或径以为错简。以义理而言，当以东郭子綦为是，未标言说者之名，乃隐也。颜成子游修行已成象，东郭子綦叙口诀以作印证，而功成身退，天之道也。未作南郭而作东郭有深意，错简无碍（参见拙稿《南郭子綦的姓名变化及其进步路线》）。

> 而果然乎？恶乎其所适？恶乎其所不适？

你真能达成九年大妙吗？既无所自，亦可无所往，无所不往。《易》谓"利有攸往""利涉大川"，邵雍《观物吟》："天根月窟闲来往，三十六宫都是春。"

从"而果然乎？"（参看《人间世》"而果其贤乎？"）至"若之何其有鬼邪？"所有问句，都未标示主名。"而"即"尔"，由此推论，此节依然是东郭子綦对颜成子游之言，可看成独白，反复演绎，渣滓尽化。

> 天有历数，地有人据，吾恶乎求之？

此含天地人之象。《易·坎彖》："天险不可升也，地险山川丘陵也，王公设险以守其国。""天有历数"，参观《论语·尧曰》"天之历数在尔躬"。"地有人据"，为人类活动之痕迹，"据"乃国家、城邦之类的区划。日月星辰在天，人在大地上休养蕃息，此皆自然之象。

又，前句从"有自也"到"无自也"，此之谓逍遥游，参见《老子》"无为而无不为"。此句明自由依然要注意其限制，参见《论语·为政》"从心所欲而不逾矩"。

> 莫知其所终，若之何其无命也？莫知其所始，若之何其有命也？有以相应也，若之何其无鬼邪？无以相应也，若之何其有鬼邪？

命对应天，乃终始之理。不知道未来，怎么可以说无命呢？不知道过去，怎么可以说有命呢？鬼对应人，乃相应之理。前句参见《论语·八佾》"祭如在，祭神如神在"。此有以相应。后句参见《老子》六十章"以道莅天下，其鬼不神"。此无以相应。

> 众罔两问于景曰："若向也俯而今也仰，向也括撮而今也被发，向也坐而今也起，向也行而今也止，何也？"景曰："搜搜也，奚稍问也！予有而不知其所以。予，蜩甲也，蛇蜕也，似之而非也。火与日，吾屯也；阴与夜，吾代也。彼，吾所以有待邪？而况乎以有待者乎！彼来则我与之来，彼往则我与之往，彼强阳则我与之强阳。强阳者，又何以有问乎！"

此段亦见《齐物论》，彼略而此详。彼罔两问景，乃单独探询，景答之。此众罔两问景，有围攻之象，景反唇相讥。括撮，束发。"搜搜也",无心运动之貌;"奚稍问也",还用得着问吗?奚,何。"予有而不知其所以。"我只是这样运动,不知道为什么。"予,蜩甲也,蛇蜕也,似之而非也。"我是类似于蜩甲、蛇蜕那样的东西,还不如它们有形质。蜩甲,蝉所脱下的壳。"火与日,吾屯也;阴与夜,吾代也。"有了火与日我就成形,遇到阴与夜我就消失。

"彼,吾所以有待邪?而况乎以有待者乎!"我固然不得不依赖彼,而那些不得不依赖我的,又怎么说呢?"彼来则我与之来,彼往则我与之往,彼强阳则我与之强阳。"往来,消息之象;强阳,当运之象。"强阳者又何以有问乎!"景有待而罔两亦有待,彼此皆然,而强阳为不确定。你不回头看看自己,还提出这样的问题,太奇怪了。

  阳子居南之沛,老聃西游于秦,邀于郊,至于梁而遇老子。老子中道仰天而叹曰:"始以汝为可教,今不可也。"阳子居不答。至舍,进盥漱巾栉,脱屦户外,膝行而前曰:"向者弟子欲请夫子,夫子行不闲,是以不敢。今闲矣,请问其过。"

南之沛、西游于秦,乃道者之游动,与《老子》四十七章"不出户,知天下"是同是异?可参详之。阳子居与老聃的问答,亦出现于《应帝王》。"邀于郊,至梁而遇",盖半道偶合,猝然而遇,其象全出(两人内在的东西都亮了一亮,俗语"照面"尚含其义)。试比较《田子方》:"目击而道存矣,亦不可以容声矣。"

"始以汝为可教，今不可也。"阳子居的状况，老子一瞥之下，已完全透彻。"至舍，进盥漱巾栉，脱屦户外，膝行而前。"请回家侍奉，乃尊师之象。仰天而叹，乃老聃之出机，不答而问已过，乃阳子居之应。应对无误，"不可教"翻为"可教"，引出下文的开示。

又南之沛、西游于秦、至于梁，是之谓周、秦、汉。此极敏感，"诗人为时代之触须（antennae）"（庞特语，钱锺书致胡乔木信引，1986）是也，盖有领先指标存焉。

> 老子曰："而睢睢盱盱，而谁与居？大白若辱，盛德若不足。"阳子居蹴然变容曰："敬闻命矣！"其往也，舍者迎将其家，公执席，妻执巾栉，舍者避席，炀者避灶。其反也，舍者与之争席矣。

"而睢睢盱盱，而谁与居？"你这样飞扬跋扈，谁敢走近你呢？宣颖曰："睢睢，仰目；盱盱，张目，皆傲视貌。"（《南华经解》卷二十七）"大白若辱，盛德若不足。"参见《老子》四十一章"大白若辱，广德若不足"。此即《史记·老子列传》老子戒孔子："吾闻之，良贾深藏若虚，君子盛德，容貌若愚。去子之骄气与多欲，态色与淫志，是皆无益于子之身。"

"敬闻命矣！"良马见鞭影而行，阳子居根器甚利，稍加点拨已完全明白。"其往也""其反也"云云，幡然醒悟，得"和光同尘"之象，可比较《应帝王》"列子自以为未始学而归"。王维《积雨辋川庄作》："野老与人争席罢，海鸥何事更相疑？"又阳子居即杨朱,杨朱"为我",有"经济人"之象。承认人人有其私,而人人得遂其私,乃公矣。

(原载《古典研究》2013年秋季号)

论张良的知识结构，兼述《太公兵法》要义

——读《史记·留侯世家》

阮芝生《论留侯与三略》(《食货月刊》，复刊十一卷，第2—3期，1981)，评论兴汉三杰，[1] 以张良的智慧为最高。张良师（近乎完美），萧何臣（略有瑕疵），韩信狗（局部有其长）。今再读《史记·留侯世家》，试论张良的知识结构，兼述《太公兵法》要义。

> 留侯张良者，其先韩人也。大父开地，相韩昭侯、宣惠王、襄哀王。父平，相釐王、悼惠王。悼惠王二十三年，平卒。卒二十岁，秦灭韩。

张良（约前250—前189）出身于韩国贵族，是世家子弟。祖父和父亲五世相韩，大父指祖父。悼惠王（《韩世家》作桓惠王，

---

1 语出《史记·高祖本纪》："夫运筹策帷帐之中，决胜于千里之外，吾不如子房。镇国家，抚百姓，给馈饷，不绝粮道，吾不如萧何。连百万之军，战必胜，攻必取，吾不如韩信。此三者皆人杰也，吾能用之，此吾所以取天下也。"

公元前272—前239在位）二十三年，[1]即公元前250年，张良不晚于此年出生。此后韩直线走下坡路，在悼惠王之子韩王安（公元前238—前230在位）当政时，于六国中最先被灭。

> 良年少，未宦事韩。韩破，良家僮三百人，弟死不葬，悉以家财求客刺秦王，为韩报仇，以大父、父五世相韩故。

父亲去世多年，自己没有担任官职，对亡国本来不用承担责任，然而张良作为热血青年，自己选择了认同的传统。

他身处大家族中，毁家纾难。弟死不葬，事急从权，不得不分辨轻重缓急，做出取舍。人到一定年龄，必须确定对自己来说，什么才是真正重要的，以此来安排时间和精力。

《春秋》有九世复仇之义，适用于国，不适用于家。《公羊传》定公四年："父不受诛，子复仇可也。父受诛，子复仇，推刃之道也。"[2]

> 良尝学礼淮阳。东见仓海君。得力士，为铁椎重百二十斤。

检查张良的知识基础，最初学的是礼，也是古代学术的核心。

---

1 《逸周书·谥法解》："辟土服远曰桓，克敬勤民曰桓，辟土兼国曰桓。"又："年中早夭曰悼，肆行劳祀曰悼，恐惧从处曰悼。""桓惠王"与"悼惠王"谥号不同，前者当为官方颁布，后者或出民间私拟。其间的差异，大致承认此王做过一定努力，然而终究无济于事。至于被灭的韩王安，已无谥号。
2 参见《公羊传》庄公四年释"纪侯大去其国"："九世犹可以复仇乎？虽百世可也。家亦可乎？曰：不可。国何以可？国君一体也。先君之耻，犹今君之耻也。今君之耻，犹先君之耻也。国君何以为一体？国君以国为体，诸侯世，故国君为一体也。"

《礼记·礼器》"礼时为大"，礼包含一切，甚至包含兵法。

孔老讨论学问，相合处在礼，孔子主其常，老子主其变。于中华文明而言，两人在根源上相通，不管有没有见过面。孔子"知其不可而为之"（《论语·宪问》），而其实老子也没有放下，在出关前留下《道德经》。五千言是对天地人的解题，也是古代史官系统的思想结晶。

仓海君，一方土豪或高人，具体是谁不确定，可能跟方仙道有关（或云中国神话系统，东蓬莱，西昆仑）。[1] 一说苍海郡在今朝鲜境内，其详待考。以象来解，东，生气。苍，青色（王叔岷《史记斠证》引《太平御览》卷三八六作"沧"，"《说苑》同，古字通用"）。海，大也（《说文》："海，天池也，以纳百川者"；《书·禹贡》："江汉朝宗于海"）。又，海，晦也，浩瀚莫测（《释名·释水》："海，晦也，主承秽浊，其水黑如晦也"）。

淮阳内地，仓海东方，张良在远游中不断开阔胸襟。最后找到力士，以安顿血气。铁椎重百二十斤，数。

> 秦皇帝东游，良与客狙击秦始皇博浪沙中，误中副车。秦皇帝大怒，大索天下，求贼甚急，为张良故也。良乃更名姓，亡匿下邳。

秦始皇二十九年（公元前218年）东巡，一路上展示皇家威仪，震慑反叛的势力。秦始皇一生五次出巡，此为第三次。博浪

---

[1] 顾颉刚《〈庄子〉和〈楚辞〉中昆仑和蓬莱两个神话系统的融合》，《中华文史论丛》，1979年第2辑。

沙，在河南省原阳县城东郊。误中副车，击中侍从车辆。

张良有勇有智，缺少的是运气。在森严的防备下，全身而退，可见安排周密。受到全天下通缉，不得不逃命隐藏。

下邳，在今江苏省徐州市睢宁县。战国时齐威王封邹忌为下邳的成侯，始有此地名。

> 良尝闲从容步游下邳圯上，有一老父，衣褐，至良所，直堕其履圯下，顾谓良曰："孺子，下取履！"

转折，插入闲笔，流传千古。学者多疑为小说家言，是否真实不可知。笔者倾向于认为此事件非虚构，在流传过程中，细节上或有加工。

国家力量找不到，民间的暗网很容易找到。张良的行踪，已被人锁定。圯，楚语桥，以兵法而言，当连接之间的节点（非左非右，亦此亦彼，既要又要）。

老父之学，当战国至秦。张良之学，当秦至汉。衣褐，穿粗布衣服，平民身份，老子称圣人"被褐怀玉"（七十章）。柏拉图《会饮》中，有人称苏格拉底外表看上去不怎么样，"里面结结实实都是宝贝"（216c–217a）。

老父在张良面前的言行，完全是表演性的试探。直，竟然，居然，可以认为是故意。称"孺子"，含轻蔑意。假设悼惠王二十三年（前250年）张良生，至此时（前218年）至少三十二岁。以当时的平均年龄而言，已经不是少年了。

> 良鄂然，欲殴之。为其老，强忍，下取履。父曰："履我！"良业为取履，因长跪履之。父以足受，笑而去。

张良完全没想到，鄂然欲殴，是血气未平的直接反应。为其老，是出自本性的善良，而且到底是学过礼之人，所以强忍（参见《孟子·梁惠王上》："为长者折枝，语人曰：'我不能。'是不为也，非不能也"）。

人的行动，来自内心几个念头（或电讯号）竞争，习气深的人很难控制。观察人的情绪是否容易失控，以及是否能延迟满足，是判断他是否有比较高的目标，以及是否能成事的必要条件。

"父曰：'履我！'良业为取履。"此九字《汉书·张良传》删（王叔岷《史记斠证》），少了一层心理的转折，犹放弃沉没成本。

下取履，屈节事人。长跪，施行礼节。老父以足受，坦然接纳，也没有说声谢谢。此极度自信，勉强不来，也无需勉强。

> 良殊大惊，随目之。父去里所，复还，曰："孺子可教矣。后五日平明，与我会此。"良因怪之，跪曰："诺。"

张良大惊，不自觉地被吸引，目光追随，乃生气所在。老父走了很远，看见他还没有离开，于是回来，确认师生缘。"孺子可教矣"，面试通过了。推迟到以后，可以教而不马上教，尚有准备未完成。

研究时间为兵法要义，"后五日平明"以下，乃完整的教育过程。与我会此，准确地达成目标。

> 五日平明，良往。父已先在，怒曰："与老人期，后，何也？"去，曰："后五日早会。"

平明，天蒙蒙亮的时候（七点左右）。贸易从卯，做生意、做人，乃至做学问，都必须有朝气，犹如早晨八九点钟的太阳。"与老人期，后，何也？"批评的依据是礼，于兵法当先机。

> 五日鸡鸣，良往，父又先在，复怒曰："后，何也？"去，曰："后五日复早来。"

鸡鸣，四点左右，推平明之根。此象屡见《诗经》："风雨如晦，鸡鸣不已"（《风雨》）；又："女曰鸡鸣，士曰昧旦"（《女曰鸡鸣》；二诗见《郑风》）。

> 五日，良夜未半往。有顷，父亦来，喜曰："当如是。"

赶子时到达，子时前第一名，子时后第二名，其余皆当后天气。鸡鸣、平明，乃后天中的先天。老父略晚到，无误，因为再提前，有可能太早。

月有缺意（形、音），满几乎只是瞬间。十五天，是月的盈亏周期。新月至于满月，满月至于残月，三变达成循环。

夜未半，《汉书》无"未"字。笔者赞成有"未"字，张良似有些着急，过了，然而大体已可以。人不能完全准确，或略前，或略后，老父不可能不知。

"当如是"是印证,这样才对了。中国学问的自强不息,争的就是此点。《孙子·计篇》:"此兵家之胜,不可先传也。"此不言之教,即兵法要义。

> 出一编书,曰:"读此则为王者师矣。后十年兴。十三年孺子见我济北,谷城山下黄石即我矣。"遂去,无他言,不复见。

出一编书,"编"或作"篇",战国竹简。"王者师"(哲人与王的组合),后来演变为君道和师道,互相合作又互相限制,成为古代读书人的梦想。注意,此为王者师,而非其他人之师。连柏拉图都有误判,三下西西里,无所收获。从叙拉古归来,办学院教辩证法(此前已有人办学院教修辞术),"不懂几何学,请勿入我门"。

老父的大势预判:后十年兴,遇沛公(前208年,陈胜吴广起义之年)。十三年,当汉高祖元年(被项羽封为汉王之年,前206年)。张良于此时,对老父的思想,已完全心照。同时对自己一生,也完全理解,以功成身退为主。四年后(公元前202年)刘邦称帝建立汉王朝,张良坚持不受封,不得已勉强接受留侯。

分析"黄石公"之号:黄,对应黄帝,黄种人,华夏文明。石,与无生物同体,可通《老子》"朴"、《庄子》"形如槁木,心如死灰",亦即《西游记》和《红楼梦》开篇的石头(参见拙稿《〈石头记〉与〈红楼梦〉》)。政治回归文明,生物回归无生物,不受外界信息干扰。于人生和兵法的核心,皆已透彻。

下邳为齐威王之相邹忌(《史记·孟子荀卿列传》:"齐有三驺

子，其前邹忌，其次驺衍、驺奭"）的封地，而《太公兵法》来自齐地，可能跟稷下学派有关。秦统一六国，齐最后被灭。

遂去，所有的课程，传授完毕。无他言，不复见，决绝，再无其他。

太公兵法，在古今之间，《太史公自序》"律书"小序："司马法所从来尚矣，太公、孙、吴、王子能绍而明之，切近世，极人变。"尚矣，于《史记》中或可上推至黄帝。战争参与文明的塑造，《五帝本纪》记载的最初战争，对内的是与炎帝之战，对外的是与蚩尤之战，以两战立政体的根基。《汉书·艺文志》有多种依托黄帝君臣的兵法。[1]

　　旦日视其书，乃《太公兵法》。良因异之，常习诵读之。

旦日视其书，显，由阴而阳；因异之，有惊奇之感，与他书不同。常习诵读之，经常研究读诵，从身心上过。吟诵属文学，习诵口念心惟，当反身之理。读得通，读不通，自己判断，是否证得古人之心。

---

[1]《汉书·艺文志》有《黄帝兵法》，又有《蚩尤兵法》。《史记·五帝本纪》："举风后、力牧、常先、大鸿以治民。"《集解》："郑玄曰：'风后，黄帝三公也。'班固曰：'力牧，黄帝相也。'大鸿，见《封禅书》。"《正义》："举，任用。四人皆帝臣也。《帝王世纪》云：'得风后於海隅，登以为相。得力牧於大泽，进以为将。'《艺文志》云：'《风后兵法》十三篇，图二卷，《孤虚》二十卷，《力牧兵法》十五篇。'《封禅书》云'鬼臾区号大鸿，黄帝大臣也。死葬雍，故鸿冢是'《艺文志》云'《鬼容区兵法》三篇'也。"如此，于黄帝时代，已有五家兵法，尽管出于后世伪托。又《宋史·艺文志》著录《握奇经》，亦托名风后。又，于"常先"三家均无注，于象或可参照上博简《恒先》，恒者常也。于人间事追溯至宇宙起源，或可理解黄石公不言之教。

论张良的知识结构，兼述《太公兵法》要义

《太公兵法》见《汉书·艺文志》，由"兵权谋家"省，入道家；又出《司马法》，入礼。于经，兵法通于礼，于子通于道。[1]《隋书·经籍志》有太公《六韬》，不确定是否《汉志》之旧，又有黄石公《三略》。[2] 宋代《武经七书》收入二书，有整体格局的竞争策略，后世称为"韬略"。《六韬》曾被怀疑为伪书，1972 年在山东临沂银雀山汉墓中，发现《太公》竹简五十多枚，证明确实出于先秦。

回顾老父和张良相遇，其过程如行云流水，当师寻弟子之象。完整的教育过程分三段：一、取履，面试；二、约桥上会面，正课，传兵法要义；三、出一编书，布置回家作业，揣摩、温习、自修。

居下邳，为任侠。项伯常杀人，从良匿。

---

[1] 兵法植根于文明。礼的最尖锐部分是军礼，军礼的最尖锐部分是兵法。把兵法结合于礼，也就是把兵法归于政制，归于文明的构成，以及它的组织动员能力。在既有的整体条件下，评估敌我双方的短处和长处，寻求难以发现的胜机，此之谓韬略。

《太史公自序》中《留侯世家》小序："运筹帷幄之中，制胜于无形。子房计谋其事，无知名，无勇功。图难于易，为大于细。"三句话中，两句引用《孙子兵法》，一句引用《老子》。首句出《孙子·虚实篇》："故形兵之极，至于无形。"次句出《孙子·军形篇》："古之所谓善战者，胜于易胜者也。故善战者之胜也，无智名，无勇功，故其战胜不忒。不忒者，其所措必胜，胜已败者也。"三句出《老子》六十三章："图难于其易，为大于其细。天下难事必作于易，天下大事必作于细。是以圣人终不为大，故能成其大。"

[2] 据阮芝生考证，光武帝诏报中曾引用《三略》文字，故它的年代应在东汉之前，并有可能早到春秋末秦汉初。(《中国失传的宋施之美撰"三略讲义"》，见《食货》月刊，复刊十四卷，第 4 期，上；第 5—6 期，下；1984）

以下为此后经历。与项伯的交往,为鸿门宴伏笔。

后十年(前208年),陈涉起兵反秦,张良、刘邦各自响应,在道上相遇。自此君臣相合,完成兴汉大业。

> 良数以《太公兵法》说沛公,沛公善之,常用其策。良为他人言,皆不省。良曰:"沛公殆天授。"故遂从之。

刘邦起兵于沛(今江苏沛县),称沛公。为什么"沛公殆天授"?当研究刘邦的知识结构(另详)。张良多病,常为画策臣,没有带军队。在中国历史人物的形象画廊中,其前有齐太公,其后有诸葛亮和刘基,都带有神话色彩。

> 汉六年正月,封功臣。良未尝有战斗功,高帝曰:"运筹策帷帐中,决胜千里外,子房功也。自择齐三万户。"良曰:"始臣起下邳,与上会留,此天以臣授陛下。陛下用臣计,幸而时中,臣愿封留足矣,不敢当三万户。"乃封张良为留侯,与萧何等俱封。

"运筹帷帐"云云,名言流传,于《史记》凡三见(亦见《高祖本纪》《太史公自序》),文字略有异同。"愿封留足矣",与齐学相应,同时纪念与刘邦的相遇,以此自明心迹。

> 所与上从容言天下事甚众,非天下所以存亡,故不著。

兵法不外于阴阳消息，分合变化，天下事在其中矣。关注兴废存亡，关注文明的内在秩序，也就是道，或者是礼。

> 留侯乃称曰："家世相韩，及韩灭，不爱万金之资，为韩报仇强秦，天下振动。今以三寸舌为帝者师，封万户，位列侯，此布衣之极，于良足矣。愿弃人间事，欲从赤松子游耳。"乃学辟谷，道引轻身。

"家世相韩"云云，张良以天下大势为意，不再致力于复兴韩，应该有《太公兵法》的潜在影响。"愿弃人间事，欲从赤松子游耳"，由进而退，由外王转内圣，为黄石公之学的另一面。

"乃学辟谷，道引轻身"，由身入手，最后到心。赤松子，《列仙传》："神农时雨师也。"此学秦汉间盛行，马王堆帛书有"导引图"。

> 会高帝崩，吕后德留侯，乃强食之，曰："人生一世间，如白驹过隙，何至自苦如此乎！"留侯不得已，强听而食。

在人生短暂的认知上，吕后和张良相合。前者相应世间法，后者相应出世间法。对此有三个选择，一、及时行乐；二、建功立业；三、理解永恒的生命。吕后由二而一，张良由二而三。

以"白驹过隙"形容生命，除了《史记》本篇，亦见《庄子·知北游》。[1]

> 后八年卒，谥为文成侯。子不疑代侯。

取名不疑，纪念和刘邦的关系，与自请封留一致。为君者必然猜忌，此或为职务本能。刘邦曾怀疑萧何，但始终没有怀疑张良。

> 子房始所见下邳圯上老父与《太公书》者，后十三年从高帝过济北，果见谷城山下黄石，取而葆祠之。留侯死，并葬黄石（冢）。每上冢伏腊，祠黄石。

后十三年，即汉高祖元年。葆祠黄石，纪念学问的来源。葆，宝也。黄石公传说的最初源头，当出于张良本人，亦传递兵法要义。其有意乎？无意乎？

夏冬祭祀不辍，"伏腊"为合称，指夏天的伏日、冬天的腊日。

> 留侯不疑，孝文帝五年坐不敬，国除。

时代无情，依然在消息中，于此回味不尽。

最后，录李白《经下邳圯桥怀张子房》，以景仰先贤德业：

---

[1]《庄子·知北游》："人生天地之间，若白驹之过隙，忽然而已。注然勃然，莫不出焉；油然寥然，莫不入焉。已化而生，又化而死。生物哀之，人类悲之。解其天韬，堕其天帙。纷乎宛乎，魂魄将往，乃身从之。乃大归乎！"

子房未虎啸，破产不为家。沧海得壮士，椎秦博浪沙。报韩虽不成，天地皆振动。潜匿游下邳，岂曰非智勇？我来圯桥上，怀古钦英风。唯见碧流水，曾无黄石公。叹息此人去，萧条徐泗空。

（原载《上海文化》2022 年 9 月号）

《引声歌》讲记

汉代有一首琴曲歌辞,传说作者是庄子。这首琴曲歌辞写得很好,然而在我看来,与庄子的思想有所不同。这是汉代人所理解的一部分庄子,有可能来源于庄子后学的思想。

这首琴曲歌辞是《引声歌》,也称为《庄周独处吟》,收于逯钦立辑校的《先秦汉魏晋南北朝诗》"汉诗卷十一"(中华书局,1983,314页)。此歌来自《琴操》下,此外收于《古诗纪》,《文选·桓温〈荐谯元彦表〉》李善注、《太平御览》五七一也引及。

《琴操》是介绍古代琴曲的著作,作者有西汉桓谭、东汉蔡邕、晋孔衍三说。此书在宋以后亡佚,现存两种辑本均题为蔡邕撰。具体的考证,详见吉联抗辑《琴操(两种)》(人民音乐出版社,1990)。

逯钦立(1910—1973)是现代研究汉魏六朝文学的学者。他青年时在前中央研究院历史语言研究所工作。有这样一段佳话,所长傅斯年(1896—1950)为他写信保媒,说中央研究院的助理研究员,水平远超过其他学校的教授,放心嫁给他好了。收到这封信的女孩儿,后来成为逯钦立的夫人。

> 庄周者，齐人也。笃学术，多所博达，进见方来，却睹未发。是时齐湣王好为兵事，习用干戈，庄周儒士，不合于时，自以不用，行欲避乱，自隐于山岳。

开篇的解题，可作为引言。唐吴兢《乐府古题要解》："《琴操》纪事，好与本传相违。"对照《史记》和《琴操》，发现有同有异，试略作疏通。

"庄周者，齐人也。"按《史记》本传曰："庄子者，蒙人也，名周。"蒙地在宋，位于今河南商丘。公元前286年齐灭宋，因此庄子可以称为宋人，也可以称为"齐人"。《琴操》大体成于汉末，然而其中的琴曲，可能有西汉乃至战国渊源。称庄子为"齐人"，只在《古今乐录》之类琴学典籍见之。"笃学术，多所博达"，即《史记》"其学无所不窥"。"进见方来，却睹未发"，此未见《史记》，涉及庄子的学术根源，见微知著，有通《易》之象。"是时齐湣王好为兵事，习用干戈"，此即庄子身处的时代背景，和《史记》"与梁惠王、齐宣王同时"稍有出入。梁惠王，公元前369—前319年在位；齐宣王，公元前319—前301年在位。齐湣王继承齐宣王，公元前323—前284年在位，于其末年齐灭宋。

"庄周儒士，不合于时，自以不用，行欲避乱，自隐于山岳。"此明确说明庄周为儒士，同于《说剑》"儒服而见王"、《田子方》"以鲁国而儒者一人耳"，不同于《史记》"然其要本归于老子之言"。关于庄子和儒道的关系，另文详之。

> 后有达庄周于湣王，遣使赍金百镒，聘以相位，周不就。

使者曰:"金至宝,相尊官,何辞之为?"周曰:"君不见夫郊祀之牛,衣之以朱彩,食之以禾粟,非不乐也。及其用时,鼎镬在前,刀俎在后,当此之时,虽欲还就孤犊,宁可得乎。周所以饥不求食、渴不求饮者,但欲全身远害耳。"于是重谢。使者不得已而去。复引声歌曰:

此故事《史记》亦有记载:"楚威王闻庄周贤,使使厚币迎之,许以为相。庄周笑谓楚使者曰:'千金,重利;卿相,尊位也。子独不见郊祭之牺牛乎?养食之数岁,衣以文绣,以入大庙。当是之时,虽欲为孤豚,岂可得乎?子亟去,无污我。'"楚王使大夫聘庄子,《秋水》亦言及,本事则见《列御寇》。同一故事,传闻异辞,《史记》归于楚,《引声歌》归于齐,或有不同的史料来源。

"饥不求食、渴不求饮",导入琴曲歌辞。上文言"避乱自隐",此处言"全身远害",揭示了全曲的主题。"重谢"之"重",读 chóng,不读 zhòng,再次辞谢。"引声",拉长声音,同时也作为歌名。《舜典》曰:"诗言志,歌永言,声依永,律和声。""永言"而"声依"者,引声也。歌辞神完气足,伴以古琴之点缀,如闻天外之音:

天地之道,近在胸臆。

天地之道,完完全全在于人,就在人的身体上,就在人的内心中。这句诗气派非常大,天地的关系就在人,这是中国的思想。

你要研究天地，就要研究人。"近在胸臆"，那就是炼气，来源是先秦的方仙道。

呼噏精神，以养九德。

"呼噏"一般写成"呼吸"，两者略微不同。"呼噏"对应人本身一开一合的律动，而"呼吸"指人肺部器官的活动，仅仅是人身律动的一小部分。"呼噏精神"比这些更深，相应于《齐物论》"今者吾丧我"。在这种状态下，并非仅仅是身体的感觉，而是与心含融为一，直接的是呼和噏。"噏"字来自《易·系辞上》的"翕辟"，翕（噏）就是收敛，辟（呼）就是打开。呼噏精神，一开一闭，沟通天地。《老子》三十六章："将欲噏之，必固张之。"

"以养九德"，这里的"九德"应该是泛指。这个词《尚书》中用过（见《皋陶谟》），《左传》中用过（见昭公二十八年）。庄子深通易象，也可以相应《易·系辞下》"三陈九卦之德"，或《天运》"九洛之事，治成德备"。美德不是来自宣传号召，不是来自剽剥概念，它是人在身心高度平衡状态下的自然流露。

渴不求饮，饥不索食。

这就是先秦到汉代相传的辟谷法。张良（约前250—前186）晚年，愿弃人间事，欲从赤松子游，乃学辟谷，道引轻身（《史记·留侯世家》）。传说汉末创立五斗米道的张道陵（34—156），自称为汉初张良的后代（《太平广记》卷六引《仙传拾遗》）。

> 避世守道，志洁如玉。

"避世守道"，远离污浊的世间，坚守其道，把炁修炼得纯粹，"志洁如玉"。这应该是炼功家的思想，不完全等同于庄子的思想。庄子是通过政治而走向神圣，而不是绕过政治而走向神圣。《齐物论》南郭子綦到《寓言》变成了东郭子綦，并不是一开始就停留在东方，然后就永远不动的（参见拙稿《南郭子綦的姓名变化及其进步路线》）。

守，李善《文选》注引作"俟"。参见《缮性》："时命大谬也……则深根宁极而待，此存身之道也。"

> 卿相之位，难可直当。

《秋水》记载"惠子相梁"的故事。庄子去看惠子，有人挑拨说："庄子来，欲代子相。"于是惠子非常恐慌，搜于国中，三日三夜。庄子对他说，你没有听说过南方的鹓雏鸟吗？"夫鹓雏发于南海，而飞于北海；非梧桐不止，非练实不食，非醴泉不饮。"此人的志向如此高洁，梁国在他眼中不过是腐鼠之类，即使送给他也不会要，你又何必紧张呢？《秋水》还说，乌龟宁可活着在泥塘里摇尾巴，也不肯死了被装进精美的盒子，把骨头藏在庙堂之中。

> 岩岩之石，幽而清凉。

后来有一句"漱石枕流"（参见《世说新语·排调》），描写炼功家和隐士的境界。旧题晋葛洪撰《神仙传》："白石先生者，中黄丈人弟子也……常煮白石为粮，因就白石山居，时人号曰'白石先生'。"

唐韦应物《寄全椒山中道士》："今朝郡斋冷，忽念山中客。涧底束荆薪，归来煮白石。欲持一瓢酒，远慰风雨夕。落叶满空山，何处寻行迹。"

> 枕块寝处，乐在其央。

生活和睡觉，跟泥土打交道，乐在其中。

> 寒凉固回，可以久长。

"固回"，有的版本写成"回固"，有的版本写成"周回"，他把生命理解成循环，坚持走通这个圈子。"可以久长"，消除对死的恐惧，追求道家的长生。

在我看来，这首琴曲歌辞就是伯夷、叔齐的境界，加上先秦传下的方仙道修炼方法。作者还处于小隐的境界，没有达到大隐，更没有达到"隐故不自隐"和"隐于几"（参见拙稿《〈齐物论〉析义》）。后世往往把庄子理解成逍遥世外的隐士，只揭示了庄子很小的侧面，歌辞的作者肯定不是庄子。

《庄子·刻意》有言：

> 刻意尚行，离世异俗，高论怨诽，为亢而已矣。此山谷

之士，非世之人，枯槁赴渊者之所好也。语仁义忠信，恭俭推让，为修而已矣。此平世之士，教诲之人，游居学者之所好也。语大功，立大名，礼君臣，正上下，为治而已矣。此朝廷之士，尊主强国之人，致功并兼者之所好也。就薮泽，处闲旷，钓鱼闲处，无为而已矣。此江海之士，避世之人，闲暇者之所好也。吹呴呼吸，吐故纳新，熊经鸟申，为寿而已矣。此道引之士，养形之人，彭祖寿考者之所好也。若夫不刻意而高，无仁义而修，无功名而治，无江海而闲，不道引而寿。无不忘也，无不有也，澹然无极而众美从之。此天地之道，圣人之德也。

《刻意》在《庄子》的外篇，王夫之认为"非庄子之书"（《庄子解》卷十五），大体可认为出于庄子后学。文中评论了几类人，第一类是"山谷之士，非世之人"。这些人不同于流俗，喜欢唱高调，而且满腹牢骚。第二类是"平世之士，教诲之人"，他们规规矩矩做君子，讲求道德上的修养。第三类是"朝廷之士，尊主强国之人"，他们是政治家和军事家，致力于开疆拓土，建功立业。第四类是"江海之士，避世之人"，这些人是隐居之士，不参与社会活动。最后一类是"道引之士，养形之人"，这些人是炼功家，用古传的修炼方法，致力于延长寿命："吹呴呼吸，吐故纳新，熊经鸟申，为寿而已矣"。

《引声歌》讲的是第四类和第五类人，而以第五类人为主。《刻意》提出的理想人物是："不刻意而高，无仁义而修，无功名而治，无江海而闲，不道引而寿。无不忘也，无不有也，澹然无极而众美从之。此天地之道，圣人之德也。"虽然庄子神行莫测，其思想有更高的境界，但从歌辞的描写中，还是可以大体见及后学心目中的庄子形象。

2009 年 3 月 20 日

（原载《文景》2011 年第 5 期）

敦煌本《坛经》析义

一、惠能开悟

现存的《坛经》各种版本中，敦煌写本是最早的一种，简称敦煌本。存世的敦煌本《坛经》中，首尾完整的有三种。一种收藏于伦敦大英图书馆，简称敦煌本或斯坦因本，此处简称斯本。一种收藏敦煌博物馆，简称敦博本。还有一种收藏于旅顺博物馆，原以为遗失而仅存残片，近年来幸运地找到了原件，简称旅博本。[1] 三种底本类型相同，又因为其记述者而称为法海本。

在通行整理本中，郭朋的《坛经校释》（中华书局，1983）来自斯本，杨曾文的敦煌新本《六祖坛经》（宗教文化出版社，2001）来自敦博本，郭富纯、王振芬的《敦煌本六祖坛经》（上海古籍出版社，2011）来自旅博本。此《析义》采用周绍良《敦煌写本坛经原本》（文物出版社，1997）的录文，并参照邓文宽、荣新江《敦博本禅籍录校》（江苏古籍出版社，1998）和郭、杨以及

---

[1] 1986年，重新发现了敦博本《坛经》。2009年，重新发现了旅博本《坛经》。

郭、王诸家的校记，有所去取，以方便阅读为主。

流传下来的《坛经》版本主要有四种，法海本（唐）是其中之一，其余三种是惠昕本（晚唐或宋初）、契嵩本（北宋）、宗宝本（元）。四本之间的文字异同，参照郭朋的《〈坛经〉对勘》（齐鲁书社，1981）。

南宗顿教最上大乘摩诃般若波罗蜜经六祖惠能大师于韶州大梵寺施法坛经一卷

以上经题。

南宗——中国有南北文化之异。《中庸》引子曰："南方之强与？北方之强与？"《北史·儒林传序》："南人约简，得其英华；北学深芜，穷其枝叶。"（参看刘师培《南北学派不同论》）南宗以起于岭南而得名，有南方文化的气息。

顿教——何谓宗和教？以原始宗教与儒家而言，宗犹祖宗（《孝经》："昔者周公郊祀后稷以配天，宗祀文王于明堂以配上帝"；《说文解字》："宗，尊祖庙也"），教犹教化或教导（《易·观》："圣人以神道设教而天下服矣"）。宗上溯，教下及；宗来龙，教去脉。于佛教而言，宗（门）、教（下），为顿渐之别。宗门不离教下，顿不离渐，故曰"顿教"。近代"宗教"一词由日本传入，翻译英语的 religion。Religion 源于拉丁文 religio，有"诚挚""虔敬"义，又有"连结""联系"义。

禅宗顿教，惠能所主；相对之渐教，神秀所主。

最上大乘——《金刚经》："如来为发大乘者说，为发最上乘者说。"未说明大乘和最上乘是异是同，为此经微妙处。[1] 以禅门而言，何谓最上？第一楼头，绝不受笼罩。如何最上？百尺竿头，更进一步。又五祖弘忍著《最上乘论》，亦有多种敦煌本存世，"最上大乘"或承此而来。

由历史而言，印度佛教传入中土，经过数百年酝酿"格义"，面临突破的形势。而对关键处教义有所疑惑，于是有玄奘（602—664）的西行取经（唐太宗朝），又有惠能（638—713）的开创新宗（武则天朝）。

摩诃般若波罗蜜经——禅宗由般若系经典而来。

于后世而言，玄奘与惠能或不能相通，故唯识攻禅非佛教，禅攻唯识入海算沙。然而玄奘译《大般若经》，又重译《金刚经》，又译《心经》，惠能相应于《金刚经》（鸠摩罗什译），依然有其重合处。

六祖惠能大师——于禅宗史而言，达磨、惠能之变，亦即《楞伽经》、《金刚经》之变，亦即印度佛教、中国佛教之变。以易数而言，初祖至六祖，乃六爻变化，而要在"七日来复"。六祖惠能以后，禅宗再无世所公认的七祖（有普寂、神会、怀让、行思等说），得其旨者各出机杼，乃成大发展之势。

又，惠能，《坛经》诸本又作慧能（《旧唐书》卷一四一、《宋高僧传》卷八）。郭朋《坛经校释》："惠通慧；惠能即慧能。"敦煌本中，"智慧"亦作"智惠"。或谓惠属六度中的布施，慧属六度中的般若（杜继文、魏道儒《中国禅宗通史》，江苏古籍出版

---

[1] 黄宝生据梵文译为"最上乘"，"至上乘"。见《梵语佛经读本》，中国社会科学出版社，2014，52页。

社，1993，128页）。

于韶州大梵寺——在广东省韶关市，今名大鉴禅寺。大鉴，惠能谥。

施法——大乘六度，首重布施，有财施、法施、无畏施。修行者之四依法，首先是"依法不依人"（《大般涅槃经》卷六《如来性品》，《维摩诘经》卷十《法供养品》）。于佛、法、僧三宝，禅家最注重的是法。施法者，法施也。于契嵩本、宗宝本经题中，皆含"法宝坛经"（惠昕本作"六祖坛经"）字样，以法为宝。

坛（壇）——封土为坛，坛者祭天地，此处指戒坛。惠能设坛，授戒说法，此坛不在外而在人之身心，犹曼陀罗七宝庄严。

经——此书是中国佛教中唯一称为"经"的著作，也是中国佛教的创造性典籍。在经、律、论三藏中，经、律为佛所宣说，后世菩萨、大德之著述只能称"论"，称"经"乃尊崇其宣讲者。

一卷——敦煌本，约12000字；惠昕本，约14000字；契嵩本，约21000字；宗宝本，约24000字（据郭朋《坛经校释》引胡适《〈坛经〉考之二》等）。

兼受无相戒弘法弟子法海集记

兼受无相戒——戒定慧三学，由戒生定，由定生慧。禅家的创新在于定慧之变，然而"兼受无相戒"，则同时受有相戒可知。此为更高层次的要求，不知此"兼"字，后世不能守戒者，或有执理废事之失。

弘法弟子法海集记——弟子弘法，各呈其保存和创造之功，故有"一花五叶"之流行。集记,记录非来自一时或一人,法海应该是整理者。[1]法海事迹,契嵩本、宗宝本《坛经》均有所记述,亦见《五灯会元》卷二。

> 惠能大师于大梵寺讲堂中,升高座,

修证有成,化度众生,当仁不让于师。

> 说摩诃般若波罗蜜法,

相应经题的"摩诃般若波罗蜜经"。"经"宣讲的是"法",但"经"自身不是"法",通过"经"以得其"法"。六祖有"心正转《法华》,心邪《法华》转"之教。公案又有"钞解疏,疏解经,经解什么"之诘问(《五灯会元》卷五亡名古宿章次)。

> 授无相戒。

无相戒与有相戒相成,此修上以摄下。戒者,止恶行善。有相戒者,从行为入手。无相戒者,修正其心念。

---

[1] 罗香林《坛经之笔受者问题》:"吾意《坛经》为记集惠能言行之丛录,记录或不一其人,多寡或不一其字,法海记集固无可疑,法海以外当亦另有记录也。"(张曼涛主编"现代佛教学术丛刊",《六祖坛经研究论集》,大乘文化出版社,1976,274页)

其时座下僧尼、道俗一万余人，韶州刺史韦璩及诸官僚三十余人，儒士三十余人，同请大师说摩诃般若波罗蜜法。

佛说法时，座下听法者一般为比丘、比丘尼、优婆塞、优婆夷以及菩萨和一切世间天人阿修罗等。而此处听法者不同，除了僧尼这样的出家人，还有平民和官僚、儒生。可见禅宗和社会各阶层之广泛联系，机缘一旦成熟，能迅速流行非偶然也。不言天人阿修罗，乃重视现实之象。下文宣言："法元在世间，于世出世间，勿离世间上，外求出世间。"（惠昕本、契嵩本、宗宝本皆作："佛法在世间，不离世间觉。离世觅菩提，犹如觅兔角。"）成为后世倡导"人生佛教"的基础。

韶州刺史韦璩等参与听讲，是大会合法性的保证。同请说法，犹《普贤行愿品》"请转法轮"，为十大愿王之一。受请方说，犹《曲礼》"礼闻来学，不闻往教"。

刺史遂令门人僧法海集记，流行后代，与学道者承此宗旨，递相传授，有所依约，以为禀承，说此《坛经》。

刺史是惠能说法的世间支持点，所谓"外护"。遂令门人僧法海集记，此来自政府的承认，于古希腊而言，犹哲学和政治的关联。流行后代，化空间为时间。承此宗旨，递相传授，传灯之象。宗旨，宗门之旨。以中国文化而言，禅者，代也。有所依约，以为禀承，六祖之衣钵精神在此，犹迦叶之拈花微笑，庄生之薪尽火传。

说此《坛经》，为本场说法定名。

能大师言："善知识，净心念摩诃般若波罗蜜法。"

善知识，有德行而能教导正道之人，此处是对听法者的尊称。净心念者，口念心惟。

又，念者，常思也。小乘有"十念"：念佛、念法、念僧、念戒、念施、念天、念休息、念安般、念身非常、念死（《增一阿含经》卷一《十念品》）。

大师不语，自心净神。

"自心净神"（斯本、旅博本），或作"自净心神"（敦博本），由心而神、由实而虚。惠昕本作"自净其心"，来自《七佛通戒偈》，有其古学基础。

良久乃言：

无字经对应不语禅，尽在其中矣。良久，为禅家教育法之一，以此清场，不教之教也。

众人在惠能带领下，调身、调心、调息，脱出旧有的习惯频率，准备接受全新的信息。

"善知识净听！

> 谛听，谛听，善思念之。由"净心"而"净听"，乃自然延伸。或校正为"静听"，亦善。

> 惠能慈父，本官范阳，左降迁流岭南，作新州百姓。惠能幼小，父亦早亡，老母孤遗，移来南海。艰辛贫乏，于市卖柴。

注意其履历：

籍贯：由北迁南，感受不同的地域文化。社会阶层：由上而下，具备重新向上的动力。家庭状况：父亡母存，出身于单亲家庭，是早熟的聪颖少年。学历：社会大学（穷人的孩子早当家）。职业：打柴，在渔樵系列中，归属于樵夫（参见拙稿《渔樵象释》）。

与一般人不同的经历，促使他早早思考生活问题，乃至生命问题。

> 忽有一客买柴，遂领惠能至于官店。客将柴去，惠能得钱，却向门前，

生活中偶然遭遇，往往引发意想不到的结果。

> 忽见一客读《金刚经》，惠能一闻，心明便悟。

《金刚经》当时极流行，有"持经功德"（《太平广记》"报应

类"以《金刚经》居首,占七卷,《法华经》占一卷,《观音经》占二卷)。惠能的慧悟在于,读的人还没有懂,听的人已先懂了。这只能以宿慧来解释,或以"再来人"当之。"忽有一客"和"忽见一客"是不同的两个人,一相关物质,一相关精神。

此为惠能初次开悟,契嵩本记惠能所闻语,为"应无所住而生其心"。

> 乃问客曰:'从何处来,持此经典?'

开悟后发出第一问,"从何处来"(where are you from)?后来成为禅宗第一问,丛林查考参学的访客,常常以此问开始,盘诘来人的脚跟。

"持此经典",经过高人点拨,诵经者精神面貌完全不同。

> 客答曰:'我于蕲州黄梅县东冯墓山,礼拜五祖弘忍和尚,见今在彼门人有千余众。我于彼听见大师劝道俗,但持《金刚经》一卷,即得见性,直了成佛。'

黄梅县在今湖北省。长江黄河流域是中国文化的主体,岭南偏僻,故回归以接触之。"见今在彼门人有千余众",空异而时同,已形成教团,有很大的吸引力。

"但持《金刚经》一卷,即得见性,直了成佛。"含初祖至五祖之变。初祖达磨入华,传授《楞伽经》;二祖慧可变易仪相,入酒肆屠门调心,犹消化《楞伽》;三祖僧璨著《信心铭》,合入

《华严》之象；四祖道信教念摩诃般若，乃思横出一枝；五祖弘忍但持《金刚经》一卷，犹得般若经之胆。但持者，单刀直入，见性直了，此之谓顿门。

> 惠能闻说，宿业有缘，便即辞亲，往黄梅冯墓山，礼拜五祖弘忍和尚。

根据早年经历等查考，尚属必要条件而非充分条件，于是推远至先天宿业，遗传中或有不可知的因素。"便即辞亲"，与儒家"父母在，不远游"（《论语·里仁》）的教导有异，究竟如何恰当，可参究之。

惠昕本补充（契嵩本、宗宝本略同）："乃蒙一客（又是一客，惠能至少受到三个人恩惠），取银十两与惠能，令充老母衣粮，教便往黄梅，礼拜五祖。"此记述可能来源于其他材料，也可能出于后来者的弥缝。

> 弘忍和尚问惠能曰：'汝何方人，来此山礼拜吾？汝今向吾边，复求何物？'

"汝何方人"承接上文"从何处来"，"来此山礼拜吾"承接上文"持此经典"。礼拜表示虔敬，盖见性祖师，乃活的经典。"汝今向吾边，复求何物？"你来我这里，到底要什么？永远可以追问。"吾边"对应"汝边"，问题交回求学者，契嵩本、宗宝本下文云："密在汝边。"

> 惠能答曰:'弟子是岭南人,新州百姓,今故远来礼拜和尚。不求余物,唯求作佛。'

"不求余物,唯求作佛。"此即禅者之气概,学佛乃大丈夫事,非王侯将相所能为也(参见《五灯会元》卷二径山道钦章次)。不求余物者,简之又简,万法归一。

此句惠昕本、契嵩本、宗宝本如上引,敦煌诸写本为"唯求佛法作",似可理解为"唯求佛法"或"唯求佛法作(佛)"。唯求佛法作佛,《坛经》所以冠以"施法"或"法宝","十念"亦于"念佛"之后紧接"念法"也。

> 大师遂责惠能曰:'汝是岭南人,又是獦獠,若为堪作佛?'

岭南并非文化中心,獦獠是以行猎为生的少数民族。弘忍初次接触惠能,即下世俗贬语,亦为先行试探。

苏轼诗云:"日啖荔枝三百颗,不辞长做岭南人。"(《食荔枝二首》之二)岭南指五岭之南,包括今广东、海南一带。岭南人为南方人中地位低下者,獦獠又为岭南人中地位低下者。

> 惠能答曰:'人即有南北,佛性即无南北。獦獠身与和尚不同,佛性有何差别?'

惠能此一宣言,振聋发聩。以佛教思想而言,自道生(?—

434）孤明先发，昙无谶译《大般涅槃经》"一切众生，奚有佛性"（卷四至九《如来性品》，"奚"又作"皆"）之说，流行天下。

> 大师欲更共议，见左右在傍边，大师便不言。

智过其师，仅堪传授（参见《五灯会元》卷三百丈怀海章次，又卷七岩头全奯章次）。新来之人识见不凡，五祖欲更共议。见左右在傍边而不言，因为欲议的内容，与流行观念大相径庭，言之恐扰乱人的思想。便不言者，道不传六耳，密也，进一步沉潜以养其气。

对于老师而言，知道什么时候开口，什么时候闭嘴，才可以当老师。对于学生而言，不怕埋没的人，才是埋没不了的人。

> 遂发遣惠能，令随众作务。时有一行者，遂著惠能于碓坊，踏碓八个余月。

即使问答酬机，也可能是伶俐禅。《论语·公冶长》"子曰：始吾于人也，听其言而信其行；今吾于人也，听其言而观其行。"发遣者，姑置之，考验打磨之，不语亦语也。随众作务，禅门行人往往在仆役中，惠昕本、契嵩本、宗宝本记述六祖名言云："下下人有上上智。"

碓坊是舂米之处。踏碓八个余月，从事沉重的体力劳动，以"苦其心志，劳其筋骨，饿其体肤，空乏其身"，盖"天将降大任于是人也"（《孟子·告子下》）。

> 五祖忽于一日，唤门人尽来。门人集讫，五祖曰：'吾向汝说，世人生死事大。汝等门人，终日供养，只求福田，不求出离生死苦海。汝等自性迷，福门何可救汝？

五祖唤门人尽来，寻找传法的途径，有种种前因，感应不可思议。生死事大，将生死顶在头上，念念不忘，乃可谈出世间法。终日供养，只求福田利益者，世间法也。生死苦海，头出头没，不求出离，可乎？

又"十念"以"念死"收束者，杜绝渗漏也。

> 汝总且归房自看，有智惠者，自取本性般若之智，各作一偈呈吾。吾看汝偈，若悟大意者，付汝衣法，禀为六代。

此弘忍所设之死局，依此作偈不可能对，佛法大意不在言语上。然此局仍包含生路，盖本性般若之智终当透出困境，犹自性终当脱离生死苦海也。

> 火急急！'

参观禅语有云："着什么死急！"（《五灯会元》卷五石霜庆诸章次、雪峰义存章次，卷九香严智闲章次）盖设局甚多事，《五灯会元》卷一引智者叹曰"此子缺七种相，不逮如来"也。

> 门人得处分，却来各至自房，递相谓言：'我等不须澄心

用意作偈，将呈和尚。神秀上座是教授师，秀上座得法后，自可依止，偈不用作。'诸人息心，尽不敢呈偈。

众门人心态：藏拙，且欲搭便车。神秀被推出，已无路可退。

时大师堂前，有三间房廊。于此廊下供养，欲画《楞伽变》，并画五祖大师传授衣法，流行后代为记。画人卢珍看壁了，明日下手。

五祖虽主"但持《金刚经》"，而《楞伽经》势力仍在，故真正完成革命的人是六祖。六祖之后不谈《楞伽》，禅宗一花五叶，得之亦且失之。

上座神秀思惟：'诸人不呈心偈，缘我为教授师。我若不呈心偈，五祖如何得见我心中见解深浅？

深不见底方为深。欲人知其深者，早已浅了也，不若顺缘息心为是。

我将心偈上五祖，呈意即善，求法、觅祖不善。却同凡心，夺其圣位。若不呈心，修不得法。'

因为善行而获得奖励，然而追求奖励即非善行，《老子》三十八章"上德不德"是也。神秀内省至于此，不愧为教授师。

又，诸写本次序皆如此，大体意思为：我交上作业、表达见解是好的，进一步有要求就不好了。郭朋据惠昕本改为："我将心偈上五祖呈意，求法即善，觅祖不善。"未是。

良久思惟，甚难甚难。

左右为难，然而终须决断。神秀见及难点，而未见及弘忍用心，故不能破此局。

夜至三更，不令人见，遂向南廊下中间壁上，题作呈心偈，欲求衣法：'若五祖见偈，言此偈语，若访觅我，我见和尚，即云是秀作。五祖见偈言不堪，自是我迷，宿业障重，不合得法。

神秀将自己置于安全境地，似乎进退自如，实际早已中伏。"若访觅我，我"以下，斯本脱去"见和尚，即云是秀作。五祖见偈言不堪，自是我迷"，共十九字，敦博本、旅博本皆不误。

圣意难测，我心自息。'

圣意难测者，"天意从来高难问"（张元幹《贺新郎·送胡邦衡待制赴新州》）也，禅家此之谓"宾看主"。众门人未做即息心，神秀做后方息心，此为息心之两法。

> 秀上座三更于南廊下中间壁上,秉烛题作偈,人尽不知。偈曰:

神秀于三更作偈,弘忍于三更传法,皆避开众人耳目,取天地相交的子时生气。

> '身是菩提树,心如明镜台,时时勤拂拭,莫使有尘埃。'

此偈极是,北宗之宗风在焉。"时时勤拂拭",渐门要义。"莫使有尘埃"之"有",惠昕本作"染",契嵩本、宗宝本作"惹"。

> 神秀上座题此偈毕,却归房卧,并无人见。五祖平旦,遂唤卢供奉来南廊下,画《楞伽变》。

事情按照常态在变化。

> 五祖忽见此偈,请记,乃谓供奉曰:'弘忍与供奉钱三十千,深劳远来,不画变相也。《金刚经》云:'凡所有相,皆是虚妄。'不如留此偈,令迷人诵。依此修行,不堕三恶;依法修行人,有大利益。'

至此彻底以《金刚经》代替《楞伽经》,《金刚经》流行天下矣。又偈与变相比较,犹诗与画比较,当诗胜于画,因诗含tempo(节奏、音韵、气息),《楞严经》卷六"耳根圆通"是也。

"不堕三恶",不堕三恶道。

　　大师遂唤门人尽来,焚香偈前,众人见已,皆生敬心。'汝等尽诵此偈者,方得见性;依此修行,即不堕落。'门人尽诵,皆生敬心,唤言'善哉'。

禅家一得永得。依此偈修行,一边增一边减,依然为有漏之法。门人皆生敬心,对众人施行普通教授。

　　五祖遂唤秀上座于堂内,问:'是汝作偈否?若是汝作,应得我法。'秀上座言:'罪过!实是神秀作。不敢求祖,愿和尚慈悲,看弟子有少智慧,识大意否?'

对高才施行特殊教授,已升堂而至堂内。"若是汝作,应得我法",仍非教外别传之不传传、不教教也。

　　五祖曰:'汝作此偈,见即未到。只到门前,尚未得入。凡夫依此偈修行,即不堕落。作此见解,若觅无上菩提,即不可得。须入得门,见自本性。

宗门之要在门,门内门外,有天壤之别。或曰,门即非门,则此门亦当拆除,故后世有"无门关"焉。

　　汝且去,一两日思惟,更作一偈来呈吾。若入得门,见

> 自本性，当付汝衣法。'秀上座去数日，作偈不得。

弘忍给予补考机会，然神秀未能见性，知"上"而不知"无上"，终无力翻过此案。

> 有一童子，于碓坊边过，唱诵此偈。

神秀偈语的影响力，由于五祖的肯定，在人群中渐渐扩散。

> 惠能一闻，知未见性，即识大意。

惠能的机会来了，"几者动之微，吉之先见者也"（《易·系辞下》）。此几的出现，由于惠能极高的鉴别力，禅家"顶门一只眼"。

远与"忽见一客读《金刚经》，惠能一闻，心明便悟"呼应，近与神秀"看弟子有小智慧，识大意否"对比。

> 能问童子：'适来诵者，是何言偈？'童子答能曰：'你不知大师言，生死事大，欲传衣法，令门人等各作一偈，来呈吾看。悟大意，即付衣法，禀为六代祖。有一上座名神秀，忽于南廊下书《无相偈》一首。五祖令诸门人尽诵，悟此偈者，即见自性；依此修行，即得出离。'

童子絮絮叨叨地重述前文。惠能的演讲，一路娓娓道来，至此稍稍歇息。

> 惠能答曰:'我此踏碓八个余月,未至堂前,望上人引惠能至南廊下,见此偈礼拜,亦愿诵取,结来生缘,愿生佛地。'

在某个特定阶段之内,不一定多听讲,必然会多进步。惠能在繁重的体力劳动中,时时刻刻参究,依然不废用功。

"结来生缘",此之谓渐教;"愿生佛地",此之谓"即不堕落"。然而,"此身不向今生度,更向何生度此身"?《易》有顺逆之变,"数往者顺,知来者逆"(《说卦》),今生已是宿世之来生也。

> 童子引能至南廊下,能即礼拜此偈。为不识字,请一人读,惠能闻已,即识大意。惠能亦作一偈,又请得一解书人,于西间壁上题著,呈自本心。不识本心,学法无益,识心见性,即悟大意。

"能即礼拜此偈。"神秀偈为惠能偈的基础。后世凡欲弘扬惠能偈者,皆当先行礼拜此偈。"闻已即识大意",乃有得于文字之前。作偈请人书壁,可见识大意者,依然离不开文字。

"不识本心,学法无益。识心见性,即悟大意。"此禅家见地,振聋发聩,关键在是否用对心。"大意",即后世参学之"如何是佛祖西来意"。

前前后后的思想活动，是最初开悟的自然延续和深入。最初开悟向内明心（自觉），至此尝试向外表达（觉他）。

> 惠能偈曰：
> '菩提本无树，明镜亦无台，佛性常清净，何处有尘埃。'
> 又偈曰：
> '心是菩提树，身为明镜台，明镜本清净，何处染尘埃。'

惠能偈由神秀偈翻上一层。所作两偈略有不同，或谓后偈为衍文，未必是。第一偈用佛教语言表述，第二偈直接为心性体验。后来版本中流行的偈子："菩提本无树，明镜亦非台，本来无一物，何处有（惠昕本作染，契嵩本、宗宝本作惹）尘埃。"或结合两偈而成。

"佛性常清净"，"明镜本清净"，惠昕本、契嵩本、宗宝本皆作"本来无一物"，更为彻底。"佛性常清净"，"明镜本清净"，合"勤拂拭"于"时时"，成大圆镜智；"本来无一物"者，乃破镜而虚也。

> 院内徒众，见能作此偈，尽怪。惠能却入碓坊。

大众惊诧：怎么，难道神秀的偈子错了？此偈当时有革命性，必然产生极大冲击力。惠能却入碓坊隐身，静待风波自定。

> 五祖忽来廊下，见惠能偈，即知识大意。恐众人知，五

> 祖乃谓众人曰："此亦未得了。"

五祖是最高裁定者，当然一望便知。

"恐众人知"有二义，一、不愿扰乱大众的思想，使人们无所适从；二、五祖转六祖是中国文化史的大事，一旦完成，天地气场即集中于此人，且有旷代光华相随，许多老修行的毕生功夫完全作废，如何不引起惊惧疑怪？

"此亦未得了"亦有二义，一、保护惠能；二、两偈未经过印证。

> 五祖夜至三更，唤惠能堂内，说《金刚经》。惠能一闻，言下便悟。

开篇闻《金刚经》已悟，此处闻《金刚经》又悟。前者来自普通人，后者来自成道者，两悟是否有差异，可参详之。

《西游记》中须菩提教授孙悟空，或模仿《坛经》此节。

> 其夜受法，人尽不知。

两人所谈为何，旷古无人知，为永久的秘密。历代有人猜度之，实以所学测量之，所得为何，即其人之学为何。

惠昕本所述略详，包含若干细节："五祖以袈裟遮围，不令人见，为惠能说《金刚经》。恰至'应无所住而生其心'，言下便悟，一切万法，不离自性。惠能启言：'何期自性本自清净，何期自性本不生灭，何期自性本自具足，何期自性本无动摇，何期自性能生万法。'"

"以袈裟遮围，不令人见"，或布置简易坛场。《坛经》之坛，亦可相应此。说《金刚经》至"应无所住而生其心"，或为口传之真实状况，或为后人之补充，可看成最早的解释。"何期"云云，是惠能印证后所得，以后说法，皆此五句之发挥。

> 便传顿教及衣，以为六代祖。衣将为信，禀代代相传；法以心传心，当令自悟。

六祖以下，传法而不传衣，为惠能对禅宗的创造性贡献。传法者，由《楞伽经》而《金刚经》，禅家之法终于成熟，突破障碍，对中国文化产生划时代影响。不传衣者，禅家之传由单线式相传变为复线式演进，一花五叶，风行天下。有其利即有其弊，大流行之后，禅家亦由此盛极而衰。

> 五祖言：'惠能，自古传法，气如悬丝。若住此间，有人害汝，汝即须速去。'

一线单传能保持学术的纯洁性，"荒江野老屋，二三素心人"（钱锺书语）是也。任何理论，走向群众必有其失。气如悬丝，传承常在若断若续之间，此关涉天意，有心人或保全之。

又"气"，惠昕本、契嵩本、宗宝本作"命"。

>能得衣法，三更发去。

三更得法，三更发去，迅速行动，竟似间不容发。后世禅语有云："五更侵早起，更有夜行人。"（《五灯会元》卷一二天圣皓泰章次）三更者，子也；五更者，寅也。三更灯火五更鸡，三更超前于五更。

>五祖自送能于九江驿，登时便别。

送君送到大江边，一路走一路印证。敦博本、旅博本作"登时便别"，斯本作"登时便悟"，虽似误字，亦极富启发。此时于前悟又有所深化，洞晓人性之构成。由自觉而觉他，此亦不可或缺，"大悟一十八遍，小悟不计其数"（莲池大师《竹窗二笔》谓大慧宗杲）是也。

郭朋《校释》谓"悟"或应作"寤"，天明之象。此亦可，内外玄合，悟于天明时分，无碍也。

>祖处分：'汝去，努力将法向南，三年勿弘此法。难去，在后弘化，善诱迷人，若得心开，与悟无别。'

"祖处分"，临别时刻，叮咛嘱托。将法向南，参观《后汉书·郑玄传》马融曰："吾道东矣。"又《宋史·杨时传》程颢曰："吾道南矣。""三年勿弘此法"，潜修密证，保任也。"三年"，惠昕本作五年，契嵩本、宗宝本作十五年，王维《六祖能禅师碑铭》、柳宗元《大鉴禅师碑》作十六年。

难去，劫过，度人。心开犹开心，参照《悟真篇·序》"开照心腑"。开心甚难（心犹百合心），极繁复曲折，禅家自信已得其钥匙。

> 辞违已了，便发向南。两月中间，至大庾岭。

"辞违已了"，如此这般，种种告别。"便发向南"，面对一片灿烂。行行复行行，进入新的地界。

> 不知向后有数百人来，欲拟捉惠能，夺衣法。来至半路，尽总却回。唯有一僧，姓陈名惠顺，先是三品将军，性行粗恶，直至岭上，来趁把著。

有数百人来，声势浩大，试图截住惠能，逼迫交出衣法。来至半路，尽总却回。山高水远，歧路又歧路，绝大多数人终于放弃了。其中脱出一个惠顺，气粗且脚力尤长。"来趁把著"，追尾赶上了。

> 惠能即还法衣，又不肯取：'我故远来求法，不要其衣。'

惠能即还法衣，同时也是考验。俗人只看外表，认为衣即法，法即衣。惠顺求法而不求衣，有其不凡见识，故可传法也。

> 能于岭上，便传法惠顺。惠顺得闻，言下心开。

> 于惠能，此是初试牛刀；于惠顺，也有种种前因。

观惠顺履历：为陈国后代，当有沧桑之感。曾为将军，故勇猛决绝；"求学五祖，极意研寻，初无证悟，若丧家之犬"（《宋高僧传》卷八）。有此积累，方能得法。心开，为证悟之象，以道家而言，当阳生之景。

> 能使惠顺，即却向北化人。

惠顺是惠能第一个弟子。向北化人，而不随同自己向南，既为六祖的慈悲，也可见他在悟道后，心胸格局之大。

> 惠能来于此地，与诸官僚、道俗，亦有累劫之因。

交代履历结束，回到演讲的开头，呈现各种重复。

提及"与诸官僚、道俗"，对应前文的"诸官僚、道俗一万余人"（惠昕本、契嵩本、宗宝本作"一千余人"）。这些人各有其主客观情况，然而皆来与会。此用履历或解释不尽，则归于先天。佛教推究先天甚远，故曰累劫之因。

> 教是先圣所传，不是惠能自知。愿闻先圣教者，各须净心，闻了愿自除迷，如先代悟。"〔下是法〕

"教是先圣所传"，再次回归佛教，教内和教外相应。强调传承所自，述而不作，或作在述中。"愿闻先圣教者"，对应前文"善知识,净心念摩诃般若波罗蜜法"。"各须净心",对应前文"自心净神"。"除迷",可比较古希腊"去蔽"(Altheia)。

"如先代悟",惠昕本、契嵩本、宗宝本作"与先代圣人无别",此"易地皆然之理"(《孟子·离娄下》)。然简截以观,亦可谓当机一悟,悟于先代,下文"一灯能除千年暗"是也。

又,"下是法",原以小字写就,当为提示语。铺垫至此结束,转入下文的说法。

二、六祖说法

> 惠能大师唤言:"善知识!菩提般若之智,世人本自有之,即缘心迷,不能自悟,须求大善知识示道见性。善知识!愚人智人,佛性本亦无差别,只缘迷悟。迷即为愚,悟即成智。

唤(call)者,叫醒也,振作精神开讲。菩提般若之智,人人具足,个个圆成,而有迷悟之别,须求大善知识示道见性。迷即为愚,悟即成智。

大善知识,由友而师。示道见性,即《法华经·方便品》开、示、悟、入,佛为此大事因缘而出现于世。

> 善知识!我此法门,以定惠为本。第一勿迷言定惠别,定惠体一不二。即定是惠体,即惠是定用。即惠之时定在惠,即定之时惠在定。善知识!此义即是定惠等。

定惠无别，体一不二。然而，即定是惠体，即惠是定用，依然有体有用。禅家之无门直指，或由惠入，得惠则戒、定在其中。然而未得惠如何？由定入。未得定如何？由戒入。

宗由顿摄渐，教由渐入顿。《楞严经》卷六："摄心为戒，因戒生定，因定发慧，是则名为三无漏学。"

> 学道之人作意，莫言先定发惠，先惠发定，定惠各别。作此见者，法有二相。口说善，心不善，惠定不等。心口俱善，内外一种，定惠即等。

先定发惠，先惠发定，定惠各别，当渐门下手工夫。定惠即等，乃顿门一超直入。"一种"，一样或同样。

> 自悟修行，不在口诤。若诤先后，即是迷人，不断胜负，却生法我，不离四相。

禅宗为行门，口诤者还在原地兜圈子，修行者早已走到前面去了。"生法我"，生法执、我执。"四相"有二说：一，指一、异、非一非异、亦一亦异；二，指我、人、众生、寿者。

> 一行三昧者，于一切时中，行住坐卧，常行直心是。《净名经》云"直心是道场"，"直心是净土"。

三昧即三摩地（Samādhi），正定。行、住、坐、卧，四威仪。

一行三昧者，一以贯之，恒在定中。常行直心者，德也。此节中"直心"，斯本、敦博本、旅博本皆作"真心"，直心即真心，保持初念不失。《净名经》即《维摩诘经》，"净名"为"维摩诘"的意译，引语出自《佛国品》、《菩萨品》。

《文殊师利所说摩诃般若波罗蜜经》卷下："法界一相，系缘法界，是名一行三昧。"又云："入一行三昧者，尽知恒河沙诸佛法界无差别相。"又云："若得一行三昧，诸经法门一一分别皆悉，了知决定无碍，昼夜常说，智慧辩才，终不断绝。"

莫心行谄曲，口说法直。口说一行三昧，不行直心，非佛弟子。但行直心，于一切法上无有执著，名一行三昧。

"心行谄曲，口说法直"，于《易》当否象；"但行直心，于一切法无有执著"，于《易》当泰象。

迷人著法相，执一行三昧。直心坐不动，除妄不起心，即是一行三昧。若如是，此法同无情，却是障道因缘。

"执一行三昧"，此即枯木禅。"直心坐不动"，其极至或为"不倒单"。"除妄不起心"，乃卧轮伎俩，亦即有所住。参看《永嘉证道歌》："绝学无为闲道人，不除妄想不求真。"

道须通流，何以却滞？心不住即通流，住即被缚。若坐不动是，维摩诘不合呵舍利弗宴坐林中。

维摩诘呵舍利弗，见《维摩诘经·弟子品》："夫宴坐者，不于三界现身意，是为宴坐；不起灭定而现诸威仪，是为宴坐；不舍道法而现凡夫事，是为宴坐；心不住内亦不在外，是为宴坐；于诸见不动而修行三十七品，是为宴坐；不断烦恼而入涅槃，是为宴坐。"

> 善知识！又见有人教人坐，看心看净，不动不起，从此置功。迷人不悟，便执成颠倒，即有数百般。如此教道者，故知大错。

"从此置功"，从这里下工夫。"迷人不悟，便执成颠倒"，走火入魔，由禅修引出身心问题。"即有数百般"，参见《参同契》"世人好小术，不识道浅深"，亦即《悟真篇》"易遇而难成"。

"知"斯本作"之"，"之"，走向也。

> 善知识！定惠犹如何等？如灯光。有灯即有光，无灯即无光。灯是光之体，光是灯之用。名即有二，体无两般。此定惠法，亦复如是。

有灯即有光，无灯即无光，体用不二。

> 善知识！法无顿渐，人有利钝。迷即渐劝，悟人顿修。识自本心，是见本性。悟即元无差别，不悟即长劫轮回。

"识自本心，是见本性"，此即明心见性。"迷即渐劝"，渐次勉力修行。"劝"，铃木大拙据惠昕本校作"契"。"悟人顿修"，未能识心则修法无益，而识心仍当层层深入，此之谓"顿修"。

> 善知识！我此法门，从上已来，顿渐皆立：无念为宗，无相为体，无住为本。

"从上已来"，从释迦牟尼以来。禅门用《易》逆数，追溯本源。此法门为顿渐所共，其要在无念、无相、无住，《易》无方无体也；而为宗、为体、为本，乃不得不立体。观斯本作"无念无宗，无相无体，无住无为本"，或更为彻底，有顿有渐名为渐，无顿无渐名为顿。

末句稍含混，有二种读法，皆更进一解：一、"无住无为本"，"无住无"甚佳，犹《五灯会元》卷十瑞鹿遇安读《楞严经》"破句"："知见立，知即无明本；知见无，见斯即涅槃。""为本"承上"立"而来。二、"无住无为"（或"无住无本"），"本""为"两字中衍一字。

> 何名为相？无相者，于相而离相。无念者，于念而不念。无住者，为人本性，念念不住。前念、今念、后念，念念相续，无有断绝。若一念断绝，法身即离色身。念念时中，于一切法上无住。一念若住，念念即住，名系缚。于一切法上，念念不住，即无缚也。以无住为本。

"何名为相？无相（者）"，原文为"何名为相无相？"敦博本、旅博本作"名"，斯本作"明"，名以辨析概念，明以指导修持。无相者，于相而离相；无念者，于念而不念，"即此用，离此用"（《五灯会元》卷三百丈怀海章次）。无住者，为人本性，念念不住，此即见性之性，《金刚经》云"应无所住而生其心"。

"前念、今念、后念"之"今念"，斯本、敦博本、旅博本均作"念念"，似有胜义。或可读为"前念念念，后念念念，相续无有断绝"，全波是水，全水是波。"若一念断绝，法身即离色身。"法身与色身关联在"念"。"念念时中，于一切法上无住。"不为一切法所转。

善知识！外离一切相，是无相。但能离相，性体清净，是以无相为体。

契嵩本、宗宝本中，惠能启发惠顺（此二本作"惠明"）曰："不思善，不思恶，正与么时，那个（即哪个，惠昕本夹注作"如何"）是明上座本来面目？"参见临济示灭时传法偈："离相离名人不禀，吹毛用了急须磨。"（《五灯会元》卷十一临济义玄章次）

于一切境上不染，名为无念。于自念上离境，不于法上念生。莫百物不思，念尽除却，一念断，即无别处受生。

"于一切境上不染"，即离相无相，一染即被保存，积为业力，左右临歧之念。"于自念上离境，不于法上念生。"在当下一念，不在他念。"一念断，即无别处受生。"临歧之念，决定受生之所。

　　学道者用心，莫不识法意。自错尚可，更劝他人迷。不自见迷，又谤经法。是以立无念为宗。

用心识法意，从源头着手。"自错尚可"云云，断人慧命。参见《悟真篇》："不肯自思已错，更将错路教人。"

　　即缘迷人于境上有念，念上便起邪见，一切尘劳妄念从此而生。然此教门，立无念为宗。

"念上便起邪见"，源头未清也。先阐发无相，再阐发无念，已包含无住。

　　世人杂境，不起于念。若无有念，无念亦不立。无者无何事？念者念何物？无者离二相诸尘劳，念者念真如本性。真如是念之体，念是真如之用。

"世人杂境，不起于念。"僧璨《信心铭》："才有是非，纷然失心。""若无有念，无念亦不立。"无念对治有念，若无有病，亦不立对治。"无者离二相诸尘劳"，其下据诸校本补："念者念真如本性。"二相谓动静等对立。"真如是念之体，念是真如之用。"体用互成。

龙树《中论·观行品》："大圣说空法，为离诸见故。若复见有空,诸佛所不化。"青目释:"譬如有病,须服药可治,若药复为病,则不可治。"神会《坛语》引经云:"更无余病,唯有空病。空病亦空,所空亦复空。"(杨曾文《神会和尚禅话录》,中华书局,2004,8页)

> 自性起念,虽即见闻觉知,不染万境而常自在。《维摩经》云:"外能善分别诸法相,内于第一义而不动。"

未离真如自性,虽即见闻觉知,依然自在。南台守安有偈云:"南台静坐一炉香,终日凝然万虑亡,不是息心除妄想,都缘无事可思量。"(《五灯会元》卷八)

引《维摩诘经》语出《佛国品》,原文无"外""内"二字。

> 善知识!此法门中,坐禅元不著心,亦不著净,亦不言动。若言看心,心元是妄,妄如幻故,无所看也。若言看净,人性本净,为妄念故,盖覆真如,离妄念,本性净。不见自性本净,起心看净,却生净妄。妄无处所,故知看者,看却是妄也。净无形相,却立净相,言是功夫。作此见者,障自本性,却被净缚。若不动者,见一切人过患,是性不动。迷人自身不动,开口即说人是非,与道违背。看心看净,却是障道因缘。

此辟坐禅著相。开元中,六祖弟子南岳怀让谓马祖道一:"磨砖既不成镜,坐禅岂得作佛?""汝学坐禅,为学坐佛?若学坐禅,禅非坐卧。若学坐佛，佛非定相。于无住法，不应取舍。"(《五灯会元》卷三南岳怀让章次)"不著心"，非心非物。"不著净"，成净妄二相，而净即是妄。"亦不言动"，亦不著言、动，艮止之象。

"若不动者，见一切人过患，是性不动。"盖一切人皆自性众生，其过患各有根源。"迷人自身不动，开口即说人是非，与道违背。"不做工夫修行，跟随起念，说人是非。

> 今既如是，此法门中，何名坐禅？此法门中一切无碍，外于一切境界上念不起为坐，见本性不乱为禅。何名为禅定？外离相曰禅，内不乱为定。

一切无碍，犹华严境界，至善至美，永在定中。外离相则内不乱，达摩以壁观教人安心："外止诸缘，内心无喘。心如墙壁，可以入道。"(宗密《禅源诸诠集都序》卷上之二)"见本性不乱为禅"之前，或脱"内"字，或谓内外无别。

> 外若有相，内性不乱，本性自净自定，只缘境触，触即乱，离相不乱即定。外离相即禅，内外不乱即定，外禅内定，故名禅定。《维摩经》云："即时豁然，还得本心。"《菩萨戒》云："本源自性清净。"

外离相而内不乱，上称"曰"，此称"即"，上穷理，此尽性。本性自净自定，"千江有水千江月，万里无云万里天"(《嘉泰普灯录》卷十八此庵守净章次)。境触离相者，一念即觉也。

引《维摩经》语出《弟子品》，狂心顿歇，歇即菩提。《菩萨戒》即《梵网经》，鸠摩罗什译，二卷。

  善知识！见自性自净，自修自作自性法身，自行佛行，自作自成佛道。

此即见性成佛，自作自成佛道，禅家之自力。

  善知识！总须自听，与授无相戒。一时逐惠能口道，令善知识见自三身佛。

"总须自听"，由内向外；"与授无相戒"，由外向内。一时逐惠能口道，跟着惠能喊口号。此为宗教仪式，有其加持力和鼓动力。

  于自色身，归依清净法身佛；于自色身，归依千百亿化身佛；于自色身，归依当身圆满报身佛。〔已上三唱〕色身是舍宅，不可言归。向者三身自在法性，世人尽有，为迷不见，外觅三身如来，不见自色身中三身佛。

法身犹一，化身犹多，报身圆满，由果向因。见三身自在法性，不可外觅。

  善知识听！与善知识说。令善知识于自色身，见自法性有三身佛。此三身佛从自性上生。

"善知识听！与善知识说。"参照下文"惠能与说，各各听"。"此三身佛从自性上生。"当识所归矣。

何名清净法身佛？善知识！世人性本自净，万法在自性。思量一切恶事，即行于恶行；思量一切善事，便修于善行。知如是，一切法尽在自性。自性常清净，日月常明，只为云覆盖，上明下暗，不能了见日月星辰，忽遇惠风吹散，卷尽云雾，万象参罗，一时皆现。世人性净，犹如青天，惠如日，智如月，智惠常明。于外著境，妄念浮云盖覆，自性不能明。故遇善知识开真正法，吹却迷妄，内外明彻，于自性中万法皆现。一切法在自性，名为清净法身。

"世人性本自净，万法在自性。"万物皆备于我，前引惠能大悟言"何期自性本自清净""何期自性能生万法"云云。思量恶行于恶；思量善修于善。此即感应之道，亦为中国古学："惠迪吉，从逆凶，惟影响。"（《尚书·大禹谟》）"如是一切法尽在自性。"当向内求而非向外求。

"自性常清净，日月常明，只为云覆盖，上明下暗，不能了见日月星辰。忽遇惠风吹散，卷尽云雾，万象参罗，一时皆现。"如是而言，神秀"时时勤拂拭"有何误？然北宗尚纠缠于云雾，南宗则已知万象参罗，一时皆现。"善知识开真正法，吹却迷妄"，此性体呈现，开照心腑。"内外明彻，于自性中，万法皆见"，此之谓顿门。

> 自归依者，除不善心及不善行，是名归依。

从"诸恶勿作"入手，做减法，损之又损。

> 何名为千百亿化身佛？不思量性即空寂，思量即是自化。思量恶法，化为地狱；思量善法，化为天堂。毒害化为畜生，慈悲化为菩萨，智惠化为上界，愚痴化为下方。自性变化甚多，迷人自不知见。一念善，智惠即生。

法身由不变言，化身由变而言。自性变化甚多，迷人自不知见，《易·系辞上》"百姓日用而不知"也。一念善，智慧即生，当阳生之景。《论语·里仁》子曰："我欲仁，斯仁至矣。"

> 一灯能除千年暗，一智能灭万年愚。

禅家警言，开智慧即开光明。

> 莫思向前，常思于后。

观测因果，过往勿追，注重当下。于世间法而言，"靡不有初，鲜克有终"（《诗·大雅·荡》），亦见善始善终之不容易。曾国藩家书有云："盛时常作衰时想，上场当念下场时。"（同治元年

闰八月初四日致澄弟）

　　常后念善，名为报身。一念恶，报却千年善亡；一念善，报却千年恶灭。无常已来，后念善，名为报身。

　　"放下屠刀，立地成佛。"报身者，果即因，所谓"当下"。

　　从法身思量，即是化身；念念善，即是报身。自悟自修，即名归依也。皮肉是色身，色身是舍宅，不在归依也。但悟三身，即识大意。

　　"从法身思量，即是化身"；从法身起念，思量善恶，化身即不同。"念念善"，纯阳无阴，故为报身。自悟自修以归依三身，非归依色身。

　　今既自归依三身佛已，与善知识发四弘大愿。善知识！一时逐惠能道：'众生无边誓愿度，烦恼无边誓愿断，法门无边誓愿学，无上佛道誓愿成。'（三唱）

　　归依自性，犹内圣；发四弘大愿，犹外王。四弘大愿来自《大乘本生心地观经》，《摩诃止观》卷十略同，为《坛经》又一珍宝，于中国佛教有极大影响。
　　"一时逐惠能道"，再次跟随我，高呼口号。众生对应佛道，烦恼对应法门，于无边而发誓愿，尽无尽也，此之谓无上。

> 善知识！'众生无边誓愿度'，不是惠能度。善知识心中众生，各于自身自性自度。何名自性自度？自色身中邪见烦恼，愚痴迷妄，自有本觉性。只本觉性，将正见度。既悟正见般若之智，除却愚痴迷妄，众生各各自度。邪来正度，迷来悟度，愚来智度，恶来善度，烦恼来菩提度。如是度者，是名真度。

"不是惠能度"，禅家之自力精神。"各于自身自性自度"，由身心入手自度，"各于者"，各人有其别业，彼此不能替代。"自有本觉性"，即"正见般若之智"。邪正、迷悟、愚智、恶善，烦恼菩提，皆对治之法。

> '烦恼无边誓愿断'，自心除虚妄。'法门无边誓愿学'，学无上正法。'无上佛道誓愿成'，常下心行，恭敬一切，远离迷执。觉智生般若，除却迷妄，即自悟佛道成，行誓愿力。

"自心除虚妄"，"学无上正法"，多而仍一。"常下心行，恭敬一切"，《法华经》卷二十有常不轻菩萨，《易》谦卦六爻皆吉也。成"无上佛道"而始于"常下"，药山"高高山顶立，深深海底行"（《五灯会元》卷五刺史李翱章次）是也。"远离迷执"，犹《心经》远离颠倒梦想。

"觉智生般若，除却迷妄"，犹《心经》"照见五蕴皆空"。"即自悟佛道成，行誓愿力"，此所谓行门。

今既发四弘誓愿讫,与善知识授无相忏悔,灭三世罪障。

发四弘誓愿向外,授无相忏悔向内,内外一也。

大师言:"善知识!前念后念及今念,念念不被愚迷染;从前恶行一时除,自性若除即是忏。前念后念及今念,念念不被愚痴染;除却从前矫诳心,永断名为自性忏。前念后念及今念,念念不被疽疫染;除却从前嫉妒心,自性若除即是忏。(已上三唱)

从前恶行,一时自性若除,即是忏悔。除却矫诳心、嫉妒心,乃成"平常心是道"(《五灯会元》卷四赵州从谂章次)。无相者,非忏于事相仪式,而忏于自性,故曰"前念后念及今念",又曰"念念"也。

善知识!何名忏悔?忏者终身不作,悔者知于前非恶业恒不离心。诸佛前口说无益,我此法门中永断不作,名为忏悔。

"终身不作","知于前非",此相应身心。"恶业恒不离心","口说无益",以行证之,知行合一。所忏不止于尽形寿,亦自无始以来,永断不作。

今既忏悔已,与善知识授无相三归依戒。"大师言:"善知识！归依觉，两足尊；归依正，离欲尊；归依净，众中尊。

觉、正、净，佛、法、僧。"两足尊"，福德、智慧；"离欲尊"，八正道；"众中尊"，为人师表。

从今已后，称佛为师，更不归依余邪迷外道。愿自三宝，慈悲证明。

《坛经》开创新风，不得不区别于他教。"愿自三宝，慈悲证明。"其时尚未至"呵佛骂祖"地步。

善知识！惠能劝善知识归依自身三宝。佛者，觉也；法者，正也；僧者，净也。自心归依觉，邪迷不生，少欲知足，离财离色，名两足尊。

以觉化邪迷，自心未归依正觉者，受频道局限，思想千奇百怪。

"少欲知足"，参考《老子》十九章："见素抱朴，少私寡欲。"少谓减少或降低，欲望出于人之本性，若过于决绝，或产生反冲，故当渐渐淡之。财空而色时，欲之两相。

自心归依正，念念无邪故，即无爱著，以无爱著，名离欲尊。

爱著即染著,离爱即离欲。《四十二章经》:"由爱故生忧,由爱故生怖,若离于爱者,无忧亦无怖。"

自心归依净,一切尘劳妄念,虽在自性,自性不染著,名众中尊。

念即无念,此之谓众中尊。

凡夫不解,从日至日,受三归依戒。若言归佛,佛在何处?若不见佛,即无所归。既无所归,言却是妄。

"凡夫不解,从日至日,受三归依戒",凡夫时时刻刻、在在处处,寻求归依受戒,却不知佛在何处。佛不可见,自性亦不可见;自性可见,佛亦可见。三归依乃归依自性也,归依之过程即修行。

斯本、敦博本、旅博本皆作"凡夫解",诸校本均依惠昕本"凡夫不会",补"不"。按"凡夫解"可以理解为"凡夫之解",其解不对,也可以认为"凡夫不解"。

善知识!各自观察,莫错用意。经中只言自归依佛,不言归依他佛。自性不归,无所归处。

以禅家言,归依自性即归依佛;归依他佛为外道。

> 今既自归依三宝，总各各至心，与善知识说摩诃般若波罗蜜法。

"总各各至心"，彼此途径之不同，犹卦爻变。摩诃般若波罗蜜法，可参考《文殊师利所说般若波罗蜜经》，或参考《金刚经》。

> 善知识虽念不解，惠能与说，各各听。摩诃般若波罗蜜者，西国梵语，唐言大智惠彼岸到。

"虽念不解"，初学者仅知字面意义，由师解说，方透入一层。"各各听"，《维摩诘经·佛国品》"佛以一音演说法，众生随类各得解"是也。

> 此法须行，不在口念。口念不行，如幻如化。修行者，法身与佛等也。

在修行而不在口念，说食不饱，当以身心验证佛法。"法身与佛等"，或识其大体，或佛慢坚固而住。

> 何谓摩诃？摩诃者是大，心量广大，犹如虚空。莫定心坐禅，即落无记空。虚空能含日月星辰，大地山河，一切草木，恶人善人，恶法善法，天堂地狱，尽在空中。世人性空，亦复如是。

心量广大,犹如虚空,《维摩诘经·方便品》:"住佛威仪,心大如海。"参见《五灯会元》卷五投子大同章次,问:"学人拟欲修行时如何?"师曰:"虚空不曾烂坏。"

性含万法是大,万法尽是自性。见一切人及非人,恶之于善,恶法善法,尽皆不舍,不可染著,犹如虚空,名之为大。此是摩诃行,迷人口念,智者心行。

不取不舍,道法自然,此即性空,万法尽是自性。摩诃行从改正心念入手,由小而大。

又有迷人,空心不思,名之为大,此亦不是。心量大,不行是小。莫口空说,不修此行,非我弟子。

空心不思,即无记空,或入断灭相。"心量大,不行是小",化体起用,成所作智。此句惠昕本、契嵩本、宗宝本作"心量大事,不行小道",参看《证道歌》:"大象不游于兔径,大悟不拘于小节。"

"莫口空说,不修此行,非我弟子。"禅宗为行门,不崇尚口说。

何名般若? 般若是智惠。一切时中,念念不愚,常行智惠,即名般若行。一念愚即般若绝,一念智即般若生。心中常愚,自言我修般若。般若无形相,智惠性即是。

大乘六度中，五度有形相，般若无形相。五度皆不离般若，故曰"般若波罗蜜"，不说余波罗蜜。

何名波罗蜜？此是西国梵音，唐言彼岸到。解义离生灭，著境生灭起。如水有波浪，即是于此岸。离境无生灭，如水永长流，即名到彼岸，故名波罗蜜。

念即无念，生灭即不生灭，化著境为离境，即是到彼岸。

迷人口念，智者心行。当念时有妄，有妄即非真有。念念若行，是名真有。悟此法者，悟般若法，修般若行。不修即凡，一念修行，法身等佛。

"一念修行，法身等佛"，此即念劫圆融，即生成佛。又此句惠昕本同，契嵩本、宗宝本作"一念修行，自身等佛"。前句当为原义，相应"一念"。后句更直接，相应三身成就。

善知识！即烦恼是菩提。前念迷即凡，后念悟即佛。

烦恼、菩提无二，有迷悟之别。

善知识！摩诃般若波罗蜜，最尊、最上、第一，无住、无去、无来，三世诸佛从中出，将大智惠到彼岸。打破五阴烦恼尘劳，最尊、最上、第一。赞最上最上乘法，修行定成佛。

无住、无去、无来。《金刚经》："过去心不可得,现在心不可得,未来心不可得。"赞颂此法,一路到家,修行定成佛。

无去、无住、无来往,是定惠等。不染一切法,三世诸佛从中变三毒为戒定惠。

无去、无住、无来往,定慧等持,得三昧之象。苏轼《过永乐文长老已卒》:"三过门间老病死,一弹指顷去来今。"龚自珍《己亥杂诗》一五一:"台宗晤后无来去,人道苍茫十四年。"
"三世诸佛从中"后,当脱一字,杨曾文据敦博本补一"出"字,可从。变三毒贪嗔痴为戒定慧,变烦恼为菩提。

善知识!我此法门,从一般若生八万四千智惠。何以故?为世人有八万四千尘劳。若无尘劳,般若常在,不离自性。

"一般若生"据惠昕本校补,斯本、敦博本、旅博本无,有之则一多圆融,无之则八万四千智慧,对治八万四千尘劳。"若无尘劳,般若常在,不离自性",犹《易·系辞上》:"寂然不动,感而遂通天下之故。"尘劳即烦恼,尘谓六尘,劳谓勤苦。

悟此法者,即是无念、无忆、无著,莫起诳妄,即自是真如性。用智惠观照,于一切法不取不舍,即见性成佛道。

无念、无忆、无著，识感应之理。起诳妄者，自谩也。于一切法不取不舍，参看《证道歌》："取不得，舍不得，不可得中只么得。"

善知识！若欲入甚深法界、入般若三昧者，直须修般若波罗蜜行。但持《金刚般若波罗蜜经》一卷，即得见性，入般若三昧。当知此人功德无量，经中分明赞叹，不能具说。此是最上乘法，为大智上根人说。小根智人若闻法，心不生信。

直修顿门，入甚深三昧。"但持《金刚经》一卷，即得见性，入般若三昧。"呼应五祖前文"但持《金刚经》一卷，即得见性，直了成佛"，迎和时代思潮，转变禅宗走向。

"当知此人功德无量，经中分明赞叹，不能具说。"《金刚经》反复赞叹，于此经能生信心者："当知是人不于一佛、二佛、三四五佛而种善根，已于无量千万佛所种诸善根……是诸众生得如是无量福德。"

何以故？譬如大龙，若下大雨，雨于阎浮提，如漂草叶；若下大雨，雨于大海，不增不减。若大乘者，闻说《金刚经》，心开悟解。故知本性自有般若之智，自用智惠观照，不假文字。

雨于阎浮提，雨于陆地，故如漂草叶；雨于大海，水在水之中，故不增不减。闻说《金刚经》，心开悟解，乃大乘根器。自用智慧观照，如心灯自照，不假文字。

　　譬如其雨水，不从天有，元是龙王于江海中，将身引此水，令一切众生，一切草木，一切有情无情，悉皆蒙润。诸水众流，却入大海，海纳众水，合为一体。众生本性般若之智，亦复如是。

认识水之生态循环，龙王将身引水，菩萨行之象。"诸水众流，却入大海，海纳众水，合为一体。"般若性海，当《易》乾元性海。

　　小根之人，闻说此顿教，犹如大地草木根性自小者，若被大雨一沃，悉皆自倒，不能增长。小根之人，亦复如是。有般若之智，与大智之人亦无差别。因何闻法即不悟？缘邪见障重，烦恼根深。犹如大云，盖覆于日，不得风吹，日无能现。

小根之人不堪闻大教，《法华经·方便品》有五百比丘退席。《证道歌》："狮子吼，无畏说，百兽闻之皆脑裂。"
"因何闻法即不悟？"似谓小根之人不闻尚可，闻反不悟，令人诧异。邪见障重，烦恼根深，六根才动被云遮，虽有日照，却无能现。

般若之智，亦无大小。为一切众生，自有迷心，外修觅佛，未悟自性，即是小根人。闻其顿教，不信外修，但于自心，令自本性常起正见，一切邪见烦恼尘劳众生，当时尽悟。犹如大海纳于众流，小水大水合为一体，即是见性。内外不住，来去自由，能除执心，通达无碍。心修此行，即与《般若波罗蜜经》本无差别。

分大小即非大，"若识般若，即被般若缚，若不识般若，亦被般若缚"（《五灯会元》卷十二定慧超信章次）。烦恼、尘劳、众生，亦三亦一，一悟尽悟。大海纳于众流，天下水原是一水。荡相遣执，经即自性，自性即经。当时尽悟，顿时尽悟，不待他生后世。

一切经书及文字，小大二乘十二部经，皆因人置，因智惠性故，故然能建立。我若无智人，一切万法本亦不有。故知万法，本由人兴；一切经书，因人说有。

因病设药，病去药除，当两化之。知万法本由人兴，程子"万变皆在人，其实无一事"（《河南程氏遗书》卷六）是也。

缘在人中有愚有智，愚为小，故智为大。

识大体者为大人，识小体者为小人。

人问迷人于智者，智人与愚人说法，令使愚者悟解心开。迷人若悟解心开，与大智人无别。故知不悟，即佛是众生；一念若悟，即众生是佛。

佛与众生，区别在于悟与不悟。智人是何地位？犹藏传佛教萨迦派"师诀量"是也。

故知一切万法，尽在自身心中。何不从于自心，顿见真如本性。《菩萨戒经》云：'我本源自性清净。'识心见性，自成佛道。即时豁然，还得本心。

万物皆备于我。"识心"，见体；"见性"，化用。心生种种法生，心灭种种法灭。引用《菩萨戒经》已见前，即"佛性常清静"。"即时豁然，还得本心"，亦见前引《维摩经》，即豁然开朗，开悟。

善知识！我于忍和尚处，一闻言下大悟，顿见真如本性。是故以教法流行后代。今学道者顿悟菩提，各自观心，令自本性顿悟。

忍和尚处闻言大悟，顿见真如本性。点出惠能关键之悟，在第三次师徒印证，而前二次闻经、读偈之悟，皆属进阶。《坛经》以教法流行后代，实不得不然，亦有利有弊。惠能再来人之慧根，尚须于忍和尚处闻言大悟，一般根器者仅读诵《坛经》，如何能顿悟本性？此所以有河沙口头禅也。

　　若不能自悟者，须觅大善知识示道见性。何名大善知识？解最上乘法，直示正路，是大善知识，是大因缘。所为化道，令得见佛。一切善法，皆因大善知识能发起故。

强调大善知识作用，盖威音王以后，未得师传印可者，无有是处（参见契嵩本、宗宝本《坛经》永嘉玄觉节）。禅家重大善知识，与密教重师，亦互相呼应。一花五叶，精彩纷呈，皆大善知识各出机杼之发展。

　　三世诸佛，十二部经，在人性中本自具有。不能自悟，须得善知识示道见性。若自悟者，不假外求善知识。若取外求善知识，望得解脱，无有是处。识自心内善知识，即得解脱。若自心邪迷，妄念颠倒，外善知识，即有教授。

一切自性中本有，故当求自悟。"善知识示道见性"，若因缘未到，亦无可奈何。"识自心内善知识，即得解脱"，虽得外善知识教授，未能点醒者，偷心未死也。

　　汝若不得自悟，当起般若观照，刹那间妄念俱灭，即是自真正善知识，一悟即至佛地。

"当起般若观照，刹那间，妄念俱灭。"《心经》："观自在菩萨，行深般若波罗蜜多时，照见五蕴皆空，度一切苦厄。""即是自真正善知识，一悟即知佛也。"参见《悟真篇·西江月》："悟即便名净土，更无天竺漕溪。谁言极乐在天西，了即弥陀出世。"

自性心地，以智惠观照，内外明彻，识自本心。若识本心，即是解脱。既得解脱，即是般若三昧。悟般若三昧，即是无念。

内外明彻为悟，自性、心地、智慧、观照、本心、解脱、般若、三昧、无念，一也。

何名无念？无念法者，见一切法，不著一切法；遍一切处，不著一切处。常净自性，使六贼从六门走出，于六尘中不离不染，来去自由，即是般若三昧，自在解脱，名无念行。

"见一切法，不著一切法；遍一切处，不著一切处。"《普贤行愿品》："犹如莲华不著水，亦如日月不住空。"六贼即眼耳鼻舌身意六识，六门即眼耳鼻舌身意六根，六尘即色声香味触法。六贼出入无疾于六门，来去自由，即自在解脱。

"无念行"，于达磨《略辨大乘入道四行观》二入（理入、行入）、四行（报冤行、随缘行、无所求行、称法行），对应称法行。

莫百物不思，当令念绝，即是法缚，即名边见。

契嵩本、宗宝本《坛经》举卧轮偈："卧轮有伎俩，能断百思想；对境心不起，菩提日日长。"惠能曰："此偈未明心地，若依而行之，是加系缚。"因示偈云："惠能没伎俩，不断百思想；对境心数起，菩提作么长。"

悟无念法者，万法尽通；悟无念法者，见诸佛境界；悟无念顿法者，至佛位地。

"悟无念法者，万法尽通"，得其一，万事毕。"悟无念法者，见诸佛境界"，犹廖平所谓神游，于六经犹《诗》。"悟无念顿法者，至佛位地"，犹廖平所谓形游，于六经犹《易》。

善知识！后代得吾法者，常见吾法身不离汝左右。

得法者见惠能法身，亦得见自己。

善知识！将此顿教法门同见同行，发愿受持。如是佛教，终身受持而不退者，欲入圣位。然须传受，从上已来默然而付衣法，发大誓愿，不退菩提，即须分付。

"同见同行"，同为禅门修行人。事法如事佛，"佛教"谓佛的教诲。"然须传受，从上已来默然而付衣法"，世尊拈花，迦叶微笑，而维摩默然，亦通于此。分付，乃嘱托、交付。

> 若不同见解，无有志愿，在在处处，勿妄宣传，损彼前人，究竟无益。若愚人不解，谤此法门，百劫千生，断佛种性。"

若根性不对，不可传授。又，勿妄宣传向内，诅咒谤法向外，以此维护己宗。前者狮子身上虫，还食狮子肉（《仁王般若波罗蜜经》、《莲花面经》）。后者断佛种性，乃一阐提。

> 大师言："善知识！听吾说《无相颂》，令汝迷者罪灭，亦名《灭罪颂》。颂曰：

以《无相颂》结束说法。无相方能灭罪，有相不能灭罪。《金刚经》："一切贤圣皆以无为法而有差别。"《悟真篇》："若能一念契真修，灭尽尘沙罪垢。"

> 愚人修福不修道，谓言修福如是道。布施供养福无边，心中三恶元来在。若将修福欲灭罪，后世得福罪元造。若解向心除罪缘，各自性中真忏悔。若悟大乘真忏悔，除邪行正即无罪。学道之人能自观，即与悟人同一例。

修福世间法、修道出世间法，修福不能代修道，修道可以兼修福。修福得福，然不能抵罪。未悟道者，修福或反而造罪。

> 大师今传此顿教，愿学之人同一体。若欲当来觅本身，

三毒恶缘心里洗。努力修道莫悠悠，忽然虚度一世休。若遇大乘顿教法，虔诚合掌志心求。

"三毒恶缘心里洗"，由命达性，由性返命。参见《易·系辞上》："圣人以此洗心，退藏于密。"注："洗濯万物之心。""努力修道莫悠悠，忽然虚度一世休。"参见《悟真篇》："百岁光阴石火烁，一生身世水泡浮。"

"若遇大乘顿教法，虔诚合掌志心求。"参见北本《涅槃经》卷二："生世为人难，值佛世亦难，犹如大海中，盲龟遇浮孔。"（又卷二十三）相遇概率极低，然求或得之，不求则不得也。

大师说法了，韦使君、官僚、僧众、道俗，赞言无尽，昔所未闻。

惠能演讲止于此，以下回答问题。韦使君居首，为当时护法。"赞言无尽"，由演讲激发出来，溶入诸佛说法音声海。"昔所未闻"，乃创教之象。

三、立宗破疑

使君礼拜，白言："和尚说法，实不思议。弟子当有少疑，欲问和尚。望意和尚大慈大悲，为弟子说。"大师言："有疑即问，何须再三。"使君问："法可不是西国第一祖达磨祖师宗旨？"大师言："是。"

六祖说法完毕，继以问答，判定自宗和他宗的界限。此第一问，立自宗。

"有疑即问，何须再三。"禅宗之单刀直入。"法可不是西国第一祖达磨祖师宗旨？"达磨为西国第一祖，建立印度佛教与中国佛教接榫处。宗旨者，西来意也。

"弟子见说，达磨大师化梁武帝，帝问达磨：'朕一生已来，造寺、布施、供养，有功德否？达磨答言：'并无功德。'武帝惆怅，遂遣达磨出境。未审此言，请和尚说。"

印度和中国两大古文明，不可互相轻视。中国儒道文化的长期熏陶，源流甚远。达磨跨海来华，见此地佛教得其形而未得其神。与梁武帝问答不契，渡江北上，延续而至惠能，造成六代之积累。达磨结合印度和中国，又从南方到北方，在嵩山面壁，由言而复归于默。

根据《五灯会元》卷一等文献，达磨一生，可总结为六事：1.西土"得法"，相应至深心要。2.观东土有大乘气象（《大集经·月藏分·建立塔寺分》称震旦国有二五五佛出世），度人亦复自度。3.入南问答不契，犹到灵山而未见净土。4.入北面壁实修，于中土理论有所借鉴。3与4之间，又有5.传说中一苇渡江（《五家正宗赞》卷一，"一苇"典出《诗经·河广》），乃极简之象。6.传说中只履西归（《五灯会元》卷六宋徽宗章次、卷十五莲州宝华章次、卷二十天童昙华章次），乃成就之象。又，只履何所指？西归于何处？可深思之。

又斯本"化"作"伐"（敦博本、旅博本作"代"），"帝"作"谛"，误字亦有义理（happy mistakes），或可思适。伐犹侵，入境也。问答犹过招，两刃相交，利钝乃见。谛者审也，从根柢入。于佛教谓真实义，如苦、集、灭、道四圣谛。

> 六祖言："实无功德。使君勿疑达磨大师言。武帝著邪道，不识正法。"使君问："何以无功德？"和尚言："造寺、布施、供养，只是修福，不可将福以为功德。功德在法身，非在于福田。

肯定达磨大师，接续六代之传。功德和福田不同，功德兼世出世间法，福田仅执世间法。

> 自法性有功德。平直是佛性，外行恭敬。若轻一切人，吾我不断，即自无功德。

"自法性有功德"，即上文"功德在法身，非在于福田"。"平直是佛性"，《洪范》谓"平康正直"，后世禅家谓"平常心是道"（《五灯会元》卷四赵州从谂章次）。"外行恭敬"，即"佛性"外显，外内相应。惠昕本、契嵩本、宗宝本较完整："见性是功，平直是德。内见佛性，外行恭敬。"

"若轻一切人，吾我不断，即自无功德。"参见《法华经·常不轻菩萨品》，《五灯会元》卷一达磨章次"勿轻未悟，一念回机，便同本得"。吾我不断，当化我入吾，《庄子·齐物论》"今者吾丧我"是也。"不断"指一会儿吾,一会儿我,《易》谓"频复,厉",《小象》以"正位"为"无咎"。

> 自性虚妄,法身无功德。念念行平等直心,德即不轻。

功德建立于自性,念念德行,身心致一。"平等直心",以字形而言,德即直心。"德即不轻",参考《老子》三十八章:"是以大丈夫处其厚不处其薄,处其实不处其华。"又二十六章:"重为轻根,静为躁君。是以君子终日行不离辎重,虽有荣观,燕处超然。"

> 常行于敬,自修身即功,自修心即德。功德自心作,福与功德别。武帝不识正理,非祖大师有过。"

"常行于敬",继承上文"外行恭敬"。"自修身即功,自修心即德",外内双修,犹无相戒与有相戒,相辅相成。达磨—惠能系统的建立,以武帝与达磨争执当其始,以惠能演说《坛经》当其终。

拆开词组,以己意解释,为惠能常用之法。前文拆解"坐禅":"何名坐禅?此法门中,一切无碍,外于一切境界上念不起为坐,见本性不乱为禅。"

> 使君礼拜,又问:"弟子见僧俗常念阿弥陀佛,愿往生西方。请和尚说,得生彼否?望为破疑。"

此第二问,破他宗。禅家乃行门,与显教有教下、宗门之分别,此外尚有禅净、禅密之分别,有心者当深究之。

> 大师言:"使君听!惠能与说。世尊在舍卫国,说西方引化,经文分明。去此不远,只为下根。说近说远,只缘上智。

引,接引;化,化度。去此不远,说近说远,于感应而言,远近在一念之间。以后石头希迁《参同契》言:"进步非近远,迷隔山河固。"

鸠摩罗什译《阿弥陀经》:"从是西方过十万亿佛土,有世界名曰极乐。"佛经所言动辄天文数字,"十万亿"并不算遥远。

又,"去此不远,只为下根",引;"说近说远,只缘上智",化。

> 人自两种,法无两般。迷悟有殊,见有迟疾。迷人念佛生彼,悟者自净其心。所以佛言:'随其心净则佛土净。'

提出唯心净土,对抗西方净土,而唯心净土与西方净土,不二不一。引用佛言,出《维摩诘经·佛国品》。

> 使君!东方但净心无罪,西方心不净有愆。迷人愿生东方、西方,所在处并皆一种。心地但无不净,西方去此不远。心起不净之心,念佛往生难到。

此即后世"消业往生"与"带业往生"之争。禅宗重自力主消业，净宗重他力主带业。他力亦即自力，《观无量寿佛经》九品莲花之说，或可消泯其抵牾。

> 除十恶，即行十万；无八邪，即过八千。但行直心，到如弹指。

"十恶"对十善言，"八邪（行）"对八正（道）言。十万八千里，《西游记》孙悟空翻一个跟斗所到。

旅博本作"弹指"（惠昕本同），而斯本、敦博本作"禅指"，亦极妙。弹指者，圆成之象，参见贯休（823—912）诗："禅客相逢只弹指，此心能有几人知。"《书石壁禅居屋壁》禅指者，指月之象，而指非指也。

> 使君但行十善，何须更愿往生。不断十恶之心，何佛即来迎请？若悟无生顿法，见西方只在刹那。不悟顿教大乘，念佛往生路遥，如何得达？"

李通玄《华严合论》卷一："无边刹境，自他不隔于毫端；十世古今，始终不离于当念。"

> 六祖言："惠能与使君移西方刹那间，目前便见，使君愿见否？"使君礼拜："若此得见，何须往生？愿和尚慈悲，为现西方，大善！"大师言："唐一时见西方无疑。"即散。大众愕然，莫知何是。

大众期待惠能显神通以现出极乐世界，犹《观经》韦提希因佛力加被而见彼国土。惠能未显出其象，出乎意料，故大众愕然，不知道发生什么。

"唐一时"至"莫知何是"，引人致疑。惠昕本、契嵩本、宗宝本皆未见此节，或遭芟除。又，斯本作"唐见西方无疑"，敦博本作"一时见西方无疑"，旅博本作"唐一时见西方无疑"，故原文当有"唐"，即达磨偈"吾本来唐国"之"唐"，此土和彼岸之相应也。

> 大师曰："大众，大众作意听：世人自色身是城，眼、耳、鼻、舌、身即是城门，外有六门——内有意门。心即是地，性即是王。性在王在，性去王无。性在身心存，性去身心坏。

眼、耳、鼻、舌、身五根，对应前五识。第六意根，对应第六识。"心即是地"，对应末那，第七识。"性即是王"，对应阿赖耶，第八识。玄奘《八识规矩颂》："受薰持种根身器，去后来先作主公。"

斯本、敦博本、旅博本作"外有六门"，惠昕本、契嵩本、宗宝本皆作"外有五门"。"性去身心坏"，斯本、敦博本、旅博本均无"心"，惠昕本、契嵩本、宗宝本均有"心"。

> 佛是自性作，莫向身求。自性迷，佛即是众生；自性悟，众生即是佛。慈悲即是观音，喜舍名为势至，能净是释迦，

平直即是弥勒。人我即是须弥，邪心即是海水，烦恼即是波浪，毒心即是恶龙，尘劳即是鱼鳖，虚妄即是鬼神，三毒即是地狱，愚痴即是畜生，十善即是天堂。无我人，须弥自倒；除邪心，海水竭；烦恼无，波浪灭；毒害除，鱼龙绝。

佛是自性作，当转识成智。十善、十恶，亦为自性变化。"慈悲即是观音，喜舍名为势至，能净是释迦，平直即是弥勒"，自净其心而起用也。

> 自心地上觉性如来，施大智惠光明，照耀六门清净，照破六欲诸天。下照三毒若除，地狱一时消灭。内外明彻，不异西方。不作此修，如何到彼？"

以禅门化导净土，此即顿悟，亦即见性成佛。"六欲诸天"，即欲界六天：一、四天王天；二、忉利天（以上地居天）；三、夜摩天；四、兜率天；五、乐变化天；六、他化自在天（以上空居天）。

若贪嗔痴三毒未除，仍须至心求西方，故净土与禅，不必执一废一。后世永明延寿（904—975）有《四料简》偈，谓"有禅有净土，犹如戴角虎"是也。

> 座下闻说，赞声彻天，应是迷人，了然便见。使君礼拜，赞言："善哉！善哉！普愿法界众生，闻者一时悟解。"

"赞声彻天",与前文之"赞言无尽",一空一时,乃禅宗之大祝福大祈愿,有惊天动地之象。"应是迷人,了然便见",经开导而相应,历历在目。使君赞言,乃普施之回向。

> 大师言:"善知识!若欲修行,在家亦得,不由在寺。在寺不修,如西方心恶之人;在家若修行,如东方人修善。但愿自家修清净,即是西方。"

此由《维摩诘经》引申,僧侣佛教和居士佛教,彼此争胜。惠能本人跨越两界,开悟时为俗家弟子,出家后宣讲禅法。

> 使君问:"和尚!在家如何修?愿为指授。"大师言:"善知识!惠能与道俗作《无相颂》,尽诵取,依此修行,常与惠能说一处无别。颂曰:

前文有神秀《无相偈》,此处惠能作《无相颂》。于神秀之偈,惠能当时已下转语,此颂更从修行境界流出。

> 说通及心通,如日处虚空,惟传顿教法,出世破邪宗。

"说通及心通",来自《楞伽经》卷三"说通及宗通"。说通犹觉他,心通犹自觉。"如日处虚空",犹大日如来之象,或谓禅家乃大密宗。顿教法破邪宗,判别禅宗和不同层次的外道。

> 教即无顿渐，迷悟有迟疾，若学顿法门，愚人不可迷。

建立教下和宗门、南宗和北宗的区别。顿教法相应上根利器，愚人不可迷，预防后世之狂禅。《论语·阳货》："唯上知与下愚不移。"人类心智有种种不同，化度众生者必须理解。

> 说即虽万般，合理还归一，烦恼暗宅中，常须生惠日。

万法归一，一归何处？"常须生惠日"，"一灯能除千年暗"也。

> 邪来因烦恼，正来烦恼除，邪正悉不用，清净至无余。

《悟真篇》："二边俱遣弃中心，见了名为上品。"无余，无余涅槃。

> 菩提本清净，起心即是妄，净性在妄中，但正除三障。

道法自然，不断百思想。"净性在妄中"，《中论》："若不依俗谛，不得第一义。""三障"，指烦恼障、业障、报障（一名异熟障）。

> 世间若修道，一切尽不妨，常见在己过，与道即相当。

"一切尽不妨"，达《华严》事事无碍境界。常见己过，不见人非，近代哲学家维特根斯坦有云："就改善你自己好了，那是你为改善世界能做的一切。"（[英]瑞·蒙克著《维特根斯坦传》，王宇光译，浙江大学出版社，2011，17页）

> 色类自有道，离道别觅道，觅道不见道，到头还自懊。

万事万物各有其道，应该由它们自行其道，不必头上安头，另外觅道，此所以"神通并妙用，运水与搬柴"（《五灯会元》卷三庞蕴居士章次）。《中庸》："道也者，不可须臾离也，可离非道也。"《关尹子·四符》："若有厌生死心，超生死心，止名为妖，不名为道。"

> 若欲觅真道，行正即是道，自若无正心，暗行不见道。

> 十二时中，但行直心是。

> 若真修道人，不见世间愚，若见世间非，自非却是左。

不可愤世嫉俗，到处抨击他人。左，更甚。《新约·马太福音》（7：3）："为什么看见你弟兄眼中有刺，却不想自己眼中有梁木呢？"

> 他非我不罪，我非自有罪，但自去非心，打破烦恼碎。

"他非我不罪，我非自有罪。"若就深层次言，此当菩萨行背起天下的担子，王国维《人间词话》"释迦、基督担荷人类罪恶之意"。若就浅层次言，不引他过而作为己障。"但自去非心"，一意改变自己，消除抱怨情绪。

若欲化愚人，事须有方便，勿令破彼疑，即是菩提现。

方便般若，一路到家，"方便为究竟"（《大日经·住心品》）。《庄子·庚桑楚》："有为而欲当，则缘于不得已。不得已之类，圣人之道。""勿令破彼疑"甚妙，永远不点破是也。

又，此偈斯本、敦博本、旅博本同，语意不甚明晰。惠昕本、契嵩本、宗宝本作："欲拟化他人，自须有方便，勿令彼有疑，即使自性现。"两者皆为化人之方便，意义有所不同。"勿令破彼疑"，方便针对愚人，于《易》当"包蒙"，因为时机未成熟，提前说可能增执起障。"勿令彼有疑"，方便针对智人，消除其残余疑惑，亦即彻悟。细玩文意，似以敦煌本为是。

法元在世间，于世出世间，勿离世间上，外求出世间。

世间法就是出世间法，归元本无二。

惠昕本、契嵩本、宗宝本此段作："佛法在世间，不离世间觉，离世觅菩提，恰如求兔角。"乃禅家流行偈语之一，为成立人生佛教的基础。

> 邪见在世间，正见出世间，邪正悉打却，（菩提性宛然）。

邪见犹垢，正见犹复，"邪正悉打却"，出入无疾也。

"菩提性宛然"，斯本、敦博本、旅博本脱此句，从惠昕本、契嵩本、宗宝本补入。

> 此但是顿教，亦名为大乘，迷来经累劫，悟则刹那间。

顿教即大乘，累劫即刹那，念劫圆融。

> 大师言："善知识！汝等尽诵取此偈。依此偈修行，去惠能千里，常在能边；依此不修，对面千里远。各各自修，法不相待。众人且散，惠能归漕溪山。众生若有大疑，来彼山间，为汝破疑，同见佛性。"

依偈修行，与惠能法身相应。各各自修，修则得之，不修则不得。相待谓对立，不相待则身体力行，人法合一。

大疑，疑至关节点（turning point），破疑则上一境界。破生死大疑，乃一得永得。

> 合座官僚道俗，礼拜和尚，无不嗟叹："善哉，大悟！昔所未闻。岭南有福，生佛在此，谁能得知。"一时尽散。

此赞惊天动地，证及中国佛教之极高处。"善哉，大悟！"对惠能发出衷心赞叹。"昔所未闻",此中国佛教的创造性,亦即《坛经》所以称为经。

以上为演讲的现场问答。原本的《坛经》止于此,以下为陆续增益部分。

> 大师住漕溪山,韶、广二州,行化四十余年。若论门人,僧之与俗,约有三五千人,说不可尽。

好比释迦牟尼说法四十九年,产生广泛的影响力。

> 若论宗旨,传授《坛经》,以此为依约。若不得《坛经》,即无禀受。须知法处、年月日、姓名,递相付嘱。无《坛经》禀承,非南宗弟子也。

神化《坛经》,为南宗成立的基础之一。"须知法处、年月日、姓名,递相付嘱。"后来繁复的灯录,当从此衍出。"须知法处",似指得法之处,斯本、敦博本、旅博本同。惠昕本"法"作"去"(契嵩本、宗宝本缺此节),乃见开枝散叶,成蔓衍之势。

在《坛经》文本中提到《坛经》,古代著述有此一体。以学派传承而言,结集可看成修行资料汇编。

> 未得禀承者,虽说顿教法,未知根本,终不免诤。但得法者,只劝修行。诤是胜负之心,与佛道违背。

南宗顿教法，虽有自悟者，仍须祖师印可，以校正可能有的偏差。"但得法者，只劝修行。"修行息诤，行动胜于雄辩，自修自成佛道。

> 世人尽传南能、北秀，未知根本事由。且秀禅师于南荆府当阳县玉泉寺住持修行，惠能大师于韶州城东三十五里漕溪山住。法即一宗，人有南北，因此便立南北。何以渐顿？法即一种，见有迟疾，见迟即渐，见疾即顿。法无渐顿，人有利钝，故名渐顿。

此分判南北宗。"惠能……住"下无"持修行"，或承上省。"法即一宗（一种）"，南北、顿渐一也，因人之根器和见地而分。

神秀于武则天朝（700）被迎请入京，"推为两京法主，三帝国师"（张说《唐玉泉寺大通禅师碑》），崇敬仅次于唐太宗之于玄奘。乞还，不许，神龙二年（706）坐化，约一百岁，谥大通。

北宗亦有其成就，其弟子由普寂而一行入密（东），其再传弟子敦煌摩诃衍和尚（此人后事荷泽神会，故又为惠能再传弟子）经吐蕃僧诤亦入密（西）。[1]

> 神秀师常见人说，惠能法疾，直指见路。秀师遂唤门人僧志诚曰："汝聪明多智，汝与吾至漕溪山，到惠能所，礼拜

1　饶宗颐《神会门下摩诃衍之入藏兼论南北宗之调和问题》，又《王锡〈顿悟大乘政理决〉序说并校记》，见《饶宗颐二十世纪学术文集》卷八，新文丰出版股份有限公司，台北，2003，86—103页，104—171页。

但听，莫言吾使汝来。所听得意旨，记取却来与吾说。看惠能见解，与吾谁疾迟。汝第一早来，勿令吾怪。"

神秀之说在明处，惠能之说在暗处，能知秀而秀不知能。神秀不安，有极大好奇心，乃有盗法之举。

志诚奉使，欢喜遂行。半月中间，即至漕溪山。见惠能和尚，礼拜即听，不言来处。

志诚同样有好奇心，故奉使欢喜，与惠能漕溪山气之感应，已先期相通。

志诚闻法，言下便悟，即契本心。起立即礼拜，白言："和尚！弟子从玉泉寺来。秀师处不得契悟，闻和尚说，便契本心。和尚慈悲，愿当教示。"

"即契本心"是自悟，"愿当教示"是求证。志诚于神秀处酝酿成熟，于惠能处闻法即获相应。

惠能大师曰："汝从彼来，应是细作。"志诚曰："不是。"六祖曰："何以不是？"志诚曰："未说时即是，说了即不是。"六祖言："烦恼即是菩提，亦复如是。"

"汝从彼来，应是细作"，惠能就地出招，当下即是。"未说时即是，说了即不是"，志诚坦承，亦为契悟后自信。"烦恼即是菩提，亦复如是"，此为印许，示以向上一着。

  大师谓志诚曰："吾闻汝禅师教人，唯传戒定惠。汝和尚教人戒定惠如何，当为吾说。"

既示己宗，而且迫寇入寨，追击他宗根本。以兵法而言，就其间而间之，此之谓反间。

  志诚曰："秀和尚言戒定惠：诸恶不作名为戒，诸善奉行名为惠，自净其意名为定。此即名为戒定惠。彼作如是说，不知和尚所见如何？"

"诸恶莫作，众善奉行，自净其意，是诸佛教。"此即"七佛通戒偈"，《增壹阿含经》卷一谓此偈"能出生三十七（道）品及诸法"，《大智度论》卷一八、《瑜伽师地论》卷一九及卷八一等皆用之，智者《童蒙止观》揭示于卷首。

  惠能和尚答曰："此说不可思议，惠能所见又别。"志诚问："何以别？"惠能答曰："见有迟疾。"志诚请和尚说所见戒定惠。

北宗而南宗，切磋琢磨。禅宗之长在 n+1，故所见又别。

> 大师言:"汝听吾说,看吾所见处。心地无非是自性戒,心地无乱是自性定,心地无痴是自性惠。"

戒定慧亦三亦一,皆为心地工夫,明心而见性。参见《悟真篇·戒定慧解》:"一尚非一,三复何三,三一俱忘,湛然清净。"

"心地无非",斯本、敦博本作"心地无疑非",旅博本作"心地无疑",知原本必有"疑"字。若据下文言"自性无非",则"非"字亦不误。按"心地无疑"由上而下,"心地无非"由下而上,入手处不同。

> 大师言:"汝师戒定惠,劝小根智人;吾戒定惠,劝上智人。得悟,自亦不立戒定惠。"

禅宗后来的衰落,是再无修习者甘于自居小根智人,故往往落入狂禅。无论小根或上智,未开悟前,自我判定不可能准确,必须经过师之印许。

> 志诚言:"请大师说,不立如何?"大师言:"自性无非、无乱、无痴,念念般若观照。常离法相,有何可立?

"自性无非"云云由内而外,"戒定慧"云云由外而内,后来理学有"敬义夹持"。(《二程集·河南程氏遗书》卷五:"敬义夹持,直上达天德自此。")

自性顿修，立有渐次，所以不立。"

"若真悟得本，他自知时，修与不修是两头语"（《五灯会元》卷九沩山灵祐章次）。《悟真篇》："若能一念契真修，灭尽恒沙罪垢。"

志诚礼拜，便不离漕溪山，即为门人，不离大师左右。

入廛垂手，息羽听经。

又有一僧名法达，常诵《妙法莲华经》七年，心迷不知正法之处。来至漕溪山礼拜，问大师言："弟子常诵《妙法莲华经》七年，心迷不知正法之处。经上有疑，大师智惠广大，愿为除疑。"

涉及南宗与天台宗之争。前节分别南北，为禅门内部的不同派别，此节分别自宗和他宗。

大师言："法达！法即甚达，汝心不达。经上无疑，汝心自邪，而求正法。吾心正定，即是持经。吾一生已来，不识文字。汝将《法华经》来，对吾读一遍，吾闻即知。"

当下就"法达"之名接引人，俯拾即是，不取诸邻。此《易》之玩辞法，乃禅家本地风光。"法即甚达"，犹天地自然之易；"汝心不达"，犹未洗心退藏于密。"经上无疑"，当圣言量；"吾心正定",乃得相应。不识文字而"吾闻即知",犹感通而光光相映。

　　法达取经到,对大师读一遍。六祖闻已,即识佛意,便与法达说《法华经》。六祖言:"法达!《法华经》无多语,七卷尽是譬喻因缘。如来广说三乘,只为世人根钝。经文分明,无有余乘,唯有一佛乘。"

"七卷尽是譬喻因缘",意在言外,"频呼小玉元无事,只要檀郎认得声"(《五灯会元》卷十九昭觉克勤章次)。鸠摩罗什译《妙法莲华经》,共七卷。龚自珍《己亥杂诗》三一五首,于末首结云:"忽然搁笔无言说,重礼天台七卷经。""无有余乘,唯一佛乘",只此一事实,余二即非真。

　　大师言:"法达,汝听一佛乘,莫求二佛乘,迷却汝性。经中何处是一佛乘?吾与汝说。经云:'诸佛世尊,唯以一大事因缘故,出现于世。'(以上十六字是正法)此法如何解?此法如何修?汝听吾说。人心不思,本源空寂,离却邪见,即一大事因缘。内外不迷,即离两边。外迷著相,内迷著空。于相离相,于空离空,即是不迷。若悟此法,一念心开,出现于世。心开何物,开佛知见。佛犹觉也,分为四门:开觉知见,示觉知见,悟觉知见,入觉知见。开、示、悟、入,上一处入,即觉知见。见自本性,即得出世。"

听(聽)为耳德,简化字作听,取辨析之象。"汝听一佛乘"

者,接受、跟随、依从也。"大事因缘",即开、示、悟、入佛之知见(《法华经·方便品》)。"一念心开,出现于世。"佛犹觉也,见自本性,即得出世。

> 大师言:"法达!吾常愿一切世人,心地常自开佛知见,莫开众生知见。世人心愚迷造恶,自开众生知见。世人心正,起智惠观照,自开佛知见。莫开众生知见,自开佛知见。开佛知见,即出世。"

《尚书·多方》:"惟圣罔念作狂,唯狂克念作圣。"

"世人心愚迷造恶",斯本、敦博本、旅博本同,惠昕本、契嵩本、宗宝本"心"下均有"邪"字,可补,并加逗号。

> 大师言:"法达!此是《法华经》一乘法。向下分三,为迷人故,汝但依一佛乘。"

此禅家之向上,复杂归于简单,易简而天下之理得矣。

> 大师言:"法达!心行转《法华》,不行《法华》转;心正转《法华》,心邪《法华》转。开佛知见转《法华》,开众生知见被《法华》转。"

转指诵读,引申指理解或掌握。宋儒陆九渊名言:"学苟知本,六经皆我注脚。"(《象山语录》卷一)

大师言："努力依法修行，即是转经。"

努力依法修行，荷担如来阿耨多罗三藐三菩提。

法达一闻，言下大悟，涕泪悲泣，白言："和尚！实未曾转《法华》，七年被《法华》转，已后转《法华》，念念修行佛行。"大师言："即佛行是佛。"其时听人，无不悟者。

"即佛行是佛。"佛行者，佛也；佛者，佛行也。行者，行持也，自行也。

时有一僧名智常，来漕溪山礼拜和尚，问四乘法义。智常问和尚曰："佛说三乘，又言最上乘。弟子不解，望为教示。"

四乘法义，依然来自《法华经》。三一之变，三含一为三，一含三为一。如分言即有四乘，盖有三乘即有最上乘，有最上乘即有三乘，相待而立。

惠能大师曰："汝自身心见，莫著外法相。元无四乘法，人心量四等，法有四乘：见闻读诵是小乘，悟法解义是中乘，依法修行是大乘。万法尽通，万行俱备，一切不离，但离法相，作无所得，是最上乘。最上乘是最上行义，不在口诤。汝须自修，莫问吾也。"

"汝自身心见",即前文书壁偈之"身心"。神秀偈心前身后,惠能偈身前心后,颠倒倒颠,其致一也。惠昕本作"汝向自身见",契嵩本、宗宝本作"汝观自本心",皆未及敦煌本。

自身心见,故禅非无;莫著法相,故禅非有。四乘前前为后后之加行,后后为前前之正行。修者,修心量也。此犹禅家之道次第,终以最上行为上上,"踏破毗卢顶上行"(《五灯会元》卷二南阳慧忠国师章次)是也。

> 又有一僧名神会,南阳人也。至漕溪山礼拜,问言:"和尚坐禅,见不见?"大师起,把打神会三下,却问神会:"吾打汝,痛不痛?"神会答言:"亦痛亦不痛。"六祖言曰:"吾亦见亦不见。"

见及两边,如一张牌之翻转,实禅家要点。此等张致,后世往往效之,此所以衰也。

惠能起座,抓住神会,打他三下。《坛经》系统的成立,和神会有极大关联,胡适有相关考证(《〈坛经〉考之一》《〈坛经〉考之二》《荷泽大师神会传》)。

> 神会又问大师:"何以亦见亦不见?"大师言:"吾亦见,常见自过患,故云亦见。亦不见者,不见天地人过罪,所以亦见亦不见也。汝亦痛亦不痛如何?"神会答曰:"若不痛,即同无情木石。若痛,即同凡夫,即起于恨。"

惠能所言平实，神会高推圣境。不见天地人过罪，乃大师之气概。

　　大师言："神会向前，见不见是两边，痛不痛是生灭。汝自性且不见，敢来弄人。"神会礼拜，更不敢言。

未见自性者，言身言心，皆戏论也。弄人者，不诚实，自欺欺人。

　　大师言："汝心迷不见，问善知识觅路。汝心悟自见，依法修行。汝自迷不见自心，却来问惠能见否。吾不自知，代汝迷不得。汝若自见，代得吾迷？何不自修，问吾见否。"神会作礼，便为门人，不离漕溪山中，常在左右。

各人吃饭各人饱，修则得之，不修则不得。"吾不自知，代汝迷不得；汝若自见，代得吾迷？"极拗口，可深思之。我的迷不能代你的迷，你的悟岂可代我的悟？别想从我处得到什么，反身自修吧。此堵塞一切取巧之路，"死尽偷心"。

参见《五灯会元》卷八龙济绍修章次："具足凡夫法，凡夫不知。具足圣人法，圣人不会。圣人若会，即是凡夫。凡夫若知，即是圣人。"（卷十八寿宁善资章次略同）

　　大师遂唤门人法海、志诚、法达、智常、智通、志彻、志道、法珍、法如、神会。大师言："汝等十弟子近前，汝等不同余人，吾灭度后，汝各为一方师。吾教汝说法，不失本宗。

十弟子中法海、神会尤可注意。法海集成《坛经》，契嵩本、宗宝本记其得法因缘。神会弘扬南宗，或有"知解宗徒"嫌疑（《五灯会元》卷三荷泽神会章次）。志诚、法达、智常，敦煌本《坛经》已述其事迹。智通、志彻、志道，契嵩本、宗宝本述其事迹。

六祖门下得法脉者，又有南岳怀让和青原行思，及永嘉玄觉"一宿觉"（契嵩本、宗宝本皆述其事迹）。前二人开出灯录之两系，而永嘉《证道歌》更为直接。六祖弟子特立独行者，尚有南阳慧忠国师，他批评《坛经》或经改换（《景德传灯录》卷二十八《诸方广语》），极可注意。

> 举三科法门，动用三十六对，出没即离两边。说一切法，莫离于性相。若有人问法，出语尽双，皆取法对，来去相因，究竟二法尽除，更无去处。

"举三科法门"，三科谓荫、界、入（或阴、入、界，蕴、处、界）。"动用三十六对"，六六三十六，六爻之变。又三十六者，六十四之互补数也。"出没即离两边"，出入无疾，破除执著，两边谓性相。

"出语尽双，皆取法对，来去相因，究竟二法尽除，更无去处。"互相消解，一法不立。

> 三科法门者，荫、界、入。荫是五荫，界是十八界，入是十二入。何名五荫？色荫、受荫、想荫、行荫、识荫是。何名十八界？六尘，六门，六识。何名十二入？外六尘，中六门。何名六尘？色、声、香、味、触、法是。何名六门？眼、耳、鼻、舌、身、意是。法性起六识：眼识、耳识、鼻识、舌识、身识、意识。六门、六尘。自性含万法，名为含藏识。思量即转识，生六识，出六门、六尘，是三六、十八。由自性邪，起十八邪，合自性正，起十八正。合恶用即众生，善用即佛。用由何等？由自性。

所举唯识学概念，参见《大乘五蕴论》，然而语语归于自性，则由唯识而禅。唯识之入海算沙，由算沙而转之，沙非沙，海非海，乃大勇也。

思量即转识，谓末那。邪正皆在自性，"合恶用即众生，善用即佛"，"不异旧时人，只异旧时行履处"（《古尊宿语录》卷一百丈怀海章次）。

> 对。外境无情对有五：天与地对，日与月对，暗与明对，阴与阳对，水与火对。语与言对、法与相对，有十二对：有为、无为对，有色、无色对，有相、无相对，有漏、无漏对，色与空对，动与静对，清与浊对，凡与圣对，僧与俗对，老与少对，大与小对，长与短对，高与下对。

犹作诗结对，可獭祭之，亦可辨析阴阳，运用之妙，存乎一心。后世诗禅合流（元好问《赠嵩山隽侍者学诗》："诗为禅客添花锦，禅是诗家切玉刀"），当由此而来。悟道之人生，为活泼泼的本地风光，而禅诗或成滥调（cliché）。

　　自性居起用对，有十九对：邪与正对，痴与惠对，愚与智对，乱与定对，戒与非对，直与曲对，实与虚对，险与平对，烦恼与菩提对，慈与害对，喜与瞋对，舍与悭对，进与退对，生与灭对，常与无常对，法身与色身对，化身与报身对，体与用对，性与相对，有情与无亲对。言语与法相对有十二对；内外境有无五对；三身有三对。都合成三十六对法也。

戒与非对，非即犯戒或破戒。生与灭对，"诸行无常，是生灭法。生灭灭已，寂灭为乐。"（《涅槃经》卷十四《圣行品》）常与无常对，参见马一浮答丰子恺："无常就是常。"（《缘缘堂随笔·陋巷》）性与相对，大乘以空、有二宗为分野。有情与无亲对。无亲不作无情，无情或成冷酷，而无亲为自性起用。《老子》七十九章："天道无亲，常与善人。"《庄子·应帝王》："于事无与亲。"

　　此三十六对法，解用通一切经，出入即离两边。如何自性起用三十六对？共人言语，出外于相离相，入内于空离空。著空即惟长无明，著相即惟长邪见。

解用，谓灵活掌握。通一切经，相应万法。离两边乃可出入，否则粘滞。

　　谤法，直言"不用文字"。既云"不用文字"，人不合言语，言语即是文字。自性上说空，正语言本性，不空迷自惑，语言除故。暗不自暗，以明故暗；暗不自暗，以明变暗。以暗现明，来去相因。三十六对，亦复如是。

　　"谤法，直言'不用文字'。"大体意思是，反对直接说"不用文字"。"既言'不用文字'，人不合言语，言语即是文字。"一旦使用语言，就已经使用文字。"自性上说空，正语言本性"，引导人开悟，不能不借助语言。《庄子·寓言》谓"言无言"，《外物》"夫安得忘言之人而与之言哉"。对于悟道之人，言说即默，故曰"正语言本性"，《维摩诘经·观众生品》"言说文字皆解脱相"。旧题达磨《悟性论》："若知时而言，言亦解脱；若不知时而默，默亦系缚。是故言若离相，言亦名解脱；默若着相，默即是系缚。夫文字者，本性解脱。"

　　"不空迷自惑，语言除故。"由正而反，前句对应"自性上说空"，后句对应"正语言本性"。"暗不自暗，以明故暗"，谓阴阳对待；"暗不自暗，以明变暗，以暗现明"，谓阴阳消息。此辩后有石头希迁《参同契》继承之（参见《五灯会元》卷五）

　　大师言："十弟子！已后传法，递相教授一卷《坛经》，不失本宗。不禀受《坛经》，非我宗旨。如今得了，递代流行。得遇《坛经》者，如见吾亲授。"十僧得教授已，写为《坛经》，递代流行，得者必当见性。

"大师住漕溪山"以后，为补入部分，是《坛经》又一次成稿。《坛经》珍贵之处，在于保存大量六祖资料。仅执着《坛经》文字，或成知解宗徒，未如五家七宗之简单直截。

四、大师迁化

大师先天二年八月三日灭度，七月八日唤门人告别。大师先天元年于新州国恩寺造塔，至先天二年七月告别。

预知死期，从容辞世。
又，唐玄宗李隆基得位于先天元年（712），次年十二月改元开元，故先天二年即开元元年（713）。

大师言："汝众近前，吾至八月，欲离世间。汝等有疑早问，为汝破疑，当令迷者尽，使汝安乐。吾若去后，无人教汝。"

最后的开示，临终向上一着，为毕生修行总结。有疑与破疑，分判迷与不迷，迷尽乃成安乐。

法海等众僧闻已，涕泪悲泣，唯有神会不动，亦不悲泣。

于十僧中突出神会，胡适以为神会伪造《坛经》。

> 六祖言："神会小僧，却得善（不善）等，毁誉不动，余者不得。数年山中，更修何道？汝今悲泣，更有阿谁，忧吾不知去处在？若不知去处，终不别汝。汝等悲泣，即不知吾去处；若知去处，即不悲泣。性无生灭，无去无来。汝等尽坐，吾与汝一偈——《真假动静偈》，汝等尽诵取。见此偈意，与吾同。依此修行，不失宗旨。"

称"神会小僧"，涉及他当时的年龄。杨曾文总结诸家考证，神会生卒年有三说：一、唐肃宗上元元年卒，年七十五，即公元686—760年（道原《景德传灯录》卷五《神会传》）。二、唐肃宗上元元年卒，年九十三，即公元668—760年（赞宁《宋高僧传》卷八）。三、唐乾元元年卒，年七十五，即公元684—758年（宗密《圆觉经大疏抄》卷三下《神会传》）。[1] 杨氏根据1983年出土的神会塔铭，确定神会生卒年为公元684—758年，与宗密的《疏抄》一致，如此推论惠能死时神会才三十岁（杨曾文编校《神会和尚禅话录》，中华书局，2004，160—165页）。

法海等悲泣和神会不动，参见《庄子·养生主》："老聃死，秦失吊之，三号而出。""神会小僧，却得善不善等，毁誉不动，余者不得。"能够等持心境，相应于知吾去处。斯本、敦博本、旅

---

[1] 此外还有胡适的670—762（九十三岁）、印顺的688—762（七十五岁）两种看法。见彭楚珩《关于神会和尚生卒年代的改定》（张曼涛主编《六祖坛经研究论集》，大乘文化出版社，民国六十五年出版，75—80页）。

博本均作"善等",惠昕本、契嵩本、宗宝本均作"善不善等"。窃谓"善等"在上一层次说,"善不善等"在下一层次说,并不冲突。

"数年山中,更修何道?"你们到底修行什么?可深长思之。"汝今悲泣,更有阿谁,忧吾不知去处在?"你们只关心我的生死,还有谁关心我的归宿?可见工夫并不著力。"若不知去处,终不别汝。"如果你们理解不了,我也不能安心离去。"性本无生无灭,无去无来。"此为六祖最后证境,亦为《金刚经》要义,《真假动静偈》诵此证境。

> 僧众礼拜,请大师留偈,敬心受持。偈曰:

僧众请求留偈作最后开示,气氛庄严肃穆。

> "一切无有真,不以见于真,若见于真者,是见尽非真。

未能真实见性,所见外境皆假。《金刚经》:"若以色见我,以音声求我,是人行邪道,不能见如来。"

> 若能自有真,离假即心真,自心不离假,无真何处真。

真在于离假,离假就是真,真与假互相乘除。

> 有性即解动,无情即不动,若修不动行,同无情不动。

"有性即解动",性化为情。"无情即不动",情化为性。"若修不动行",消除生物的浮躁性。"同无情不动",息心同草木土石。《庄子·齐物论》:"何居乎？形固可使如槁木,心固可使如死灰乎？"

若见真不动,动上有不动,不动是不动,无情无佛种。

"若见真不动",更进一解,相应于不动佛。"动上有不动",犹《易》之"变易"和"不易"。钱锺书《谈艺录》引歌德名句:"万峰之巅,群动皆息"（uber allen Gipfeln / ist Ruh,中华书局,1984,590页）。

"不动是不动,无情无佛种",未能化体起用,是为"枯木禅"。

能善分别相,第一义不动,若悟作此见,则是真如用。

重述《维摩诘经·佛国品》:"能善分别诸法相,于第一义而不动。"后得智与根本智,相辅相成。康僧会《安般守意经序》:"于是世尊化为两身,一曰何等,一曰尊主。"亦此义。

报诸学道者,努力须用意,莫于大乘门,却执生死智。

大乘犹大车。努力修行,登上大车,出离生死。

前头人相应,即共论佛义,若实不相应,合掌礼劝善。

佛教徒与人相处之法。"合掌礼劝善",纵使见解不同,依然合掌恭敬,令发欢喜心。《论语·卫灵公》:"子曰:可与言而不与之言,失人;不可与言而与之言,失言。知者不失人,亦不失言。"

> 此教本无诤,若诤失道意,执迷诤法门,自性入生死。

以"无诤"结束,因大师逝世后,众弟子因认知不同,往往产生巨大分歧。先秦儒分为八,墨离为三(《韩非子·显学》)。

> 众僧既闻,识大师意,更不敢诤,依法修行。一时礼拜,即知大师不久住世。

一切分歧皆无须诤,以自身的修行解决,《金刚经》"佛说我得无诤三昧,人中最为第一"。即知不久住世,生命短暂,圣者与凡夫皆不能免,故应珍惜时光,精进不懈。

> 上座法海向前言:"大师!大师去后,衣法当付何人?"大师言:"法即付了,汝不须问。吾灭后二十余年,邪法缭乱,惑我宗旨。有人出来,不惜身命,定佛教是非,竖立宗旨,即是吾正法。

此悬记当为后来增入,惠昕本略同,契嵩、宗宝本无此节。二十年后,指神会于开元二十年(732)在河南滑台大云寺开无遮大会，定南宗宗旨。胡适据此以为《坛经》为神会作，谓神会之于南宗，犹保罗之于基督教（《〈坛经〉考之一——跋〈曹溪大师别传〉》）。

> 衣不合传。汝不信，吾与诵先代五祖《传衣付法颂》。若据第一祖达磨颂意，即不合传衣。听吾与汝诵，颂曰：

在法不在衣，禅家之革命精神，破除任何形式。

《五灯会元》卷一菩提达磨章次，达磨嘱托慧可："至吾灭后二百年，衣止不传，法周沙界。明道者多，行道者少。说理者多，通理者少。潜符密证，千万有余。汝当阐扬，勿轻未悟。一念回机，便同本得。"

感动激发，念之思之，可不怵惕？

> 第一祖达磨和尚颂曰：
> 吾本来唐国，传教救迷情，一花开五叶，结果自然成。

此颂或当后出，北魏时无唐国。然而称"唐国"亦无碍，因为出于惠能之口，已自然转换。斯本、敦博本、旅博本皆作"唐国"，惠昕本作"东土"，契嵩本、宗宝本作"兹土"。

"传教救迷情"，乃见达磨之弘法精神，与"中土有大乘气象"（《五灯会元》卷一达磨章次）相应。中国文化的长期熏陶，当为培育花、叶之土壤。一花五叶，此预见过于神化，或以二祖至六祖当之。

第二祖惠可和尚颂曰：
本来缘有地，从地种花生，当本元无地，花从何处生。

因缘和合，地亦不可执。

第三祖僧璨和尚颂曰：
花种须因地，地上种花生，花种无生性，于地亦无生。

种亦不可执。

第四祖道信和尚颂曰：
花种有生性，因地种花生，先缘不和合，一切尽无生。

地、种、生性亦不可执。

第五祖弘忍和尚颂曰：
有情来下种，无情花即生，无情又无种，心地亦无生。

有情与无情，有生与无生，因缘和合，本来俱无。

第六祖惠能和尚颂曰：
心地含情种，法雨即化生，自悟花情种，菩提果自成。"

菩萨觉有情，拈花度人。达磨"结果自然成"，惠能以"菩提果自成"相应。因该果海，果彻因源。

又，惠昕本、契嵩本、宗宝本，仅录达磨、惠能二颂，没有其余四颂。

> 能大师言："汝等听吾作二颂，取达磨和尚颂意。汝迷人依此颂修行，必当见性。第一颂曰：
> 心地邪花放，五叶逐根随，共造无明业，见被业风吹。
> 第二颂曰：
> 心地正花放，五叶逐根随，共修般若惠，当来佛菩提。"

再次相应达磨。二颂正邪对待，无明对般若，业风对菩提。

> 六祖说偈已了，放众生散。门人出外思惟，即知大师不久住世。

"说偈已了，放众生散"，乃一花衍成五叶之关键，盖渐渐散去所说之执，解放修学者的创造性。

门人知大师不久住世，"人之将死，其言也善"（《论语·泰伯》）。圆寂的气氛渐渐浓厚，逼近最后的日子。

> 六祖后至八月三日，食后，大师言："汝等著位坐，吾今共汝等别。"法海问言："此顿教法传授，从上已来，至今几代？"

很快到圆寂当天。进一步上出，交代本宗的根源，追溯至印度祖庭。

六祖言："初传授七佛，释迦牟尼佛第七，大迦叶第八，阿难第九，末田地第十，商那和修第十一，优婆鞠多第十二，提多迦第十三，佛陀难提第十四，佛陀蜜多第十五，胁比丘第十六，富那奢第十七，马鸣第十八，毗罗长者第十九，龙树第二十，迦那提婆第二十一，罗睺罗第二十二，僧迦那提第二十三，僧迦那舍第二十四，鸠摩罗驮第二十五，阇耶多第二十六，婆修盘多第二十七，摩拏罗第二十八，鹤勒那第二十九，师子比丘第三十，舍那婆斯第三十一，优婆堀第三十二，僧伽罗第三十三，须婆蜜多第三十四，南天竺国王子第三太子菩提达磨第三十五，唐国僧惠可第三十六，僧璨第三十七，道信第三十八，弘忍第三十九，惠能自身当今受法第四十。"

此完整的传法世系应为后出，具体人名各本有出入。

于西土所用象数当七数之变，七佛，西天二十八祖。于东土初祖至六祖，至七祖起诤而开出一花五叶，其数由五而七（五家七宗），《易》"七日来复"是也。以大衍之数及文化传承而言，其要有二，一、达磨一人而占二位，为西天二十八祖，又为东土初祖，居西、东两象之间；二、陈抟打扫一花五叶而显出先天图，乃成葬花之象，宋学由此兴起。

大师言:"今日已后,递相传授,须有依约,莫失宗旨。"

承上启下,传授不绝。

法海又白:"大师今去,留付何法?令后代人,如何见佛?"

惠能反复叮咛,法海反复提问,代众生问法,当普贤十大愿之"请转法轮"(《普贤行愿品》)。

六祖言:"汝听!后代迷人,但识众生,即能见佛。若不识众生,觅佛万劫不可得也。吾今教汝识众生见佛,更留《见真佛解脱颂》,迷即不见佛,悟者即见。"

识众生即见佛,不识众生即不见佛。《华严经合论》卷八十二:"知佛法即世间法,世间法即佛法。"

法海愿闻,代代流传,世世不绝。

由于惠能卓绝的开创性,也由于弟子虔诚的护教心,《坛经》流传至今。

六祖言:"汝听!吾与汝说。后代世人,若欲觅佛,但识众生,即能识佛,即缘有众生,离众生无佛心。

《华严经·夜摩天宫菩萨说偈品》:"如心佛亦尔,如佛众生然,心佛及众生,是三无差别。"《普贤行愿品》:"是故菩提属于众生,若无众生,一切菩萨终不能成无上正觉。"

> 迷即佛众生,悟即众生佛,愚痴佛众生,智惠众生佛。
> 心险佛众生,平等众生佛,一生心若险,佛在众生中。
> 一念悟若平,即众生自佛,我心自有佛,自佛是真佛。
> 自若无佛心,向何处求佛。"

心、佛、众生,皆在迷悟之别,一心之转。"一生心若险",如临深渊,如履刃锋,须经历九九八十一难。"佛在众生中",谓未悟之时,佛隐而不显,故须修行上西天。"自佛是真佛",禅宗强调自力,悟了以后,即生成佛。

> 大师言:"汝等门人好住,吾留一颂,名《自性见真佛解脱颂》。后代迷人,闻此颂意,即见自心自性真佛。与汝此颂,吾共汝别。颂曰:

此颂未请自说,强调自心自性,由明心而见性。"好住",好好住世,好好修行,荷担如来阿耨多罗三藐三菩提。
"吾共汝别",我已知道死的意义,你们知道生的意义吗?

> 真如净性是真佛,邪见三毒是真魔,邪见之人魔在舍,正见之人佛即过。

魔在舍，盘踞不走，犹道教之三尸。"佛即过"，犹《易》"王假有庙"，相应之象。"过"，过来，过从，犹把臂入林。

> 性中邪见三毒生，即是魔王来住舍。正见忽除三毒心，魔变成佛真无假。

佛、魔之变，在一念之间。三毒，贪、嗔、痴。

> 化身、报身及净（法）身，三身元本是一身，若向身中觅自见，即是成佛菩提因。

三身即是一身，一身即是自身，亦即自性。若向身中觅自见，即《牧牛图颂》之骑牛找牛，终至"相忘"、"双泯"云。

> 本从化身生净性，净性常在化身中，性使化身行正道，当来圆满真无穷。

化身者，念念；净性者，无念。念念在无念中，悟此而行正道，故化身无穷，圆满亦无穷也。

> 婬性本身净性因，除婬即无净性身，性中但自离五欲，见性刹那即是真。

参见《维摩诘经·方便品》："虽处居家，不著三界。示有妻子，常修梵行。现有眷属，常乐远离。"《观众生品》："佛为增上慢人，说离淫怒痴为解脱耳。若无增上慢者，佛说淫怒痴性即是解脱。"旧题达磨《血脉论》："但得见性，淫欲本来空寂，不假断除，亦不乐著。何以故？性本清净故。"

五欲，财、色、食、名、睡，或谓色、声、香、味、触，离此乃见性。知淫性本身净性因，观空而纯洁之、提炼之，乃成超脱之象。

又，斯本、敦博本、旅博本皆作"本身"，惠昕本、契嵩本、宗宝本皆作"本是"。

> 今生若悟顿教门，悟即眼前见世尊，若欲修行求觅佛，不知何处欲觅真。

敦博本、旅博本作"世尊"，斯本作"性尊"，错误而有启发性。"世尊"犹教下，"性尊"犹宗门，教下、宗门一也。又"世尊"即佛，"性尊"即真。

> 若能身中自有真，有真即是成佛因，自不求真外觅佛，去觅总是大痴人。

自不求真外觅佛，不能当相即道，即事而真。

> 顿教法者是西流，救度世人须自修，今报世间学道者，不于此是大悠悠。"

"顿教法者是西流",《悟真篇》:"释氏教人修极乐,亦缘极乐是金方。""救度世人须自修",斯本"救"原作"求"。救者施援手,与求相应,所谓"子母光明会"。

"今报世间学道者,不于此是大悠悠。"斯本、敦博本、旅博本"报"均作"保",亦有其身体性,《易·系辞下》:"无有师保,如临父母。"

> 大师说偈已了,遂告门人曰:"汝等好住,今共汝别。吾去已后,莫作世情悲泣,而受人吊问钱帛,著孝衣,即非圣法,非我弟子。

"汝等好住,今共汝别。"挥手从兹去,千叮咛,万嘱咐。"吾去已后,莫作世情悲泣。"你们是修行人,何必效小儿女情状,禅者定也,又禅者代也。

> 如吾在日一种,一时端坐,但无动无静,无生无灭,无去无来,无是无非无住,坦然寂静,即是大道。吾去已后,但依法修行,共吾在日一种。吾若在日,汝违教法,吾住无益。"

一种,一样的状态。"无动无静,无生无灭,无去无来,无是无非无住",入寂之相。"无住"即下文"共传无住心"。

"坦然寂静",从容无畏赴死。"坦"亦可通"泊",《安般守意经序》"怕然若死"。怕然似即泊然,犹江海潮水拍岸,虽有声而声相了不可得。

> 大师云此语已,夜至三更,奄然迁化。大师春秋七十有六。

三更,夜半乘生气而走。"奄然迁化",乃渐渐收气(fade out)。春秋七十有六,推算惠能生年,当唐太宗贞观十二年(638)。是年玄奘西游(629)已十年,约三年(641)后,玄奘在曲女城立论,名振五印度。同年(641)文成公主嫁松赞干布,为佛教入西藏的路线之一。

> 大师灭度之日,寺内异香氤氲,经数日不散。山崩地动,林木变白,日月无光,风云失色。八月三日灭度,至十一月,迎和尚神座于漕溪山,葬在龙龛之内。白光出现,直上冲天,三日始散。韶州刺史韦璩立碑,至今供养。

"异香氤氲,经数日不散",此为圣者之验。"山崩地动,林木变白,日月无光,风云失色。"伟人谢世,惊天动地,有其散气过程。"在龙龛之内,白光出现,直上冲天,三日始散",盖与法身融合。

"碑者,悲也"(陆龟蒙《野庙碑》),录生平事迹,以表其功德。今存惠能碑文有三:一、王维;二、柳宗元;三、刘禹锡。"至今供养"之"今",大体相当惠能圆寂后六十到八十年。

> 此《坛经》,法海上座集。上座无常,付同学道漈;道

漈无常，付门人悟真。悟真在岭南漕溪山法兴寺，见今传授此法。

集，搜拾各种记录而整理之。《坛经》原始材料并非出于一手，成书过程经历好几个阶段。整理成《坛经》，既保存惠能言论，也包含整理者思想，尚可能有后来增入者。此列出《坛经》传承之一，胡适《坛经考之二》据惠昕本另外列出传承二种，可参看。

如付此法，须得上根智，深信佛法，立于大悲。持此经以为禀承，于今不绝。

付此法而须得上根智，法与根器相应。以《大日经》为喻，菩提心为因，大悲为根本，若不持而持，乃方便为究竟矣（《住心品》）。

和尚本是韶州曲江县人也。

郭朋《校释》谓，此处把法海籍贯当作惠能籍贯，或即后来补入文字的证据。

如来入涅槃，法教流东土，共传无住心，即我心无住。

"如来入涅槃，法教流东土"，印度佛教演变为中国佛教。"共传无住心,即我心无住",即《金刚经》"应无所住而生其心"。"共传无住",斯本、敦博本、旅博本皆缺一字,据(惠昕本)补"心"。神会《坛语》亦云:"无住心不离知,知不离无住。知心无住,更无余知。"(《神会和尚禅话录》,9页)

  此真菩萨说,真实示行喻,唯教大智人,示旨于凡度。

"真实示行喻",直指人心,教导人如何修行。行者,达磨"二入四行"也(道宣《续高僧传》卷十六)。顿法门教大智人,乃成相应。"示旨于凡度",依此宗旨,教化迷人。

  誓修修行行,遭难不退,遇苦能忍,福德深厚,方授此法。

菩萨成就于誓愿。"誓"当为四宏誓愿,众生无边誓愿度。"修修行行",渐渐修习,不相舍离。此从斯本,而敦博本、旅博本作"誓修行"。"遭难不退,遇苦能忍",忍辱精进。"福德深厚,方授此法",试比较《阿弥陀经》:"不可以少善根福德因缘得生彼国。"

  如根性不堪,材量不得,虽求此法,达立不得者,不得妄付《坛经》。告诸同道者,令知蜜意。

"如根性不堪材量,不得须求此法。"《悟真篇·采珠歌》:"出言便作狮子鸣,不似野干论生灭。"

"达立不得者,不得妄付《坛经》。"达立不得,当指《论语·雍也》:"己欲立而立人,己欲达而达人。"此对大乘根器而言,中国文化有此气象,《坛经》亦有此气象。《悟真篇·后序》:"然而所授者,皆非有巨势强力,能持危拯溺、慷慨特达、能仁明道之士。"亦指此。

"告诸同道者,令识蜜意。"蜜用同密,惠昕本惠能曰:"密在汝边。"而蜜亦可思,参考《四十二章经》之三十九:"学佛道者,佛所言说,皆应信顺,譬如食蜜,中边皆甜,吾经亦尔。"蜜者,密也;密者,蜜也;《坛经》全文,以"蜜意"收尾。

  南宗顿教最上大乘坛经一卷

这是敦煌本《坛经》的最后一行字,呼应经题,以锁住全经。斯本"经"后有"法"字,亦可存。开篇即先言经,后言法。

2002年3—7月初稿
2013年1—2月二稿
2016年12月—2017年1月三稿

(原载《上海文化》2013年11月号;《同济大学学报》2014年第4期;《上海文化》2016年第3期)

《五灯会元》讲记：玄沙师备

福州玄沙师备宗一禅师，闽之谢氏子。

玄沙师备（835—908），雪峰义存弟子。玄沙指福州玄沙山（今福州市郊区新店镇升山），师备是法名，宗一是唐王室颁发的赐号。闽指闽县，《祖堂集》、《景德传灯录》称"福州闽县人也"，谢是俗家姓。玄沙的事迹，见《祖堂集》卷十、《景德传灯录》卷十八、《五灯会元》卷七、《宋高僧传》卷十三。

在禅宗灯录中，常常引述玄沙批评别人"脚跟未点地"，令人非常好奇，想看看他本人脚跟是如何点地的。什么是"脚跟点地"？找到自己的位置，完成本分大事，必须不断地检查立足点。

在禅门诸大德中，雪峰义存（822—908）是师友缘最好的人之一。他不但有德山玄鉴那样的老师，岩头全豁那样的师兄（德山、岩头、雪峰诸人事迹，参见《五灯会元》卷七），还有玄沙师备、云门文偃（864—949）那样的弟子。岩头与玄沙，和雪峰差不多是半师半友，岩头之启发近于师，玄沙之砥砺近于友。雪峰的弟子云门文偃开创云门宗，而玄沙经弟子罗汉桂琛到法眼文益

（885—958），发展出法眼宗，形成"一花五叶"之最后两叶。

此外，现存的最早灯录《祖堂集》，其编者静、筠二师，来自雪峰系。居"五灯"之首的《景德传灯录》，其编者道元出于法眼的弟子天台德韶，也归于雪峰系。天台德韶还有弟子永明延寿（904—975），著有《宗镜录》一百卷，总结宋以前的佛学。

> 幼好垂钓，泛小艇于南台江，狎诸渔者。

景色如画，意境优美，与柳宗元（773—819）的《江雪》名诗，交相辉映，只不过诗人笔下是垂钓老翁，而此处是泛舟少年。南台江位于福州，是闽江的一段。

此为玄沙的青春情怀，宜倍加珍惜。一个人出生以后，不知道此生应该做什么，可以有若干年徘徊彷徨，大体摸索至三十岁前后。对于以后形成突破的人来说，这应该是酝酿时期，并非浑浑噩噩地浪费生命。如果三十岁还不能有所树立，此生不会有较大成就吧。

> 唐咸通初年，甫三十，忽慕出尘，乃弃舟投芙蓉训禅师落发，往豫章开元寺受具。

果然到了三十岁，不知被什么触动，忽然间想通了，不凡的资质体现了出来。他对世间法不再感兴趣，走向出世间法。咸通元年为公元860年，唐懿宗即位，其时已接近唐末。此后875年黄巢起义，907年唐代灭亡。

芙蓉训禅师即芙蓉山灵训，归宗智常弟子（归宗是马祖道一弟子），事迹见《五灯会元》卷四。豫章即今江西南昌，避唐代宗李豫之讳而改称。受具，受具足戒。

布衲芒屦，食才接气。

身穿简陋的僧衣，脚踩草鞋，只吃极少的食物。"食才接气"，仅仅保持不饿死，维持生命就可以。早年生活比较放荡的人，出家后往往走苦行路线，在心理上有平衡作用。

常终日宴坐，众皆异之。

几乎所有时间，都处于打坐中。一起修行的伙伴，感到很惊奇。

与雪峰本法门昆仲，而亲近若师资。峰以其苦行，呼为头陀。

他出家时辈分很高，与雪峰义存为半师半友（玄沙最初为马祖下第四代，马祖—归宗—芙蓉—玄沙，而雪峰是石头下第五代，石头—天皇—龙潭—德山—雪峰），年龄仅相差十三岁，以后又同年圆寂。

头陀，又称行者，意译为"抖擞"。除去烦恼污垢，放弃对衣、食、住之类的贪着，为苦行的一种。

> 一日峰问："阿那个是备头陀？"师曰："终不敢诳于人。"

雪峰见其虔诚用功，引逗他展示证悟境界，遭到玄沙坚决拒绝，绝不能自欺欺人。

> 异日，峰召曰："备头陀何不遍参去！"师曰："达磨不来东土，二祖不往西天。"峰然之。

"备头陀何不遍参去！"行脚四方，去各大道场历练。"达磨不来东土，二祖不往西天。"用不着遍参大德，答案全在自己身上。

听见玄沙的心得，雪峰点头称是。

> 暨登象骨山，乃与师同力缔搆，玄徒臻萃。

雪峰建立道场，玄沙是共同的创办者。两人齐心协力，丛林初具规模，求学者渐渐多起来。象骨山在今福建闽侯县西北。因为山顶终年积雪，后改称雪峰山。

参见《玄沙广录》下："雪峰至[唐懿宗咸通]十一年（公元870年）住山，师……至十三年（公元872年）亦上雪峰。"

> 师入室咨决，罔替晨昏。

访问的人非常多，雪峰应付不过来。玄沙代表雪峰，判断并处理各种禅修上的问题，没日没夜地操劳。

雪峰是唐末最大的道场之一，慕名而来的人非常多。参见《五灯会元》卷七雪峰义存章次：三圣问："透网金鳞，以何为食？"师曰："待汝出网来向汝道。"圣曰："一千五百人善知识，话头也不识。"师曰："老僧住持事繁。"

又阅《楞严》，发明心地，由是应机敏捷，与修多罗冥契。

于《楞严经》得到印证。佛说七处征心，八还辨见，精妙无比。对于求学者，他随问随答，辩才无碍，与经文暗合。

诸方玄学有所未决，必从之请益。

影响逐渐扩大到其他道场，凡是解决不了的修行疑难，都来向他请教。

至与雪峰征诘，亦当仁不让。峰曰："备头陀再来人也。"

锋芒向上，和雪峰辩驳时，也毫不退让。他的证悟，受到了高度推许。

雪峰上堂："要会此事，犹如古镜当台，胡来胡现，汉来汉现。"

雪峰有云"人人有一面古镜"（《五灯会元》卷七雪峰义存章

次），此时再次提出。或以明珠为喻，参见《五灯会元》卷四赵州从谂章次："如明珠在掌，胡来胡现，汉来汉现。"

禅门中考校，常常以"古镜未磨时"提问，回应精彩纷呈，有心者可以参究（《五灯会元》卷二天台丰干章次，卷八国泰院瑫章次，卷九龙济绍修章次，卷十四含珠山真章次，卷十五智门光祚章次，卷十六法昌倚遇章次，卷十九五祖法演章次）。

师出众曰："忽过明镜来时如何？"峰曰："胡汉俱隐。"师曰："老和尚脚跟犹未点地在。"

"忽过明镜来时如何？"中华书局1984年点校本有误字，"过"当作"遇"，可据万历嘉兴藏本、续藏经本、龙藏本、崇祯甲戌本校正。《玄沙广录》亦作"遇"。古镜忽遇明镜，或当古与今，或当真与俗，或当阳与阴。

"胡汉俱隐。"两镜相照，光光相映。"老和尚脚跟犹未点地在。"执着本体未是，必须打破镜象。《玄沙广录》上作"百杂碎"。

住后，上堂："佛道闲旷，无有程途。

玄沙担任住持后，上堂说法。
成佛之道，漫长广阔，经历三大阿僧祇劫，无法计算路程。

无门解脱之门，无意道人之意。

然而有特殊的解脱之路。

不在三际,故不可升沉,建立乖真。非属造化,

三际指过去、现在、未来三时,或指外、内、中间三处。其门、其意不在三际,故种种建立,违背真实,不是本地风光。又"乖真"后可改逗号,"造化"后可改句号。

动则起生死之本,静则醉昏沉之乡。

动、静皆非。"动则起生死之本"谓造业,"静则醉昏沉之乡",参见《楞严经》卷一:"纵灭一切见闻觉知,内守幽闲,犹为法尘分别影事。"

动静双泯,即落空亡。动静双收,瞒顸佛性。

初步破动静,进一步破动静双泯,动静双收。

必须对尘对境,如枯木寒灰,临时应用,不失其宜。

前句息心,后句起心。
"枯木寒灰",语本《庄子·齐物论》:"形固可使如槁木,心固可使如死灰乎?"又《庚桑楚》:"身若槁木之枝而心若死灰。""临时应用,不失其宜",参见《庄子·寓言》:"卮言日出,

和以天倪。因以曼衍，因以穷年……天均者，天倪也。"

镜照诸像，不乱光辉。鸟飞空中，不杂空色。

历历在目，不落两边。

所以十方无影像，三界绝行踪。不堕往来机，不住中间意。

"十方无影像，三界绝行踪"，参见《五灯会元》卷五船子德诚章次："藏身处没踪迹，没踪迹处莫藏身。"卷九无著文喜章次："三界心尽，便是涅槃。"

"不堕往来机，不住中间意。"参见《五灯会元》卷九仰山慧寂章次："不必立中间，亦莫住两头。"同卷香严智闲章次，颂曰："一击忘所知，更不假修持。动容扬古路，不堕悄然机。处处无踪迹，声色外威仪。诸方达道者，咸言上上机。"

钟中无鼓响，鼓中无钟声。钟鼓不相交，句句无前后。

各自纯粹，不夹杂。"钟鼓不相交，句句无前后"，呈现立体之象，在多维空间中，层次分明，无相夺伦。

如壮士展臂，不籍他力。师子游行，岂求伴侣？

自在，自由。"壮士展臂，不籍他力。"籍，万历嘉兴藏本、续藏经本、龙藏本、崇祯甲戌本作"藉"，或相通。

"师子游行，岂求伴侣？"参见维尼（Alfred de Vigny, 1797-1863）《一个诗人的日记》："怯弱的兽成群走。狮子独自在沙漠里步行。同样步行的是诗人。"（李健吾《福楼拜评传》引，湖南人民出版社，1980，362页）

> 九霄绝翳，何在穿通？一段光明，未曾昏昧。

"九霄绝翳，何在穿通？"高蹈上出，无迹可求，看不到穿越途径。翳，羽毛做的华盖。

"一段光明，未曾昏昧。"此即佛性光明，亦称神光。参见《五灯会元》卷三龙山和尚（亦曰隐山）章次："三间茅屋从来住，一道神光万境闲。莫把是非来辨我，浮生穿凿不相关。"卷十六长芦应夫章次："森罗万象，海印交参。一道神光，更无遮障。"

> 若到这里，体寂寂，常的的，日赫焰，无边表。圆觉空中不动摇，吞烁乾坤迥然照。

的的，分明，鲜明。日赫焰，耀眼的光芒。

圆觉者，圆满觉性。《圆觉经》云："无上法王，有大陀罗尼门，名为圆觉，流出一切清净、真如、菩提、涅槃及波罗密，教授菩萨。"（文殊章）又云："一切众生种种幻化，皆生如来圆觉妙心。"（普贤章）又云："一切如来妙圆觉心，本无菩提及与涅槃，

亦无成佛及不成佛，无妄轮回及非轮回。"（金刚藏章）

夫佛出世者，元无出入，名相无体，道本如如。法尔天真，不同修证。

《金刚经》云："如来者，无所从来，亦无所去，故名如来。"无修无证，法尔天真是顿门。而有修有证，走的是渐门，渐门当通往顿门。

只要虚闲不昧作用，不涉尘泥，个中纤毫道不尽，即为魔王眷属。

此犹感应，一虚即灵，无可沾染。稍稍夹杂渣滓，即入魔道。

句前句后，是学人难处。

推敲句子，参破公案，此即见地，此即修持。参见《五灯会元》卷九沩山灵祐章次："只贵子眼正，不说子行履。"

所以一句当天，八万门永绝生死，

此即末后句，当天犹纯阳之象。一旦度脱，超越八万行门。

直饶得似秋潭月影，静夜钟声。随扣击以无亏，触波澜而不散，犹是生死岸头事。

无法表述，无法预设，即使呈现高妙境界，依然没脱离生死。又，此节句法用的是回文，"随扣击"云云对应"静夜钟声"，"触波澜"云云对应"秋潭月影"。

> 道人行处，如火销冰，终不却成冰。箭既离弦，无返回势。所以牢笼不肯住，呼唤不回头。古圣不安排，至今无处所。

一朝上出，有进无退。"道人行处，如火销冰，终不却成冰。"悟后一得永得，涣然冰释。崇祯甲戌本前字作"冰"，后字作"氷"。《汉语大字典》引《字汇》："氷，俗冰字。"

"箭既离弦，无返回势。"开弓没有回头箭，一往无前，此禅门之大勇。

> 若到这里，步步登玄，不属邪正，识不能识，智不能知，动便失宗，觉即迷旨。

超越之象，不可用寻常标准衡量。思维、语言都够不上，稍微偏离就出错，宣称觉悟也枉然。

> 二乘胆颤，十地魂惊。语路处绝，心行处灭。

到达最高层次,犹如刀锋之象,无言可喻。

> 直得释迦掩室于摩竭,净名杜口于毗耶。须菩提唱无说而显道,释梵绝听而雨花。

此四句均用《肇论·涅槃无名论》(佛教中国化开始于《肇论》),其下文云:"斯皆理为神御,故口以之而默。岂曰无辩,辩所不能言也。"

"释迦掩室于摩竭",据《诸佛要集经》卷上,佛在摩竭陀国说法,其时众生不肯听闻奉行。佛遂于因沙旧室坐夏九旬,不使一切人天入室。"净名杜口于毗耶",诸大士陈说不二法门,最后维摩诘默然无言,见《维摩诘经·入不二法门品》。毗耶指毗耶离大城,维摩诘居士所住之地。

又"须菩提"二句,事见《摩诃般若波罗蜜经》(即《大品般若经》,鸠摩罗什译)《天主品》、《幻听品》、《散花品》。

> 若与么见前,更疑何事没栖泊处,离去来今,限约不得,心思路绝。不因庄严,本来真净。动用语笑,随处明了,更无欠少。

证悟本来,永断疑根,应无所住而生其心。参见苏东坡《过永乐文长老已卒》:"三过门间老病死,一弹指顷去来今。"

"更疑何事没栖泊处",于"更疑何事"后,或可加问号,总结上文。"没栖泊处"或可改逗号,对应"离去来今",如此文势较顺畅。

> 今时人不悟个中道理，妄自涉事涉尘，处处染著，头头系绊。

陷于世间法的人，生活在缠缚之中。

> 纵悟，则尘境纷纭，名相不实，便拟凝心敛念，摄事归空。闭目藏睛，终有念起。旋旋破除，细想才生，即便遏捺。如此见解，即是落空亡底外道，魂不散底死人。冥冥漠漠，无觉无知，塞耳偷铃，徒自欺诳。

普通修行人，见地没有立稳，装模作样。"纵悟"后逗号似可删，句法和"便拟"对称。

"闭目藏睛"，指打坐姿势。"终有念起"云云，以强力压制念头。

> 这里分别则不然，也不是限门傍户，句句现前，不得商量，不涉文墨，本绝尘境，本无位次，权名个出家儿，毕竟无踪迹。

真实修行人的途径。"限门傍户"，有所依靠。"句句现前"，犹口诀分明。"不得商量"，不假拟议。"不涉文墨"，不落文字。"本绝尘境"，本来无一物。"本无位次"，超越凡圣。"权名个出家儿"，出家依然是假名。

  真如凡圣，地狱人天，只是疗狂子之方。虚空尚无改变，大道岂有升沈？悟则纵横不离本际，若到这里，凡圣也无立处。

悟道人的境界。圣凡种种，乃黄叶止儿啼，不可执着。"虚空尚无改变"，参见《五灯会元》卷五投子大同章次："虚空不曾烂坏。"

  若向句中作意，则没溺杀人。若向外驰求，又落魔界。

不在句中，不在句外。参见《五灯会元》卷三百丈怀海章次："依经解义，三世佛冤。离经一字，如同魔说。"亦见卷十三同安丕章次，"如同"作"即同"。

  如如向上，没可安排。恰似焰炉不藏蚊蚋，此理本来平坦，何用剗除？动静扬眉，是真解脱道。不强为意度，建立乖真。

向上境界，不假施设。"恰似焰炉不藏蚊蚋"，参见《大智度论》卷十一："般若波罗蜜，譬如大火焰。四边不可取，无取亦不取。"（《释初品中般若波罗蜜》）又卷六："是实智慧，四边叵捉。如大火聚，亦不可触。"（《释初品中十喻》）

若到这里，纤毫不受，指意则差。便是千圣出头来，也安一字不得。久立，珍重！"

最后关头，一丝一毫，添加不得。

上堂："我今问汝诸人，且承当得个甚么事？在何世界安身立命？还辨得么？若辨不得，恰似捏目生花，见事便差。

"我今问汝诸人，且承当得个甚么事？在何世界安身立命？"你到底要什么？你的脚跟点于何处？见地、行愿和修证，彼此相应。

"还辨得么？"此事参详明白，方称得上自知。"若辨不得，恰似捏目生花，见事便差。"不明确自己的立足点，此事必然辨不得。

知么！如今目前，见有山河大地、色空明暗种种诸物，皆是狂劳花相，唤作颠倒知见。

眼前所见一切，尽是 Maya 幻相。《金刚经》云："若以色见我，以音声求我，是人行邪道，不能见如来。"

夫出家人，识心达本源，故号为沙门。汝今既已剃发披衣，为沙门相，即便有自利利他分。如今看著，尽黑漫漫地墨汁相似。自救尚不得，争解为得人？

"识心达本源"，明心见性，透彻本源。沙门，华译勤息，即勤修佛道，息诸烦恼，为出家人通称。自利利他，自觉觉他，是修道者本分。

"尽黑漫漫地墨汁相似"，恶业浓厚，万古长夜。得人，度人。

仁者！佛法因缘事大，莫作等闲相似，聚头乱说，杂话趁譃过时，光阴难得，可惜许大丈夫儿，何不自省察看是甚么事？

"佛法因缘事大"，《法华经》称开、示、悟、入。

"聚头"云云，标点略有不妥，或可改为："聚头乱说杂话，趁譃过时。"到处交头接耳，悠悠忽忽过日子，随便浪费生命。趁譃，跟着起哄，凑热闹，随大流，站不定脚跟（据《禅宗大词典》）。譃（gùn）的本义是随声附和，戏弄人。大丈夫当自省察看，猛回头，不再自欺欺人。

只如从上宗乘，是诸佛顶族，汝既承当不得，所以我方便劝汝，但从迦叶门接续顿超去。

诸佛顶族为最上一乘，当下解脱，于此尚不能安"禅宗"之名。只因为你的根器无法承当，所以方便接续走西天二十八祖、东土六祖之路，顿超而去。

此一门超凡圣因果，超毗卢妙庄严世界海，超他释迦方便门，直下永劫，不教有一物与汝作眼见，何不自急急究取？未必道，我且待三生两生，久积净业。

"此一门超凡圣因果，超毗卢妙庄严世界海，超他释迦方便门"，犹踏毗卢顶上行（《五灯会元》卷二南阳慧忠章次）。"不教有一物与汝作眼见"，当下证道，目中无余翳。

"未必道，我且待三生两生，久积净业。"禅宗走顿门路线，《悟真篇》云："不待他生后世，现前获佛神通。"

仁者！宗乘是甚么事？不可由汝用工庄严便得去，不可他心宿命便得去。会么？

用功修行达不到，获取神通也达不到。

只如释迦出头来作许多变弄，说十二分教，如瓶灌水，大作一场佛事。向此门中用一点不得，用一毛头伎俩不得。知么？

释迦牟尼出世说教，亦是方便设法。"十二分教"，三藏中所有佛经。"如瓶灌水"，或作"如瓶注水"，讲经滔滔不绝，妙言精义，层出不穷。

如同梦事，亦如寐语，沙门不应出头来，不同梦事，盖为识得。知么？识得即是大出脱、大彻头人，所以超凡越圣，

> 出生离死，离因离果，超毗卢，越释迦，不被凡圣因果所谩，一切处无人识得。汝知么？

"亦如寐语"之后，似可加句号。"沙门不应出头来"，接续上文"只如释迦出头来"，如来禅变为祖师禅。"盖为识得"，识得便知去处。

"识得即是大出脱、大彻头人"，解脱身心负担，开悟走出洞穴之象。"一切处无人识得"，非凡情可以测度。

> 莫只长恋生死爱网，被善恶业拘将去，无自由分。

世俗人作为，为善恶业所拘，不得自由。

> 饶汝炼得身心同虚空去，饶汝到精明湛不摇处，不出识阴。

犹《楞严经》大破十种仙，纵炼得身心同虚空，依然不出识阴。

> 古人唤作如急流水，流急不觉，妄为恬静。怎么修行，尽出他轮回际不得，依前被轮回去。

"古人唤作如急流水"，种子如瀑流。如果强硬压服，遇时机仍将发作，依旧不出轮回。

> 所以道，诸行无常，直是三乘功果，如是可畏。若无道眼，亦不究竟。

标点略有不妥，似宜改为："所以道，诸行无常。直是三乘功果，如是可畏，若无道眼，亦不究竟。""所以道，诸行无常"，总结上句。

"直是三乘功果，如是可畏，若无道眼，亦不究竟。"修行到如此高的境界，依然没获得解脱。道眼犹禅宗顶门之眼，"只贵子眼正"之眼。

> 何似如今博地凡夫，不用一毫工夫，便顿超去、解省心力么？还愿乐么？劝汝：我如今立地待汝搆去，更不教汝加功炼行，如今不恁么，更待何时？还肯么！"便下座。

博地凡夫，指下贱之凡夫位。道宣《净心戒观法》卷下："薄地凡夫，臭身隔陋，果报卑劣。""薄有'逼'之意，以凡夫居于诸苦诸惑所逼迫之位，故称薄地。又薄有'博'之意，以凡夫之位广多，故称薄地（博地）。"（据《佛光大辞典》）

"便顿超去、解省心力么？还愿乐么？"似宜标点为："便顿超去解。省心力么？还愿乐么？"这里"去"谓相应，即下文"搆去"，"解"谓解脱。加功炼行，渐门。"还肯么！"肯指确定，承当，信得过。

> 上堂："汝诸人如在大海里坐，没头浸却了，更展手问人

乞水吃。

生死大海，头出头没。虽当处可以解脱，却向人伸手乞求。

夫学般若菩萨，须具大根器，有大智慧始得。若有智慧，即今便出脱得去。若是根机迟钝，直须勤苦耐志，日夜忘疲，无眠失食，如丧考妣相似。

"夫学般若菩萨，须具大根器，有大智慧始得。"参见《指月录》卷九汾州无业章次："学般若菩萨，不得自谩。如冰棱上行，似剑刃上走。临终之时，一毫凡情圣量不尽，纤尘思念未忘，随念受生轻重五阴，向驴胎马腹里托质，泥犁镬汤里煮炸一遍了。从前记持忆想见解智慧，都卢一时失却，依前再为蝼蚁，从头又作蚊虻。虽是善因，而遭恶果，且图甚么？"

又"如丧考妣"，参《指月录》卷十三陈睦州尊宿章次，示众："大事未明，如丧考妣；大事既明，如丧考妣。"大事未明前，致力于自觉；大事既明后，致力于觉他。

恁么急切，尽一生去，更得人荷挟，剋骨究实，不妨易得搆去。

"尽一生去"，求道心切，尽形寿用工，即生解脱。"更得人荷挟"，更得到过来人的接引。"剋骨究实"，极度深入。"剋"通刻，犹刻骨铭心。自己努力，加上明师启发，解脱概率大幅度提高。

且况如今，谁是堪任受学底人？

在今天，好的根器在哪里呢？是你吗？

仁者！莫只是记言记语，恰似念陀罗尼相似，蹋步向前来，口里哆哆和和地，被人把住诘问著没去处，便嗔道和尚不为我答话，恁么学事大苦。知么？

婆婆妈妈，阿宝背书，只在语言堆里打转，怎么可能学会。"恰似念陀罗尼相似"，剑锋所及，批评密宗修法。把住诘问："速道！速道！"此禅宗手段，"道得"即解脱。"著没去处"，回应不上来。

"恁么学事大苦"，"学"后似可加一逗号。

有一般坐绳床和尚，称善知识，问著便摇身动手，点眼吐舌瞪视。更有一般说昭昭灵灵，灵台智性，能见能闻，向五蕴身田里作主宰，怎么为善知识、大赚人。知么？

有一般人注重身，更有一般人注重心，两者皆为歧途。佛教是无我论，说昭昭灵灵是有我论。

"作主宰"后，似可加句号。"善知识"后，顿号亦可改逗号。

我今问汝：汝若认昭昭灵灵是汝真实，为甚么瞌睡时又不成昭昭灵灵？若瞌睡时不是，为甚么有昭昭时？汝还会么？这个唤作认贼为子，是生死根本妄想缘气。汝欲识根由么？我向汝道，昭昭灵灵，只因前尘色声香等法而有分别，便道此是昭昭灵灵。若无前尘，汝此昭昭灵灵同于龟毛兔角。

《楞严经》卷一，论二种根本："一者无始生死根本。则汝今者，与诸众生，用攀缘心为自性者。""妄想缘气"，妄想攀缘习气。"龟毛兔角"，不存在。

仁者！真实在甚么处？汝今欲得出他五蕴身田主宰，但识取汝秘密金刚体。古人向汝道，圆成正遍，遍周沙界。

又，《楞严经》卷一："二者无始菩提涅槃元清净体。则汝今者，识精元明，能生诸缘，缘所遗者。由诸众生，遗此本明，虽终日行而不自觉，枉入诸趣。"

我今少分为汝，智者可以譬喻得解，汝还见南阎浮提日么？世间人所作兴营、养身、活命种种心行作业，莫非皆承日光成立。只如日体，还有许多般心行么？还有不周遍处么？欲识金刚体，亦须如是看。

"世间人所作兴营、养身、活命种种心行作业"，指一切谋生行为和心理活动。兴营，营求。南阎浮提即南瞻部洲，乃人间世界。

> 只如今山河大地、十方国土、色空明暗,及汝身心,莫非尽承汝圆成威光所现。直是天人群生类所作业次,受生果报,有情无情,莫非承汝威光,乃至诸佛成道成果,接物利生,莫非尽承汝威光。只如金刚体,还有凡夫诸佛么?有汝心行么?不可道无便得当去也,知么?

《楞严经》卷二:"不知色身,外洎山河虚空大地,咸是妙明真心中物。"

"不可道无便得当去也",根据上文之例,在"知么?"之前,或可改句号。此句似宜点作:"不可道无,便得当去也。"摆弄口头禅,无济于事。

> 汝既有如是奇特当阳出身处,何不发明取?因何却随他向五蕴身田中鬼趣里作活计,直下自谩去。忽然无常杀鬼到来,眼目诪张,身见命见,恁么时大难支荷,如生脱龟壳相似,大苦。

"汝既有如是奇特当阳出身处",指上文"尽承汝圆成威光所现",取阳不取阴。当阳,显露,显赫;也指当场、当下。"何不发明取?"发明,找出火头。取,语助词。若以实词当之,则以此滋养乃至转变色身。

"眼目诪张",目光游移,闪烁不定。诪(zhōu)张,欺诳,语出《尚书·无逸》:"民无或胥诪张为幻。""如生脱龟壳相似,大苦",临终前四大分散的痛苦。

仁者，莫把瞌睡见解便当却去，未解盖覆得毛头许。汝还知么？

"瞌睡见解"，不能消业。"便当却去"，便以为了却。敦煌本《坛经》云："人性本净，为妄念故，盖覆真如。"前云"彻头"，即解去盖覆。

　　三界无安，犹如火宅。且汝未是得安乐底人，只大作群队干他人世，这边那边飞走，野鹿相似，但求衣食。若恁么争行他王道？知么？

语出《法华经·譬喻品》："三界无安，犹如火宅，众苦充满，甚可怖畏，常有生老病死忧患，如是等火，炽然不息。"得安乐底人，开悟之人。

"只大作群队干他人世"，追随世俗潮流，形成羊群效应。"这边那边飞走，野鹿相似，但求衣食。"《史记·货殖列传》："天下熙熙，皆为利来；天下攘攘，皆为利往。""行他王道"，走正确的解脱道路。

　　国王大臣不拘执汝，父母放汝出家，十方施主供汝衣食，土地龙神荷护汝，也须具惭愧知恩始得。莫孤负人好！

对社会提供你的一切，应该从内心深处感恩，不能辜负外在的条件。

"国王大臣不拘执汝",国家垄断合法的暴力,似乎政府的天性就是压迫人。"父母放汝出家",父母养育了你,却没有要求你尽赡养的责任。"十方施主供汝衣食",施主消耗自己的生命,却把取得的收益来供养你。"土地龙神荷护汝",给你一块安静的地方住,没有灾害和人为的干扰。

> 长连床上排行著地销将去,道是安乐未在,皆是粥饭将养得汝,烂冬瓜相似变将去,土里埋将去。

"长连床上排行著地销将去",以修行混日子,抵不得生死。长连床是禅林所置的僧床,可连坐多人。"皆是粥饭将养得汝",白吃白喝,虚耗信施。"烂冬瓜相似变将去",渐渐老去,色身将朽坏。"土里埋将去",空过一生,终至死亡。

> 业识茫茫,无本可据。沙门因甚么到恁么地?只如大地上蠢蠢者,我唤作地狱劫住。如今若不了,明朝后日入驴胎马肚里,牵犁拽把,衔铁负鞍,碓捣磨磨,水火里烧煮去,大不容易受,大须恐惧。好是汝自累。知么?

生死大海,业报难逃。"无本可据",人生没有根本的立足点,虚幻无意义。"只如大地上蠢蠢者",站在极高处看地面上蠕动的人群,或去看地铁里拥挤的人流,自己好像是观察者,又何尝不是其中之一。"我唤作地狱劫住",没有得到解脱,就是生活在地狱中,有苦无乐。

"如今若不了",了生脱死。"大须恐惧。好是汝自累。"《景德传灯录》朱俊红点校本,以"好"字归上句,可从(海南出版社,2011,550页)都是自作自受。

若是了去,直下永劫,不曾教汝有这个消息。若不了此,烦恼恶业因缘,不是一劫两劫得休,直与汝金刚齐寿。知么?"

若是了去,一得永得。若不了此,恶业将旷劫相随。
参见《五灯会元》卷九仰山慧寂章次:"若要了心,无心可了。无了之心,是名真了。"

师因参次,闻燕子声,乃曰:"深谈实相,善说法要。"便下座。时有僧请益,曰:"某甲不会。"师曰:"去!谁信汝?"

参次,带领大众参习的时候。闻燕子声,当下存在的信息,乃实相之说法。"某甲不会。"此人没有听懂。"去!谁信汝?"自己去参、去解决。悟此并不难,人人都可以会,你怎么不会呢?
参见《玄沙广录》下《方丈录》:"如今却不如他无情之物,敷唱分明。土木石头说法,非常真实,只是少人听。"又《玄沙语录》下:"水鸟树林却解提纲。他甚端的,自是少人听。"

鼓山来,师作一圆相示之。山曰:"人人出这个不得。"

> 师曰:"情知汝向驴胎马腹里作活计。"山曰:"和尚又作么生?"师曰:"人人出这个不得。"山曰:"和尚与么道却得,某甲为甚么道不得?"师曰:"我得汝不得。"

鼓山,指鼓山神晏,雪峰弟子,事迹见《五灯会元》卷七、《古尊宿语录》卷三十七。师作一圆相示之,犹作大圆镜智形状,以待其破。"人人出这个不得。"鼓山肯定之,搬出陈陈相因的滥调。"情知汝向驴胎马腹里作活计。"玄沙看破了他。

"和尚又作么生?"那么你怎么说?"人人出这个不得。"玄沙再说,化二为一,脱去口头禅套子。"和尚与么道却得,某甲为甚么道不得?"我这就不明白了。"我得汝不得。"鼓山执其体,从语言上理解。玄沙得无体之体,乃破体后的证悟。

> 上堂,众集,遂将拄杖一时趁下,却回向侍者道:"我今日作得一解,险入地狱如箭射。"者曰:"喜得和尚再复人身。"

"我今日作得一解,险入地狱如箭射。"我今天找到某种特殊理解,十分危险,差一点就不行。"喜得和尚再复人身。"我懂你的危险,祝贺你逃命回来。前者在禅堂不谈禅,可谓不务正业。后者以不谈禅而谈禅,得以侥幸脱险。

参见《观佛三昧海经》卷六:"以缪解故,命终之后,如箭射顷,堕阿鼻狱。"

僧侍立次，师以杖指面前地上白点曰："还见么？"曰："见。"如是三问，僧亦如是答。师曰："你也见，我也见，为甚么道不会？"

僧见不解师见，师见洞彻僧见。

师尝访三斗庵主，才相见，主曰："莫怪住山年深无坐具。"师曰："人人尽有，庵主为甚么无？"主曰："且坐吃茶。"师曰："庵主元来有在。"

"莫怪住山年深无坐具。"考校，如果你没有证悟，我就不礼拜你了。坐具是一种长方形布，打坐或礼拜时用。"人人尽有，庵主为甚么无？"我有的，你难道没有吗？此处以坐具喻佛性。

"且坐吃茶。"改变态度，好吧，尽在不言中。"庵主元来有在。"我也考校你呀，你原来是明白的。

侍雪峰次，有二僧从阶下过，峰曰："此二人堪为种草。"师曰："某甲不与么。"峰曰："汝作么生？"师曰："便好与三十棒。"

雪峰赋，玄沙兴，校勘锋芒。"此二人堪为种草。""种草"指培育、传授，能继承佛祖之法。似相对"落草"而言，"落草"指陷入语句纠缠。

"便好与三十棒。"破除种草，直接向上。

> 因雪峰指火曰："三世诸佛在火焰里转大法轮。"师曰："近日王令稍严。"峰曰："作么生？"师曰："不许攙夺行市。"云门曰："火焰为三世诸佛说法，三世诸佛立地听。"

"三世诸佛在火焰里转大法轮。"此犹无情说法，参见《五灯会元》卷十三洞山良价章次："常说，炽然说，无间歇。"又引《华严经》云："刹说，众生说，三世一切说。"

"近日王令稍严。"不可含糊，不容假借，不能蒙混过关。"作么生？"此话怎讲？"不许攙夺行市。"不可跨越边界，超出本分。"火焰为三世诸佛说法，三世诸佛立地听。"以见分为相分，以相分为见分，火焰示现佛身。

> 南际到雪峰，峰令访师。师问："古人道此事唯我能知，长老作么生？"际曰："须知有不求知者。"〔归宗柔别：拊掌三下。〕师曰："山头和尚吃许多辛苦作么？"

南际当指南际僧一，石霜庆诸弟子，事迹见《五灯会元》卷六。归宗柔指归宗义柔，事迹见《五灯会元》卷十。"归宗柔别：拊掌三下。"应该删除冒号。归宗柔在他处拊掌，深表赞许。下文亦言"归宗柔别云""归宗柔代云"，均不误。

既然我知，你也知，（而且归宗柔也知），那么，"山头和尚吃许多辛苦作么？"山头和尚指雪峰，吃许多辛苦，菩萨行以度人。

> 雪峰普请畲田次，见一蛇，以杖挑起，召众曰："看！

看!"以刀芟为两段。师以杖抛于背后,更不顾视。众愕然。峰曰:"俊哉!"

眼明手快,手起刀落,衔接如行云流水,彼此完全心照,故曰:"俊哉!"畲(shē)田,焚烧草木,用草木灰做肥料,然后播种。

侍雪峰游山次,峰指面前地曰:"这一片地好造个无缝塔。"师曰:"高多少?"峰乃顾视上下,师曰:"人天福报即不无,和尚,若是灵山授记,未梦见在。"峰曰:"你又作么生?"师曰:"七尺八尺。"雪峰曰:"世界阔一尺,古镜阔一尺。世界阔一丈,古镜阔一丈。"师指火炉曰:"火炉阔多少?"峰曰:"如古镜阔。"师曰:"老和尚脚跟未点地在。"

"这一片地好造个无缝塔。"起兴。"高多少?"跟进考校。峰乃顾视上下,以打量来显示。"人天福报即不无,和尚,若是灵山授记,未梦见在。"大方向不算错,见性就谈不上了。《五灯会元》多用"不无"句式(参见卷六九峰道虔章次,洛浦元安章次,卷九仰山慧寂章次,卷十二开善道琼章次),前句铺垫,后句上出。

"你又作么生?"那么你来试试。"七尺八尺。"如此这般,由天地而人。"世界阔一尺,古镜阔一尺。世界阔一丈,古镜阔一丈。"言其证量大小如意,不必固定。"火炉阔多少?"不要扯得那么远,说眼前的事物如何?"如古镜阔。"世界和火炉,随心量而变化,大小相通。"老和尚脚跟未点地在。"以否定表示肯定。

>师初住普应院,迁止玄沙,天下丛林,皆望风而宾之。闽帅王公待以师礼,学徒余八百,室户不闭。

离开雪峰后,独立门户,开始在普应院任住持,后迁止玄沙。各大道场都非常推崇,"望风而宾之",心服口服,承认他上手地位。

闽帅王公指王审知(892—925),唐乾宁五年(或光化元年,898)任福州武威军节度使,后梁三年(909)被封为闽王。事迹见《新五代史》卷五十八《闽世家》。大德主持说法,移风易俗,改善地方治安。

>上堂,良久曰:"我为汝得彻困,也还会么?"僧问:"寂寂无言时如何?"师曰:"寐语作么?"曰:"本分事,请师道。"师曰:"瞌睡作么?"曰:"学人即瞌睡,和尚如何?"师曰:"争得恁么不识痛痒!"又曰:"可惜如许大师僧,千道万里行脚到这里,不消个瞌睡寐语,便屈却去!"

"我为汝得彻困,也还会么?"我为了开导你们,费尽心血,你们懂了吗?"寂寂无言时如何?"在禅定中进入状态,怎么样?有人出来展示成果。"寐语作么?"数他宝,叹何益,与证悟无关。"本分事,请师道。"那么请你来作示范。"瞌睡作么?"本分事由你自己道,问别人干什么?

"学人即瞌睡,和尚如何?"我就是瞌睡,你又怎么样?这是有力的反击。"争得恁么不识痛痒!"以为学了几句口头禅,就想侥幸过关吗？你还是在外边绕。"可惜如许大师僧，千道万里行脚到这里，不消个瞌睡寐语，便屈却去！"没有开悟即瞌睡寐语，开悟起作用即参破公案。屈却，浪费了机会。

  问："如何是学人自己？"师曰："用自己作么？"

集中到一点，即找到自己。再化去此点，乃无我之象。

  问："从上宗乘，如何理论？"师曰："少人听。"曰："请和尚直道。"师曰："患聋作么？"

"少人听"，大音希声，一般人感受不到。参见《五灯会元》卷四长沙景岑章次："我若一向举扬宗教，法堂里须草深一丈。"卷九仰山慧寂章次："我若说禅宗，身边要一人相伴亦无，岂况有五百七百众邪？"

"患聋作么？"说法无处不在，你没有好好听。

  又曰："仁者，如今事不获已，教我抑下如是威光，苦口相劝，百千方便，如此如彼，共汝相知闻，尽成颠倒知见。

不说有威光出来，说即成凡夫，此为菩萨行觉他之象。参见德国诗人席勒（1759—1805）短诗《语言》："当灵魂说话的时候，说话的已不是灵魂了。"（[波兰]沙夫《语义学引论》引，罗兰、周易译，商务印书馆，1979，199页。译文略有调整。）

> 将此咽喉唇吻，只成得个野狐精业谩汝，我还肯么？只如有过无过，唯我自知，汝争得会？

苦口婆心，说法觉他，耽搁自己修行，你们还是愚钝不明，我真是不甘心。其中是非对错，我自己知道，你们不会懂。

"野狐精业"，典出《五灯会元》卷三百丈怀海章次。某人在过去迦叶佛时，因学人问："大修行人还落因果也无？"答曰："不落因果。"遂五百生堕野狐身。百丈代下转语云："不昧因果。"乃获得解脱。

> 若是怎么人出头来，甘伏呵责。夫为人师匠大不易，须是善知识始得知。我如今怎么方便助汝，犹尚不能搆得。可中纯举宗乘，是汝向甚么处安措？还会么？

"若是怎么人出头来，甘伏呵责。"如果有真懂的人出来，我这些话都是完全多余的，宁愿受到呵责。我用方便法门，你们依然不能相应；如果纯举宗乘，羚羊挂角，无迹可求，你们岂不完全抓瞎？可中，如果。

"还会么？"这里所说，恰恰展示新的方便，赶快相应呀？觉他的障碍多于自觉，难行能行，方为菩萨行。

> 四十九年是方便，只如灵山会上有百万众，唯有迦叶一人亲闻，余尽不闻。汝道迦叶亲闻底事作么生？不可道如来无说说，迦叶不闻闻，便得当去。不可是汝修因成果、福智

庄严底事，知么？

此道至高至上，不可用口头禅搪塞过去，也不是普通修行能够达到。

> 且如道，吾有正法眼藏，付嘱大迦叶，我道犹如话月。曹溪竖拂子还如指月。所以道，大唐国内宗乘中事，未曾见有一人举唱。设有人举唱，尽大地人失却性命，如无孔铁锤相似，一时亡锋结舌去！

"吾有正法眼藏，付嘱大迦叶，我道犹如话月。曹溪竖拂子还如指月。"话月犹言，指月犹行，月犹第一月，为言行所不及。

"大唐国内宗乘中事，未曾见有一人举唱。"参见《五灯会元》卷四黄檗希运章次："大唐国内无禅师。不道无禅，只是无师。""设有人举唱，尽大地人失却性命"，如果提出真正的宗门，可以说没有一个人对。无孔铁锤，犹无名之朴，不说说也。

> 汝诸人赖遇我不惜身命，共汝颠倒知见，随汝狂意，方有伸问处。我若不共汝怎么知闻去，汝向甚么处得见我？会么？大难。努力珍重。"

你们真是幸运，我把自己放低再放低，来迁就你们，才可能有所交流。如果向上一着，你们还找得到我么？

师有偈曰:"万里神光顶后相,没顶之时何处望?事已成,意亦休,此个来踪触处周。智者撩著便提取,莫待须臾失却头。"

"万里神光顶后相",修行有成。"没顶之时何处望",破体,佛有"不见顶相",据称一切人天都无法见到。"事已成,意亦休",参禅开悟,大事已了。"此个来踪触处周",一即一切。"智者撩著便提取",良马见鞭影而行,当下相应。"莫待须臾失却头",错过时机,丧身失命。

顶相,是佛三十二相之一。顶后相,即超佛越祖。参见《悟真篇》:"项后有光犹是幻,云生足底未为仙。"

又曰:"玄沙游径别,时人切须知。三冬阳气盛,六月降霜时。有语非关舌,无言切要词。会我最后句,出世少人知。"

"玄沙游径别,时人切须知。"我走一条特殊的道路。"三冬阳气盛,六月降霜时。"三冬指冬季,犹三九严寒;六月指夏季,犹三伏酷热。于《易》当复、姤之象,犹如太极图,阴中有阳,阳中有阴,出入无疾。"有语非关舌,无言切要词。"非语言所能表达。"会我最后句,出世少人知。"最后句即末后句,普通人难以知晓。

问:"四威仪外如何奉王?"师曰:"汝是王法罪人,争会问事?"

四威仪外，就在四威仪中。"汝是王法罪人，争会问事？"这样问已经错了，你果然还不自知。

　　问："古人拈槌竖拂，还当宗乘也无？"师曰："不当。"曰："古人意作么生？"师举拂子。僧曰："宗乘中事如何？"师曰："待汝悟始得。"

"拈槌竖拂"，证悟后用来觉他，模仿其形式，毫无作用。"待汝悟始得。"参见《庄子·大宗师》："有真人而后有真知。"

　　问："如何是金刚力士？"师吹一吹。

参见《五灯会元》卷二鸟窠道林章次，吹布毛公案。又，卷十一临济义玄章次："吹毛用了直须磨。"

　　闽王送师上船，师扣船召曰："大王争能出得这里去？"王曰："在里许得多少时也？"〔归宗柔别云："不因和尚，不得到这里。"〕

闽王即前闽帅王审知，此人于唐末主持福建军政，发展生产，安定地方。"大王争能出得这里去？"玄沙起兴，船犹宇宙，包罗万有。"在里许得多少时也？"闽王自谦，我还没有进，谈不上出。
　　"不因和尚，不得到这里。"归宗支招，我是受你的开发才进来的，那么人已经在里面了。

师问文桶头："下山几时归?"曰:"三五日。"师曰:"归时,有无底桶子将一担归。"文无对。〔归宗柔代云:"和尚用作甚么。"〕

玄沙问:桶底脱落了吗?文桶头无对。归宗柔超越此,问如何起用,而答案已在其中。

师垂语曰:"诸方老宿尽道接物利生,只如三种病人,汝作么生接?患盲者,拈槌竖拂他又不见;患聋者,语言三昧他又不闻;患哑者,教伊说又说不得。若接不得,佛法无灵验。"

玄沙设局,堵死一切通路。接物利生,接引学人,利益众生。三种病人,乃著名公案。患盲者,患聋者,患哑者,皆无从入手。

时有僧出曰:"三种病人还许学人商量否?"师曰:"许。汝作么生商量?"其僧珍重出,师曰:"不是!不是!"

"三种病人还许学人商量否?"商量谓讨论、参究。"许。汝作么生商量?"正要你来破此局。其僧珍重出,退出此局就破了。"不是!不是!"可以是肯定,也可以是否定。

罗汉曰:"桂琛现有眼耳口,和尚作么生接?"师曰:"惭愧!"便归方丈。

罗汉指罗汉桂琛，玄沙大弟子，法眼老师，事迹见《五灯会元》卷八。我现在有眼耳口，你说是盲、是聋、还是哑？有本事就来接。"惭愧！"能识别此机关即无病，故不接而归方丈。

中塔曰："三种病人，即今在甚么处？"又一僧曰："非唯谩他，兼亦自谩。"

中塔即安国慧球，玄沙弟子，事迹见《五灯会元》卷八。人人皆有佛性，三种病人依然是假法，不可执实。又一僧继中塔而言，推波助澜。如果纠缠于三种病人，不但未能见众生，自己也没有开悟。

〔法眼云："我当时见罗汉举此僧语，我便会三种病人。"云居锡云："只如此僧会不会。若道会，玄沙又道不是；若道不会，法眼为甚么道：我因此僧语，便会三种病人。上座，无事上来商量，大家要知。"〕

罗汉有加持力，法眼当下明了，真是利根。云居锡思辨，稍涉理路，可接引普通人。此僧语，指上文的珍重而出。

有僧请益云门，门曰："汝体拜著。"僧礼拜起，门以挂杖柽之。僧退后。门曰："汝不是患盲么？"复唤："近前来。"僧近前，门曰："汝不是患聋么？"门曰："会么？"曰："不会。"门曰："汝不是患哑么？"僧于是有省。

"体拜",据万历嘉兴藏本、续藏经本、龙藏本、崇祯甲戌本当作"礼拜",体(體)、礼(禮)字形相近,《碧岩录》亦作"礼"。"门以挂杖桎之",桎,限制,拘束。要他礼拜,又不要他礼拜,阻断习惯性思维。你是个有反应的活人,明明不盲、不聋、不哑,为什么还不懂?

> 长庆来,师问:"除却药忌,作么生道?"庆曰:"放憨作么!"师曰:"雪峰山橡子拾食,来这里雀儿放粪。"

"除却药忌,作么生道?"药忌犹阴阳,问如何度人。"放憨作么!"真人面前,又何必说假话呢。放憨,露出傻样子。

"雪峰山橡子拾食,来这里雀儿放粪。"你的那些伎俩,都是从雪峰那里搬弄过来的啊。

> 师因僧礼拜,师曰:"因我得礼汝。"

借助礼拜我,才懂得礼拜你自己。"密在汝边"(《坛经》),不因师指,此事怎知?

> 普请斫柴次,见一虎,天龙曰:"和尚,虎!"师曰:"是汝,虎。"归院后天龙问:"适来见虎,云是汝。未审尊意如何?"师曰:"娑婆世界有四种极重事,若人透得,不妨出得阴界。"〔东禅齐云:"上座,古人见了道我身心如大地虚空,如今人还透得么?"〕

天龙，指天龙重机，玄沙的弟子，事迹见《五灯会元》卷八。"和尚，虎！"看到了老虎。"是汝，虎。"你的业力还没有清除，动心了。

"娑婆世界有四种极重事"，娑婆世界，五浊恶世，佛教对人类社会的认识。"四种极重事"不详，可能指见闻觉知。出得阴界谓解脱，阴界谓五阴十八界。

> 师问长生："维摩观佛，前际不来，后际不去。今则无住。汝作么生观？"生曰："放皎然过，有个道处。"师曰："放汝过作么生道？"生良久，师曰："教阿谁委悉。"生曰："徒劳侧耳。"师曰："情知汝向鬼窟里作活计。"〔崇寿稠别长生云："唤甚么作如来？"〕

长生即长生皎然，雪峰弟子，事迹见《五灯会元》卷七。"前际不来，后际不去，今则无住"，语出《维摩诘经·见阿閦佛品》。"放皎然过，有个道处。"请慈悲为怀，姑且降低标准，我是中下根器，只能讲第二义。"放汝过作么生道？"好吧，姑且依从你。

"生良久"，无言，使出第一义招数。"教阿谁委悉"，你这是做给谁看呢。委悉，知晓。"徒劳侧耳"，你难道没有听到吗？我知道你是懂的。"情知汝向鬼窟里作活计"，你那些花哨举动，不得解脱。

> 问："古人皆以瞬视接人，未审和尚以何接人？"师曰："我不以瞬视接人。"曰："学人为甚道不得？"师曰："畐塞汝

口，争解道得？"〔法眼云："古人恁么道甚奇特，且问上座口是甚么？"〕

"古人皆以瞬视接人，未审和尚以何接人？"以瞬视接人，乃特殊的禅机。参见《五灯会元》卷九香严智闲章次："我有一机，瞬目视伊。若人不会，别唤沙弥。"

"畐塞汝口，争解道得？"以拳头堵住口，镇之以无名之朴。畐，逼迫。参见香严智闲章次："若论此事，如人上树，口衔树枝，脚不踢枝，手不攀枝，树下忽有人问，如何是祖师西来意？不对他，又违他所问。若对他，又丧身失命。当恁么时作么生即得？"

  问："凡有言句，尽落筐䍡，不落筐䍡？请和尚商量。"
  师曰："拗折秤衡来，与汝商量。"

筐䍡，圈定的范围，圈套。"拗折秤衡来，与汝商量。"除去衡量心，就不落筐䍡。䍡音 yuān，指巾帕或绳索。

  问："承古有言：'举足下足，无非道场。'如何是道场？"师曰："没却你。"曰："为甚么得恁难见？"师曰："只为太近。"〔法眼曰："也无可得近，直下是上座。"〕

"举足下足，无非道场。"大意出《维摩诘经·菩萨品》。"没却你。"不是已非常清楚了吗？为什么转到书上绕语句呢？这样辱没你自己。

"为甚么得恁么难见？"为什么我看不见呢？"只为太近。"你没有低下头，看自己的举足下足呀。

> 师在雪峰时，光侍者谓师曰："师叔若学得禅，某甲打铁船下海去。"师住后问光曰："打得铁船也未？"光无对。〔法眼代云："和尚终不恁么。"法灯代云："请和尚下船。"玄觉代云："贫儿思旧债。"〕

当年开玩笑打的赌，光侍者判断失误，没做到"勿轻未悟"（《五灯会元》卷一菩提达磨章次）。玄沙住持后取笑他，其实也是反哺，重新给予机会。称师叔，因为玄沙兄事雪峰。惠洪《禅林僧宝传》："兄事雪峰而师承之。"

光侍者回应不了，各路高人纷纷施以援手。"和尚终不恁么。"你终究没有悟到底，辜负了我的激励。"请和尚下船。"我只不过随口打比方，你却执著至今，被这艘船套住了。"贫儿思旧债。"你太穷了，心眼狭窄。这件事早已过去，你还忘不了这些陈谷子烂芝麻。

> 师一日遣僧送书上雪峰，峰开缄，见白纸三幅。问僧："会么？"曰："不会。"峰曰："不见道君子千里同风？"僧回举似，师曰："山头老汉蹉过也不知！"曰："和尚如何？"师曰："孟春犹寒也不解道。"

"不见道君子千里同风？"雪峰肯定玄沙，你也如此，我也如此。"山头老汉蹉过也不知！"玄沙却否定雪峰，显示上出的特殊性。

此僧是两次问答的听众，被激发起疑情："和尚如何？"到底应该怎么回应。"孟春犹寒也不解道。"孟春犹寒，正是当时的天气，微微有些刺激，消解松懈。也不解道，连这都不会说。春三月为孟春、仲春、季春。

> 师问镜清："教中道不见一法为大过患，且道不见甚么法？"清指露柱曰："莫是不见这个法么？"〔同安显别云："也知和尚不造次。"〕师曰："浙中清水白米从汝吃，佛法未会在。"

镜清指镜清道怤，雪峰弟子，事迹见《五灯会元》卷七。"教中道不见一法为大过患"，不可著空见。"莫是不见这个法么？"眼前露柱就是一法，此答疑似陈词滥调。"浙中清水白米从汝吃，佛法未会在。"你确实有资格消受供养，还谈不上解脱。

> 问："承和尚有言，尽十方世界是一颗明珠。学人如何得会？"师曰："尽十方世界是一颗明珠，用会作么？"僧便休。师来日却问其僧："尽十方世界是一颗明珠，汝作么生会？"曰："尽十方世界是一颗明珠，用会作么？"师曰："知汝向鬼窟里作活计。"〔玄觉云："一般怎么道，为甚么却成鬼窟去？"〕

"承和尚有言,尽十方世界是一颗明珠。学人如何得会?"在外模拟形似。"尽十方世界是一颗明珠,用会作么?"在内直接感受。"尽十方世界是一颗明珠,汝作么生会?"反过来再问,检验。"尽十方世界是一颗明珠,用会作么?"此僧依然滞留于语言,没有内化于身,证悟实相,故玄沙鉴定:"知汝向鬼窟里作活计。"

> 问:"如何是无缝塔?"师曰:"这一缝大小?"

眼前就有一缝,你能看到吗?侈谈无缝塔,已然错过。

> 韦监军来谒,乃曰:"曹山和尚甚奇怪。"师曰:"抚州取曹山几里?"韦指傍僧曰:"上座曾到曹山否?"曰:"曾到。"韦曰:"抚州取曹山几里?"曰:"百二十里。"韦曰:"恁么则上座不到曹山。"韦却起礼拜,师曰:"监军却须礼此僧,此僧却具惭愧。"〔云居锡云:"甚么处是此僧具惭愧?若检得出,许上座有行脚眼。"〕

"曹山和尚甚奇怪。"此处的曹山和尚,不是指曹洞宗创始人曹山本寂(840—901,《五灯会元》往往称为"先曹山"),而是他的继承者曹山慧霞、曹山光慧、曹山智炬之一,数人的事迹均见《五灯会元》卷十三。师曰:"抚州取曹山几里?"尝试性考校,监军恐怕还不认识曹山吧。取,去,距离。曹山,地处抚州(今江西省抚州市,也就是王安石、汤显祖的家乡临川)。

韦问傍僧曰:"抚州取曹山几里?"转移机锋。"百二十里。"

傍僧老老实实回答。"恁么则上座不到曹山。"韦参军以上手的身份印许，此人程度未到，却敢于出大言。韦却起礼拜玄沙，致敬此场合能量源，希望获得印许。"监军却须礼此僧，此僧却具惭愧。"此僧不知道就是不知道，没有玩弄话头，不曾作坏方子。参军未得谓得，乃增上慢。

问："如何是清净法身？"师曰："脓滴滴地。"

法身不离此易腐烂的色身。

问："如何是亲切底事？"师曰："我是谢三郎。"

了解自己最亲切。玄沙不肯自居高僧大德，谢是他的俗家姓。

西天有声明三藏至，闽帅请师辨验。师以铁火箸敲铜炉，问："是甚么声？"藏曰："铜铁声。"〔法眼别云："请大师为大王。"法灯别云："听和尚问。"〕师曰："大王莫受外国人谩。"藏无对。〔法眼代云："大师久受大王供养。"法灯代云："却是和尚谩大王。"〕

虽然宣称为声明三藏，却不能闻声以识音。声明，五明之一。"大王莫受外国人谩。"他没有什么证悟，千万不要"外来和尚好念经"。法灯、法眼代西天人反诘。

师南游，莆田县排百戏迎接。来日，师问小塘长老："昨日许多喧闹，向甚么处去也？"塘提起衲衣角，师曰："料掉没交涉。"〔法眼别云："昨日有多少喧闹。"法灯别云："今日更好笑。"〕

"昨日许多喧闹，向甚么处去也？"追究散场后的气氛，喧闹消归寂静。塘提起衲衣角，示意早已化去。"料掉没交涉。"我所料不错，你答非所问，没有真正化去。

"今日更好笑。"是你自己执著了，还好意思说别人。

问僧："乾闼婆城汝作么生会？"曰："如梦如幻。"〔法眼别敲物示之。〕

乾闼婆城，幻化的城，犹海市蜃楼，乃不实之法。大乘经典显诸法空性有十喻，此为其中之一。敲物是警醒，是幻化，也是十喻之一。

《大智度论》卷六："诸法如幻，如焰，如水中月，如虚空，如响，如犍闼婆城，如梦，如影，如镜中像，如化。"（《释初品中十喻》）

师与地藏在方丈说话，夜深侍者闭却门。师曰："门总闭了，汝作么生得出去？"藏曰："唤甚么作门？"〔法灯别云："和尚莫欲歇去。"〕

"门总闭了，汝作么生得出去？"即时测验。"唤甚么作门？"门非门，有门就出不去，无门才出得去。"和尚莫欲歇去。"和尚真想大休歇么？《楞严经》卷四："狂性自歇，歇即菩提。"

地藏即玄沙弟子罗汉桂琛，他最初开法的精舍名曰地藏，语出《地藏十轮经》："安忍不动如大地，静虑深密如秘藏。"

> 师以杖拄地，问长生曰："僧见俗见，男见女见，汝作么生见？"曰："和尚还见皎然见处么？"师曰："相识满天下。"

"僧见俗见，男见女见，汝作么生见？"僧见俗见，皆为分别相。参见《五灯会元》卷三南泉普愿章次"太俗生""太僧生"。

"和尚还见皎然见处么？"你能证我之自证么？"相识满天下"，对应"知心能几人"？此当"见众生"之象，是相应和赞许。

> 问："承和尚有言：闻性遍周沙界。雪峰打鼓，这里为甚么不闻？"师曰："谁知不闻？"

闻性遍周沙界，为什么还听不到鼓声？你证到闻性就知道了。参见《楞严经》卷六观世音菩萨耳根圆通章；同卷文殊菩萨说偈云："此方真教体，清净在音闻，欲取三摩提，实以闻中入。"

> 问："险恶道中，以何为津梁？"师曰："以眼为津梁。"曰："未得者如何？"师曰："快救取好！"

"险恶道中,以何为津梁?"世间风波险恶,如何才能行走?"以眼为津梁。"判断力为关键,当修取择法眼。"未得者如何?"我没有此眼呀。"快救取好!""当勤精进,如救头然"(《普贤警众偈》),哪有闲心说闲话,管闲事。

师举志公云:"每日拈香择火,不知身是道场。"乃曰:"每日拈香择火,不知真个道场。"〔玄觉云:"只如此二尊宿语,还有亲疏也无?"〕

前语为基础,后语更进一解。志公,即宝志(418—514),事迹见《高僧传》卷十,引语见《五灯会元》卷二。

师与韦监军吃果子。韦问:"如何是日用而不知?"师拈起果子曰:"吃。"韦吃果子了,再问。师曰:"只这是日用而不知。"

"如何是日用而不知?"引《周易·系辞上》提问。"吃。"此破体,亦为亲证。参见《中庸》:"人莫不饮食也,鲜能知味也。"

普请般柴,师曰:"汝诸人尽承吾力。"一僧曰:"既承师力,何用普请?"师叱之曰:"不普请争得柴归?"

"普请般柴",僧人全体出动搬柴。"汝诸人尽承吾力。"玄沙向上破除,从联系角度谈。"既承师力,何用普请?"此僧向下维护，从分别角度谈。

"不普请争得柴归？""般柴"为日常修行，此化去玄妙。参见《五灯会元》卷三庞蕴居士章次："神通并妙用，运水及般柴。"

> 师问明真大师："善财参弥勒，弥勒指归文殊，文殊指归佛处，汝道佛指归甚么处？"曰："不知。"师曰："情知汝不知。"〔法眼别云："唤甚么作佛？"〕

玄沙由《华严经》起兴。善财参弥勒，当五十一参。弥勒指归文殊，当五十二参。文殊指归普贤，当五十三参。而"佛指归甚么处"，于此方开显禅门。

明真大师即安国弘瑫，雪峰弟子，事迹见《五灯会元》卷七。"不知。"经文上没有写，无可奉答。"情知汝不知。"我知道你不知道。

> 大普玄通到，礼觐。师曰："你在彼住，莫诳惑人家男女。"曰："玄通只是开个供养门，晚来朝去，争敢作恁么事？"师曰："事难。"曰："真情是难。"师曰："甚么处是难处？"曰："为伊不肯承当。"师便入方丈，拄却门。

大普玄通，雪峰弟子，事迹见《五灯会元》卷七。"你在彼住，莫诳惑人家男女。"你在那里住持说法，语多必失，当"知人之患在好为人师"（《孟子·离娄上》）。"玄通只是开个供养门，晚来朝去，争敢作恁么事？"我只是开个供养大众的平台，怎么敢开口说法。然而所谓供养，当然包括法供养。《普贤行愿品》："诸供养中，法供养最。"

"事难。"知道他在踏踏实实做事，体谅操作者的辛苦。"真情是难。"深有感触，尤其涉及觉他。"甚么处是难处？"具体说说看。"为伊不肯承当。"此为禅门之要，犹佛慢坚固而住。"师便入方丈，拴却门。"会心并不在远，以不度度之。

僧问："学人乍入丛林，乞师指个入路。"师曰："还闻偃溪水声么？"曰："闻。"师曰："从这里入。"

参见苏轼《赠东林总长老》："溪声便是广长舌，山色岂非清净身。夜来四万八千偈，他年如何举似人。"

泉守王公请师登楼，先语客司曰："待我引大师到楼前，便舁却梯。"客司禀旨。公曰："请大师登楼。"师视楼、复视其人，乃曰："佛法不是此道理。"〔法眼云："未舁梯时，一日几度登楼。"〕

泉守王公当即太傅王延彬居士，长庆慧棱弟子，此人是王审知的侄子，事迹见《五灯会元》卷八。泉守，指泉州守备？舁，抬走，带走。又，"上屋抽梯"为三十六计之一。"佛法不是此道理。"用不着这么做，玄沙已感受到了。《易》曰："无妄之药，不可试也。"

"未舁梯时，一日几度登楼。"消除机心，便在禅境之中。登楼之象，参见《五灯会元》卷十八寿宁善资章次："一片月生海，几家人上楼。"

> 师与泉守在室中说话，有一沙弥揭帘入见，却退步而出。师曰："那沙弥好与二十拄杖。"守曰："恁么即某甲罪过。"〔同安显别云："祖师来也。"〕师曰："佛法不是恁么。"〔镜清云："不为打水。"有僧问："不为打水意作么生?"清云："青山碾为尘，敢保没闲人。"〕

"那沙弥好与二十拄杖。"旁敲侧击，考校泉守。"恁么即某甲罪过。"泉守显示证量，自承其失。"佛法不是恁么。"不予许可，犹《易》终未济。

> 梁开平戊辰示寂，闽帅为之树塔。

梁开平戊辰是朱温称帝二年，当公元908年。此年玄沙辞世，终年七十四岁。他门下大弟子是罗汉桂琛，其弟子法眼文益创立法眼宗，开出一花五叶的最后一叶。

玄沙的语录，后人辑有《玄沙广录》（智严编，宋神宗元丰三年[1080]刊行）、《玄沙语录》（林弘衍编，明熹宗天启六年[1626]刊行）二种，均收于《卍续藏经》。

（原载《上海文化》2017年第1期，第3期）

由《毕达哥拉斯》而来的推论

——"解释学"前传

在展开论题以前,先作保留,就是以下推论可能是错误的。即使有启发意义,适用范围也需要加以限制。

一般来说,解释学由施莱尔马赫、狄尔泰开创,形成了古典解释学。此后由海德格尔、伽达默尔加以发展,形成了现代解释学。解释学成立以来,取得了突出的成果,也产生了一些问题。这些成果是否可能深化,这些问题是否可能消释,在我看来,部分原因在于解释学(Hermeneutik,Hermeneutics)一词中,词根赫尔墨斯(Hermes)和词缀之间有所阻塞,或者说路途过于遥远。

理解古希腊神话中的赫尔墨斯形象,以及西方文明中的赫尔墨斯传统,疏通它们和解释学之间的关系,主要线索有两条:一条可以称之为"前传",一条可以称之为"别传"。别传姑且不论,而前传的材料来自第欧根尼·拉尔修《名哲言行录》。此书有马永翔等根据 Hicks 译文所作的中译,吉林人民出版社 2003 年出版。

研究前传和别传,也就是追溯解释学的史前史。前传的梳理结论,可以先行提出:在此一局部中,解释学是哲学的另一面,或者也可以说，解释学和哲学同源。所以，对哲学解释学的提法有所质疑。

《名哲言行录》的作者第欧根尼·拉尔修，是公元三世纪前后的人。他引用的材料来自本都斯的赫拉克利德（Heraclides Ponticus，约公元前 390—前 322）。此人也是哲学家，年轻时在柏拉图学院读过书，一度师从亚里士多德。他的年代去古未远，保留的是比较早的传说。

在全书序言中，作者记述毕达哥拉斯（Pythagoras，约公元前 582—前 500）第一个使用"哲学"这个术语，并称自己为哲学家或者智慧的爱好者。他说，除了神之外，没有人是智慧的（中译本 9 页）。在本传中，毕达哥拉斯自述了自己的前世今生（中译本 502—503 页）。

他最初的前世被认为是赫尔墨斯的儿子，叫 Aethalides 。赫尔墨斯允许他可以选择除不朽之外任何他所喜欢的能力，于是此人要求无论在生前或死后都保持对自己经历的记忆。这就是毕达哥拉斯的第一代，一个半神半人的人物。这个人在古希腊的传说中有点名气，锡罗斯的斐瑞居德（Pherecydes of Syros）在《五渊集》（*Fivechasm* 或 *Pentemychos*）中提到过他。

从这里可以看出两点。首先，不朽划出了人和神之间不可逾越的界限，人神之分就在于此。哲学之所以只能是爱智慧，而不能成为智慧本身，就是人不可能跨越不朽的界限而成为神。其次，对于人来说，保持乃至恢复记忆是除了不朽之外第二重要的能力，是人和神在划界之后留下的沟通渠道，它使爱智慧成为可能。

在柏拉图《斐德罗》中，有一大段关于记忆的描述，而且划分了九类人，其中第一类人最重要的是热爱智慧的人（248c-e）。热爱智慧的人就是哲学家，哲学家追求的真理（aletheia），在希腊文中可以理解为"去蔽"或者"去遗忘"，那么也可以理解为恢复记忆。而在希腊神话中，缪斯的母亲就是记忆女神（Mnemosyne）。而记忆（Anamnesis）一词（当特指前世记忆），在希腊文中也可以理解为"向上觉醒"。

他的第二世身处英雄时代，叫Euphorbus。此人参与了特洛伊战争，被阿伽门农的兄弟Menelaus所伤（Hicks英译was wounded；据《伊利亚特》卷十七，Menelaus在战斗中杀死了Euphorbus），Menelaus就是海伦的丈夫。海伦为特洛伊王子Paris诱拐，引发了这场长达十年的大战。此后，他的灵魂还有四处迁徙的飘游经历，进入过好多植物和动物，还去过哈得斯（Hades），也就是冥界。

第三世是普通人，叫Hermotimus。他对自己的记忆已经不怎么肯定了，于是去了阿波罗神庙，在那里他认出了Menelaus从特洛伊返航路上献祭给阿波罗的盾牌。这块盾牌除了正面的象牙以外，其他部分差不多都朽烂了。到了他的这一代，记忆已经多少有点问题，最终他借助过去时代的器物，恢复了自己记忆的完整，其行为有些类似于现在的考古。

第四代是一个渔夫，叫Pyrrhus。他的地位又低下了一些，只能靠自己的劳动力谋生。此人死后出生了哲学家毕达哥拉斯，毕达哥拉斯可以认为是第五代。

从此节文献中，可以总结出以下几点：

第一，从接通源头上说，哲学起源于人和神的分裂。在分裂之后，如何理解人和神的关系，也就是如何理解记忆和不朽的关系，于是产生了哲学。

第二，必须复合许多生的记忆才能够成为哲学家，其核心在于理解四种不同类型的人生经历。如果范围更广泛一些，还应该理解植物和动物，以及和人间对立的冥界。由此可以推论，如果只保持自己一生的记忆，那是受限制的人，没有满足成为哲学家的条件。

为什么理解为四种不同类型的人生经历，而不是四次直接转世？是因为还可以大体推算其间的年代。第二世 Euphorbus 参与了特洛伊战争，传说中的特洛伊战争大约发生在公元前十二世纪，而毕达哥拉斯是公元前六世纪的人，如果只转世两代的话，时间上不相合（不足部分可以理解为进入植物和动物）。此外，毕达哥拉斯是第五世，此后不再提起是否还继续转世，可见成为哲学家，已经到达人类记忆的顶峰。

第三，四种不同类型的人生，其一半神半人，其二英雄，其三普通人，很可能是希腊的自由民，此人对自身历史有着相当的好奇心，可看成考古学者。其四是底层劳动人民，此类人在中国的形象就是渔樵，或者是工匠乃至贩夫走卒。如果完全没有在底层的经历，如何理解人类生活的全貌？在中文语境中，古代学术的传人，作为文明的观察者，也可能隐于渔樵之中（参看拙稿《渔樵象释》），而在古希腊则显出来成了哲学家，于是产生了多姿多彩的哲学。

第四，理解人类的记忆从赫尔墨斯的血脉中来，其中有着生命的传承，这就是解释学的根，而理解生命的所有经历就成了哲学。以中华学术而言，解释学或对应命功，哲学或对应性功。解释学和哲学相辅而行，正是性命双修之道。

最后，提出一个附加的问题：先有哲学家还是先有哲学？在原文中虽然不甚清晰，但是推究下来，还是应该先有哲学家而后有哲学，可以比照《庄子》的"有真人而后有真知"(《大宗师》)。是爱智慧的人研究的内容成为哲学，而不是先确定了哲学，然后去研究才成为爱智慧的人。虽然看上去这只是鸡生蛋、蛋生鸡的循环定义，然而在无数的循环中，还是可能在不知不觉中出错，"失之毫厘，差以千里"(《史记·太史公自序》引《易纬通卦验》)。

(原载《开放时代》2009年第2期)

《普罗提诺的生平和著作顺序》阅读笔记

本篇是古罗马哲人普罗提诺（Plotinus，205—270）的传记。生平（life）＝生命＝传。

著作顺序（the order of his books，arrangement），相应生命结构或者命局，体现传主一生的思想结晶。

一般而言，著作顺序也就是目录或目次。

目录和目次，词义大体相同，通常可以互换。目录于广义可以对应所有的著述，于狭义也可以对应某一本书。

如果对应所有的著述，它可以代表某文明在某时空阶段于学问的总体认识，比如说《汉书·艺文志》《隋书·经籍志》《四库全书总目》。目录学也就是系统学，"辨章学术，考镜源流"（章学诚《校雠通义》）其内在结构体现了思想的整体。

中国最早的目录是《七略》，其内容保存于《汉书·艺文志》。《汉书·叙传》："秦人是灭，汉修其缺。刘向司籍，九流以别。爰著目录，略序洪烈。"《隋书·经籍志》："古者史官既司典籍，盖有目录，以为纲纪。体制堙灭，不可复知。汉时刘向《别录》，刘歆《七略》，剖析条流，各有其部。推寻事迹，疑则古之制也。"

如果用于某一本书，目录等同于目次，也就是各篇的排列顺序。

作者坡菲利（Porphyry of Tyre，233—305），是普罗提诺的亲传弟子，他一生的著作很多（据说有七十七部），主要功绩在于保存并阐发普罗提诺的学说。

本文是《九章集》（石敏敏译，中国社会科学出版社，2009）的首篇，相当于全书的序言。在此书之前，译者曾先行出版选译本《论自然、凝思和太一》（中国社会科学出版社，2004），至此完成全书。

此书之外，译者还著有《普罗提诺"是"的形而上学》（上海人民出版社，2005），译有斐洛《论律法》（中国社会科学出版社，2007）、普罗克洛《柏拉图的神学》（中国社会科学出版社，2007）等多种著作。

阅读笔记依据的是石敏敏译文，部分内容参照了 Leob 本英译（tr. by A. H. Armstrong，Harvard University Press，1995）。目的在于试探不同文化之间的理解进路，错误不可避免。了解本篇的完整内容，仍然必须详细阅读中译和英译全文，有能力者还应该追溯希腊原文。

普罗提诺是古希腊传统的最后一位大师。此后的大师级人物是基督教的圣·奥古斯丁（354—430），那就是开启中世纪的第一人。

他出生于埃及，父母是罗马人，用希腊文写作。他是新柏拉图主义（公元 3—6 世纪）奠基人，影响基督教哲学。柏拉图和新柏拉图主义的区别，可能在于后者减弱了前者在对话形式中所包含的身体性和政治性，突出了某些特殊内容，并且夸大了神秘主义成分。

第一次看到普罗提诺的名字大约是三十年前，在1980年前后。钱锺书《谈艺录》1948年版中提到了他，当时的译名为泼洛丁纳斯。《谈艺录》可能是中国最早引用普罗提诺的书之一。

这段文字今见八八《白瑞蒙论神秘主义》（中华书局，1993，272—273页、274页）：

> 普罗提诺者，西方神秘主义之大宗师，其言汪洋芒忽，弃智而以神遇，抱一而与天游，彼土之庄子也。
>
> 普罗提诺之所以自异于柏拉图者，在乎绝圣弃智。柏拉图之理（Idea），乃以智度；普罗提诺之一（One），只以神合。

其一涉及中西比较（空），其二涉及西西比较（时），开启了后来者深入的进路。

怎么竟然有这样的人？我当时还是学生，对此人无限向往，这就是今天细读本篇的远因。现在想来，这样的向往相当空泛。那时候连庄子都没有好好读，哪里谈得上普罗提诺？

后来才觉得多少有些不对。以年代而论，普罗提诺不能跟庄子（约前368—前289）相比，能跟庄子相比的应该是柏拉图（约前427—前347）。普罗提诺大致生于中国的东汉末年，死于西晋初年，主要活动于三国（220—265）期间，可以比较的是魏晋的玄学和道教。于时代风气而言，其时在中国佛教的影响渐大，和在罗马基督教的影响渐大，也有所相似。

普罗提诺（205—270）在年代上比较接近的人物有注庄的向秀（227—272）和郭象（252—312），他们都继承前人而有所创新，普罗提诺在践行程度上可能高一些。

1. 开篇称普罗提诺为我们时代的哲学家，赞许他获得了最高成就。这里说我们的时代，应当指古希腊传统的古罗马时期。

古希腊传统的哲学，可分为古希腊和古罗马两个阶段。古罗马继承古希腊，最重要的大师是普罗提诺。古希腊以苏格拉底划界，可分为之前和之后。之前有泰勒斯、阿那克西曼德、毕达哥拉斯、赫拉克利特、巴门尼德、阿那克萨哥拉、恩培多克勒等人，之后有苏格拉底、柏拉图（以上雅典）、亚里士多德（以上马其顿）三巨头。

此后大局已定，进入希腊化时期，出现了许多小的派别。其中有走前苏格拉底路线的新毕达哥拉斯学派、走苏格拉底路线的斯多亚学派、走柏拉图路线的旧学园派（即早期柏拉图主义，所传闻世）和中期柏拉图主义（所闻世，已吸收亚里士多德和斯多亚学派思想），而到了普罗提诺的新柏拉图主义（所见世），集合了诸派之大成。柏拉图思想包含毕达哥拉斯和苏格拉底成分，在此结合时代的变化，产生新柏拉图主义。

尽管普罗提诺《九章集》没有直接提到基督教（好比葛洪《抱朴子》没有直接提到佛教），然而此一新派别的出现，仍然可以看成回应基督教的兴起，好比中国魏晋玄学和道教的出现，可以看成回应佛教的兴起。

在哲学家的名称之下，可以区分出三种不同的性向类型，对应三种不同的思想境界。一、哲学教授（学者或专业工作者）；二、哲学家（现代哲人）；三、哲人（古代哲人）。虽然在西文中，二和三用的是同一个词，然而在中文却可以试用不同的词，表示古和今的分歧：前者以思辨为主，力图完成体系性的知识；后者以践行为主，以爱智慧作为生活方式。三种类型既存在交叉和包容，也存在根本的区别。

这三种类型，借用徐梵澄先生的提法（扬之水《日记中的梵澄先生》，1990 年 1 月 25 日；见扬之水、陆灏《梵澄先生》，上海书店出版社，2009，第 37 页）：

> 案头已放着《读书》第一期。先生说，你们这一期发了一篇捧□□□的文章？答以"其学生所为"。乃道："□毕生也只是一位哲学教授，称不上哲学家，更称不上哲人。孔子是哲人，苏格拉底是哲人。""贺麟是哲人吗？""贺麟可以说是哲学家，他有一些自己的东西。"

在古希腊，soma（躯体）与 soul（灵魂）对立，经常成为哲学讨论的主要题目。《克拉底鲁》399d-400c 讨论灵魂（psyche）和肉体，提出 soma 种种近形词以释其义，有坟墓、符号、牢狱等（吴雅凌编译《俄耳甫斯教辑语》，华夏出版社，2006，147 页）。《高尔吉亚》493a 言及身体就是坟墓（soma est sema, the body is our tomb）。

普罗提诺似乎对自己住在躯体里深以为耻，参见《老子》

十三章："吾所以有大患者，为吾有身。及吾无身，吾有何患？"然而柏拉图从身体到灵魂，普罗提诺试图直接到灵魂，虽然直见性命，然而排斥人的身体性和政治性，可能也有所失。

普罗提诺《什么是生命物，什么是人》（I.1.3）提到通过哲学将灵魂和躯体分离（中译本 5 页）。可见对他来说，哲学就是一种安顿身心的方式，而不仅仅是知识的形态。深以为耻是修行的动力，中文耻从耳止，面红耳赤，也可以看成灵魂发给躯体的信号。人之为人，怎么可以缺少这一生理反应机制呢？

"他从来不愿谈论自己的家族、父母，或出生地。"以"圣人不带风土"之说而论，人一生的最终成就，确实应该超越这些因素。当时罗马帝国疆域广大，已出现"世界公民"之说（犬儒第欧根尼之言，见《名哲言行录》，马永翔等译，吉林人民出版社，2003，365 页）。

"他还坚决反对坐着由画家画像或雕塑家塑像。"因为画不出人的功业和成就，也画不出人深邃的智慧以及动态的精神。对于太一而言，根据形体所画之像，犹如柏拉图所称影子的影子。参见王安石《读史》："自古功名亦苦辛，行藏终欲付何人。当时黮闇犹承误，末俗纷纭更乱真。糟粕所传非粹美，丹青难写是精神。区区岂尽高贤意，独守千秋纸上尘。"《明妃曲》："意态由来画不成，当时枉杀毛延寿。"

参见《五灯会元》卷三盘山宝积章次。盘山本人之真部分传入普化，且能见及普化之真：

> 师将顺世，告众曰："有人邈得吾真否？"众将所写真呈，

皆不契师意。普化出曰:"某甲邈得。"师曰:"何不呈似老僧。"化乃打筋斗而出。盘山曰:"这汉向后掣风狂去在。"

阿美利乌斯（Amelius）是大弟子,坡菲利（Porphyry）是后来的弟子。最终由坡菲利继承老师的衣钵,似可比拟中国的神秀、慧能。是否画像并非太重要,因为即使肖像不在了,还有着著作和传记。

参加学派的聚会,是师生间讲课和讨论。向所有人开放,可能因为其时的社会状况还比较安定。凡愿意来的人都可以参加,因为气场有自动淘汰的功能,思想不相应的人会逐步退出,所以最后留下的人不会太多。

画家坐在人群之中,可以专心致志,不受影响。新来的人不断地深入观察研究,根据所见所闻形成愈益清晰的心理图像,相当于修师尊观想。形成心理图像以后再画出来,把三维以上的图像投影到二维,稍稍显露其精神。当年的这幅画像,应该已经不存于世,但在绘画过程中,画家本人的程度应该有所提高。

2. 普罗提诺不愿意接受灌肠治疗,或许认为有损长者的尊严。这可能是出于古典的观念,因为接受这种治疗,过程或许相当狼狈。

他拒绝吃含兽肉的药物,可能来自古代的禁戒。修行到了某个阶段,感受力有所深化,也可能自然而然地排斥某些食物。扬布里柯《哲学规劝录》记载毕达哥拉斯学派信条,其中提到"禁吃活物"（詹文杰译,中国社会科学出版社,2008,118页）,可能与此接近。

普罗提诺晚年多病多灾，可见与修证程度并无直接关联。以汉地性命双修而言，普罗提诺似乎为直接修性功上出者。

坡菲利离开他踏上旅程，正是普罗提诺生命的最后阶段。弟子于师，固然应该在身边长期侍奉，然而离开一段时间也是有益的，因为可以直接感受世界，消化所吸收的内容，印证所学。

普罗提诺在最后的日子中，病情恶化，手脚溃烂。按此四大分散之时，比较《庄子·大宗师》子祀、子舆、子犁、子来相与为友，又子桑户、孟子反、子琴张相与为友。

好以言辞款待朋友，就是思辨、玄谈、讲课，比如古希腊的会饮，又比如文殊菩萨向维摩诘问疾。大家尽量不去拜会，可能担心影响他的休息。

接受朋友们的供养，欧司托克乌斯来到身边，是陪伴他离世的弟子。

"我已经等了你很长时间了。"可能是双关，既是对弟子说，也是对死神说，近乎预知死期。《史记·孔子世家》记载，孔子临终前最后等待的弟子是子贡："孔子病，子贡请见。孔子方负杖逍遥于门，曰：'赐，汝来何其晚也？'孔子因叹，歌曰……后七日卒。"

"务必把我们里面的神带回到大全里面的神中。"人的灵魂回归太一，天人合一。《论至善以及其他诸善》（I.7.3）有言："灵魂脱离了躯体能更好地追求自己独特的活动，善就更大。如果它成为宇宙灵魂的一部分，那还有什么恶能抵达那里？"（中译本73页）比较《庄子·达生》："形精不亏，是谓能移。精之又精，反以相天。"

死时一条蛇从他的床底下爬过。可见当时环境的简陋,也涉及人和生物的相应关系。于中国纬学而言,似可谓气机感召。作者的特殊观察力注意及此,不知其然而然。

四大弟子多数远在异乡,临终前只有一人在身边。师生教学相长,弟子来自不同的地方,也把他的学说散布于世界。

"他从未告诉过任何人他的出生日期,因为他不想有人纪念或庆祝他的生日。"按对于哲人而言,关注生年远比关注生日重要。《论语·为政》"吾十有五而志于学"云云,可以对照什么年龄达到什么程度。《法句经·无常品》:"是日已过,命亦随减,如少水鱼,斯有何乐。当勤精进,如救头燃,但念无常,慎勿放逸。"此又名《普贤警众偈》,策励修行者精进不息。对于俗人而言,则关注生日远比关注生年重要,希望受祝贺或收礼物,参见钱锺书《猫》讽刺李太太:"她已到了愿有人记得她生日而不愿有人知道她生年的时期。"所以逐步淡化乃至取消庆祝生日,正是修行人题中应有之义。参见《五灯会元》卷十五云门文偃章次"日日是好日"。

对于希腊哲学传人而言,柏拉图、苏格拉底传统诞辰日,类似于中国的孔诞或印度的佛诞。在一年中至少二次宣读论文,可能来自柏拉图学园的传统,大致相当于两个学期。

在纪念活动中招待朋友,宣读论文。参照黑塞《玻璃球游戏》的描写,卡斯塔里举行"玻璃球游戏节"或"一年一度的庆典"(张佩芬译,上海译文出版社,1998,194—195页)。

3."他到了八岁的时候，虽然已经上学了，但还是常常缠住乳娘要吃奶。"按七八岁为男女分阶段起数之时，参见《黄帝内经·上古天真论》。乳娘是儿童时接触的陌生女性，对身心可能有潜在影响。上学了还是要吃奶，因为处于混沌未开的状态比较长，普通人断奶仅为9—12月。对某些特殊人物来说，智力开发较晚不一定是坏事，《易经》蒙卦九二谓"包蒙，吉"。道教传说老子出生前，处于母胎的时间比较长（《太平广记》卷一《老子》甚至称七十二年）。爱因斯坦少年时，也有比较长的混沌期。

"有人说他令人讨厌，他感到羞耻，便不再吃奶了。"由此从自然状态进入社会状态。这里的感到羞耻（was ashamed）和开篇的深以为耻（seemed ashamed），一以贯之。羞耻心为人性觉醒的标志，是道德成立的基础。据说人是唯一能脸红的动物，《管锥编》第二册引古罗马《博物志》言动物中唯人具双颊（malae），颊乃羞惭之所，赧色了然（pudoris haec sedes: ibi maxume ostenditur rubor）；近世哲学家云："人者，能双颊发红之动物也，识羞耻故"（das Tier, das rote Backen hat...Scham, Scham, Scham）（中华书局，1979，566页）。近世哲学家指尼采，引语出自《查拉图斯特拉如是说》第二部《同情者》。

"二十八岁，他产生了学习哲学的冲动。"按二十八岁，亦为《黄帝内经·上古天真论》之数。女七男八，一般在二十八到三十二岁之间，平均为三十，《说文解字》称"三十年为一世"。这时候人的青春期即将结束，身体和思想正是变化之机，相当于"三十而立"。学习哲学于古义近似于修行，不甘心空过一生，是要看到柏拉图所称的"善"（agathos）。"善"也就是古希腊世俗语言中的"好",以此彻上彻下。

去亚历山大里亚(Alexandria)求学,到达当时的学问中心。按亚历山大里亚得名于亚历山大大帝(前356—前323),马其顿王国埃及总督托勒密在这里建立王朝,大兴文教,取代雅典成为古代世界的学术中心。公元前30年被罗马共和国军队攻破,女王克里奥帕特拉(Cleopatra,前69—前30)自尽。罗马通过此地学习希腊文化,而希腊、希伯来文化也在此相遇。

在社会上最负盛名的人,只能代表当时社会的认同度,不一定是学问最好的人。名师绝不能等同于明师,名僧也绝不能等同于高僧(参见慧皎《高僧传》自序)。普罗提诺求学遇到挫折,却也由此踢开世俗,获得上出。对名人就此免疫,知道不过如此,渐渐获得自信。来自朋友的推荐,相合他内心的渴望,此即感应。内心的呼声散发于天地之间,引发后来的种种因缘际会,不可思议。

普罗提诺满心悲哀地逃课,因为这位名人所讲的,根本不是自己想要的东西。希望越大,失望也越大。如果内心自有所主,于教师不能相应而逃课,并非完全是坏事。比尔·盖茨和乔布斯皆中途辍学,贾宝玉也是逃课之人。塞林格《麦田守望者》以逃学少年为主角,风靡一时。

阿摩尼乌斯(Ammonius,约175—243),曾经当过搬运工,是一位悟道的大师。普罗提诺从未接触过,那是全新的求知体验。朋友似乎说,你这个不对那个不行,那么还有一个人,不知道是否配得上胃口,去试试吧。结果插头一插就通电了,和他以前接触的学问完全不同,眼前判然出现新的天地。

阿摩尼乌斯潜修密证，知道他的人并不多。自修成才，大致相当佛教的缘觉，然而有其背景氛围。此人没有写下作品，尚存古风，因为真实的内容，语言难以表达（参见《斐德罗》274c-275b，275d-e，《第七封信》341c）。传说他为基督徒养大，但是后来成了异教徒。此有一定可能，他由希伯来传统而归于希腊传统，然而已吸收希伯来传统，还可能加上波斯和印度。

"这正是我要找的人。"一见倾心投缘，就此终身追随，此即《奥义书》的近侍。在哲学上获得了非常完全的训练，必然伴随着切身的指点和口诀。

普罗提诺由此开阔了眼界，他渴望了解波斯和印度，应当来自老师的影响。因为对希腊传统的深入，必须了解此二地的文化，加上希伯来和埃及的传统。不仅如此，希腊哲学的形成，本身就和埃及、波斯乃至印度，有其不可分割的联系。波斯应参考琐罗亚斯德教(Zoroastrianism)的传统，也称为"拜火教"，在中国称为"祆教"。而印度此时正传出大乘佛教。

从学十一年后，参军东征，老师应该已经去世。远征失败而归，即使没有听到那里的哲学教导，也必然有所得。归途上经历的千辛万苦，正是验证所学的机会。

希腊的经书读过了，东方的远路也走过了。他回到罗马，相当于四十而不惑。

阿摩尼乌斯三弟子共同约定隐秘修持，可见其师的理论有密教成分。为什么不能公开，一为守气不失，二怕引起诽谤。此可能来自古代教导，扬布里柯记毕达哥拉斯学派有信条云："当你追随诸神之时，首先要控制住舌头。"（《哲学规劝录》，詹文杰译，同上，101页）对于新入门者，有五年沉默之戒（同上，114页）。《论至善或太一》（VI.9.11）："不可向没有此类经验和知识的人泄露奥秘。"（中译本939页）在中国大体同时出现的丹道名著《参同契》，其中亦有言："兑合不以谈，希言顺鸿蒙。"

普罗提诺遵守保持缄默的约定，虽然和求学者进行讨论，但始终不提老师的学说。此谈用而不谈体，乃甚善之法，因为化体起用，可避免学者执体之失。《西游记》第二回孙悟空道："决不敢提起师父一字，只说是我自家会的便罢。"

其余二人先后开言，守约的时间比较短，对后代的影响也比较小。普罗提诺守约长达十年，期间只字未写，获得成就最高。深究此事，确实需要沉默一段时间。当年六祖得法以后，隐于民间潜修十六年（王维《六祖能禅师碑铭》、柳宗元《赐谥大鉴禅师碑》），足为后世楷式。当然也有时间短一些的人，参考《五灯会元》卷十四大阳警玄章次："得法者潜众一年，方可阐扬。"

"由于他鼓励学生提问，因此课堂总是缺乏秩序。"此为启发式教学。好的老师以实在的内容吸引人，在教学上脱略形迹，出神入化，用不着维持秩序。"还有大量不得要领的闲聊。"此即手工作坊似的传授，混入口诀和微言。为什么需要口诀，因为带有身体性，直接影响气脉。否则即使自己想通了，往往还隔着一层纸。不得要领者，散其体也。又随便谈谈，谈出一个东西来了，此之谓传道（参见《潘雨廷先生谈话录》二）。

阿美利乌斯是早年的弟子，跟随老师二十四年，比坡菲利早入门十八年。他最勤奋，记录内容比较多。

他缮写和收集了努美尼俄斯的全部作品，可能是最值得参的文献。努美尼俄斯是毕达哥拉斯派学人。阿美利乌斯带艺投师，但是未必得到精华。

4. 坡菲利和朋友来了。罗得岛（Rhodes），即《伊索寓言》中的罗陀斯。"这里是罗陀斯，就在这里跳跃吧！"当下之理，名言流传，受到频繁征引，包括马克思《资本论》。

阿美利乌斯整理的近百篇笔记，已经建立基础。普罗提诺写了 21 篇，大约相当于全部著作的三分之一强。坡菲利来到以后，认清了老师写作的价值，多方配合，也可能挡去一些琐事，于是大大加快了写作进度。

从 21 篇文章的题目来看，普罗提诺的思想已然成熟。尤其可以注意第一篇《论美》（I.6），理解普罗提诺可以由感受美入手。其次可以注意第九篇《论至善或太一》（VI.9），此即普罗提诺的修持指向，可以作为他的思想归宿。

5. 师生相处总共六年。

两人督促他写作，相当于《华严经》普贤十大行愿"六者请转法轮"。

普罗提诺写作进入全盛的巅峰时期，五年写了 24 篇。加上以前约十年写的 21 篇，共 45 篇。

6. 坡菲利离开到西西里时，普罗提诺在不到二年中，又写了 5 篇和 4 篇。他的速度不减于前，平均一年五篇，总共写了 54 篇。普罗提诺闻名于世，固然由于他的突出成就，同时也跟著作完整地存世有关。

然而 54 篇有很多出于坡菲利的切分，参见包利民《导言一》（中译本 8 页）。在《一论灵魂问题的难点》（IV.3）和《二论灵魂问题的难点》（IV.4）之间（中译本 422—423 页）突然中断，应该出于强行拆分，不一定有微言大义。

普罗提诺的写作，可以分为早期、巅峰期、晚期（患病期），文章力度有所不同。晚期思想并无变化，可能更为纯粹。

7. 此节相当于普罗提诺的追随者合传，其中有些人之所以走到一起，完全出于气息相投。

A. 阿美利乌斯，大弟子。老师认为 amereia（不可分，indivisibility）比 ameleia（无差别，indifference）更适合他，也可能相关于哲理，因为前者程度更高。《一论灵魂的本质》（IV.1.2）："灵魂既是一又是多，既是可分的，又是不可分的。"又引《蒂迈欧》35A："他把始终保持同一状态的不可分性和形体领域的可分性混合起来，产生了第三种是的形式。"（中译本 377 页）《二论灵魂的本质》（IV.2.1）论可理知世界："它里面的一切没有区别，也无分离。……理智总是不可分离的，不可分的。"（中译本 378 页）前者相当于《金刚经》于法不说断灭相；《老子》二十五章"道法自然"；又《庄子·齐物论》"道通为一"，《天下篇》谓老子"常善救人，而无弃人；常善救物，而无弃物"（见今本二十九章）。后者也揭示绝对的一致性，却稍有语病，容易抹杀不同层次之间的区别。此间之矛盾，或可以洞山《宝镜三昧》"银碗盛雪，明月藏鹭。类则弗齐，混则知处"（《五灯会元》卷十三洞山良价章次）

解之，否则也可能导致颟顸佛性、笼统真如。

B. 医生甲，他总是把事情弄糟。一个组织中难免有这样的成员，好比《西游记》取经团队中有猪八戒。凡有人群必分左中右，"鱼龙混杂，凡圣同居"（《五灯会元》卷九无著文喜章次）。认清此一状况，是修习哲学的前提。

C. 医生乙，此人上文已出现过。他照顾老师直到去世，也是亲传弟子。

D. 批评家和诗人，成就在文学方面。他追随普罗提诺，可见文学终究不能自足，最后必须指向哲学。他在老师之前去世，好比颜回在孔子之前去世。又医生甲也在老师之前去世。

E. 医生丙，热衷于政治，是普罗提诺的密友。他娶了阿摩尼乌斯朋友的女儿为妻，两人渊源甚深。普罗提诺力图让他脱离此类事务，可能是对的。《理想国》有言："只有在偶然的情况，哲学家才能参与政治。"（参见499b）此人在当地有一定的权势，这里译为泽苏斯，应该就是2节提到的泽修斯（两处英译均作Zethus），他的遗产供养了普罗提诺。

F. 从事公职的某仰慕者，为团队提供了大量支持。

G. 元老院二成员。有兴趣修习哲学者，往往有上层人士。

H. 议员某，彻底弃绝一切公共生活，有古希腊犬儒之风。普罗提诺对他推崇备至，并作为践行哲学者的榜样，可与上文规劝某人脱离政治之说对照。

I. 由修辞学转向哲学之人。

J. 本人坡菲利，最小的关门弟子，也是传衣钵弟子。一般而言，受委托编辑整理著作者就是传人。

进一步分析其团队成员，其构成是以下几种人：

一、彼此有所合作、有所竞争的弟子二（A，J），即阿美利乌斯和本文作者坡菲利。此二人传承普罗提诺之学，普洛克洛《柏拉图的神学》也提到过（石敏敏译，中国社会科学出版社，2007，2 页）。比较二个弟子的程度，以第二个更好些。

二、医生三（B，C，E）。哲学关注的是灵魂或心，而最切近于心的就是身，所以医生很容易对哲学感兴趣。

三、文学家一（D）。文学和哲学都关注人生，好的哲学中往往有好的文学，而坏的文学则为哲学所摒弃。

四、从政者二，（F）是普通从政者，（G）是上层政治家。政治家处于社会权力结构的顶端，然而仅属空间而不究竟，其上出必然走向时间，也就是倾向哲学。而肉身在世，从事哲学也不能不关注政治。

五、哲人一（H），此人由政治转向哲学，似走苏格拉底路线。苏格拉底的 daimonion 阻止他从政，参见《申辩》31c-d。

六、修辞学家一（I）。在古希腊，修辞学原来是哲学的对立面。修辞学目的是说服人，哲学目的是说服己；修辞学凭据意见，哲学探索真相。其间仅有一线之隔，所以也有少数人打破隔阂走向哲学。

统计起来，在这些哲学爱好者中，数量最多的是医生和从政者，相当于中国的"不为良相，则为良医"（《能改斋漫录》卷十三引范仲淹语）。

8. 普罗提诺写文章从不仔细检查，因为视力很差。按，潘雨廷先生撰文也是一稿写成，由学生来抄写和校对。

他并不看重字是否写得漂亮，也不注意音节、拼写，全身心地沉醉于思想之中。潘先生的这种状态，也保持到了最后。临终前三篇文章分别相应儒、释、道，虽然字已经写不动了，内容还是非常之好（参见拙稿《道教史丛论》后记）。另外还有一篇《论用九用六图》论象数，也是临终前写的，笔迹歪歪斜斜，没有完成。潘先生早年能写很漂亮的毛笔字，晚年已无暇顾及写字。

"他自始至终都在心里整理思路，所以写出来时就一气呵成，如同是在抄书。"因为他感受多维空间的形象，大体能读及无字天书，所以一瞥无遁形，写作乃整理或记录。

"他能够在交谈中把必要的部分充实完善，同时使自己的思想集中于正在思考的问题上，不受任何干扰。"他可以做到一心两用，跟高度专注有重大关系。潘先生讲课从不用稿子。钱锺书讲课用稿子，但是堂上绝不翻阅（据许国璋《外语教育往事谈》回忆）。

"他就这样同时既面对着自己，也出现在别人面前。"也就是说，他出现在别人面前的同时，也还是持续地面对自己。此保持修行状态，盖无心于事，无事于心，渐渐深入。

"除了睡觉，他从不放松他那自我转向的注意力。"此为精进之象，已达很高程度。然而于中国而言，连睡觉也不能除外，寤寐一如。而且，即使梦里已做得了主，仍然尚非悟道。参见高峰原妙（1238—1295）事迹，据云栖袾宏《禅关策进》：

（雪岩钦）问："日间浩浩作得主么？"答曰："作得。"又问:"睡梦中作得主么?"答云:"作得。"又问:"正睡着无梦时,主在何处?"于此无言可对,无理可伸。和尚嘱云:"从今不要尔学佛学法,穷古穷今,只饥来吃饭,困来打眠。才眠觉来,抖擞精神:'我这一觉,主人公毕竟在什么处安身立命?'自誓拼一生做个痴呆汉,定要见这一著子明白。"经及五年,一日睡觉,正疑此事,忽同宿道友推枕子落地作声,蓦然打破疑团,如在网罗中跳出。所有佛祖清讹公案,古今差别因缘,无不了了。自此安邦定国,天下太平,一念无为,十方坐断。(《续指月录》卷六末句作:"自谓如往泗州见大圣,远客还故乡。元来只是旧时人,不改旧时行履处。")

睡觉缩短时间,只吃一点点食物。此近乎辟谷,道家称"精足不思淫,气足不思食,神足不思眠"。

"同时持续地专注于理智上的凝思(contemplation)。"参见《入药镜》:"一日内,十二时。意所到,皆可为。"

9. 女子和小人传,以及其他边缘人物。

妇女也可以热衷于哲学。

提及扬布里柯(Iamblichus,约 245—325),此人为坡菲利学生,著有《毕达哥拉斯传》、《哲学规劝录》等。其后比较重要的人物就是普洛克洛(Proclus,410—485),其思想影响托名(或译)伪狄奥尼修斯(Pseudo-Dionysius,生卒年不详,约活动于公元 500 年前后),后者的影响进入基督教。以哲学史而言,最重要的新柏拉图主义者可以注意四人,普罗提诺—坡菲利—扬布里柯—普洛克洛。

达官显贵在临死前托付孩子和财产给他，认为他是圣洁如神的监护人，普罗提诺因为德行而受到信任。重视教育是精神层面，清点财产是物质层面。少男少女与智慧成熟的年长者打交道，彼此获益。

"他常常说，只要他们未对哲学产生兴趣，他们的财产和收入必须安全保管。"真为警世名言。哲人对物质的需要比较少（参见《斐多》64d-e），而不能成为真哲人者，必须严重参考此义。普通人不大可能达到普罗提诺的程度，所以对经济还是要注意的。反过来说，真正对哲学有一定心得，拥有更高程度的财富，对财产的依赖就减轻了。

普罗提诺内心深处喜爱的是苏格拉底和犬儒学派的生活方式，参照7节对议员某（H）的称赞。第欧根尼·拉尔修记载苏格拉底有一回走过市场，说："原来我不需要的东西有这么多呀！"又说自己靠神最近，因为欲望最少（《名哲言行录》，马永翔等译，同上，100页、101页）。又第欧根尼·拉尔修（约200—250）和普罗提诺是同时代人。

"尽管他要保护这么多人，使他们远离日常生活中的焦虑和烦恼，但是只要醒着，他从不放弃对理智的沉思。"此即大乘菩萨行，摄受众生供养，度人兼自度。参见郭象《庄子·大宗师》"彼游方之外者也，而丘游方之内者也"注："圣人常游外以弘内，无心以顺有。终日挥形而神气无变，俯仰万机而淡然自若。"

"他也是个温文尔雅的人。"此修养程度较深所致，处世平和中正，激烈的情绪已经消化。有求必应，当恒顺众生之象，为普贤十大行愿之九。

普罗提诺裁决过许多纷争，但是没有在政府官员中树过一个敌人。因为他不参与某个具体派别，秉持公正态度，所以没有私敌。参照《论语·颜渊》："听讼，吾犹人也。必也，使无讼乎。"此为裁决纷争的最高目标，将心比心，恰恰好好，不留下后患，不仅有利于原告，而且有利于被告。

10. 那一个自称为哲学家的人，涉及法力或通神术（theurgy）。此人也算是同门师兄弟，学得阿摩尼乌斯若干皮毛，妒忌普罗提诺，企图用魔术让普罗提诺中风。但是普罗提诺的灵非常强大，使他施加的伤害返回自身。这里的魔术当指符咒之类的巫术，普罗提诺身体也受到部分影响，使故事更显逼真。

参见《二论灵魂问题的难点》（IV.4.43）："那么善人为什么会受魔力或药物的影响呢？他的灵魂不会受蛊惑，他的理性部分不会受影响，他也不会改变他的思想；然而，他分有大全的非理性部分，这一部分要受影响，或者说他因这一部分要受影响。"（中译本 475 页）

"普罗提诺必定天生具有某些别人所没有的东西。"此来自学生的崇拜，下手看上手，往往会有此类观感。

与埃及祭司的斗法故事，可能有道听途说的成分。伴灵（companion spirit）就是护法神（daimonion），也相关人的命运（参见赫拉克利特《残篇》119）。在苏格拉底的耳边经常出现，也有译为"灵机"的（参见《申辩》31c-d）。

有一位神出现了，而不是低级的伴灵。神和灵之区别，参见中译本 259 页注。《论形式的多样性如何形成，兼论至善》（VI.7.6）："灵就是神的一个摹本，依赖于神，就如同人依赖于灵"（中译本 842 页）。正因为普罗提诺的伴灵到达了神的级别，所以他的信息经过一千八百年，还可以为今天的人所知，其光芒程度不减。

"对这位神不可能询问任何问题。"因为灵尚可在耳边嘀嘀咕咕，而神已非言语思议所可及。

甚至不可能让他显现得长久些，因为朋友把为保护而盖住的鸟闷死了。以故事情节而言，此看似偶然的因素必然发生，不可能不发生。神若长久显现则近乎妖，而故事述至此已达到极限。

王船山《读通鉴论》卷三："盖鬼神者，君子不能谓其无，而不可与天下明其有。有于无之中，而非无有于无之中，而又奚能指有以为有哉。"（中华书局，1975，77 页）参见《三国演义》一百三回《五丈原诸葛禳星》："孔明披发仗剑，踏罡步斗，压镇将星。魏延飞步入告军情，竟将主灯扑灭。孔明弃剑而叹曰：'死生有命，不可得而禳也！'"此虽为小说家言，却有深远意义。因为如果可以成功，维系人世间的一切因果必将变乱。

"他一如既往地使他那灵魂的神圣之眼凝视这位伴灵。"此即高明的修持之法，渐渐升华，渐渐纯粹。由灵魂、理智而太一，此即上出之道。

阿美利乌斯成为重仪派后，喜欢在朔月（new moon）到处参观庙宇。按孔子对仪式有两种态度：一、"赐也，尔爱其羊，我爱其礼。"（《八佾》）二、"礼云礼云，玉帛云乎哉。乐云乐云，钟鼓云乎哉。"（《阳货》）朔月参观庙宇，可能取阳生之景。参见

《参同契》:"三日出为爽,震受庚西方。八日兑受丁,上弦平如绳。十五乾体就,盛满甲东方。"

普罗提诺说:"应该他们来见我,而不是我去见他们。"极是,因为普罗提诺沟通于太一,其证悟程度远远高于普通的杂灵。学生们尚为世俗迷信所惑,自然不懂,也不敢问。参见《庄子·应帝王》"楚有神巫季咸"节,又参见《五灯会元》卷二嵩岳破灶堕和尚。其中的"径旨"不同于平常的"经旨","经旨"为显教所阐明,"径旨"则为教外别传的顿门:

> 嵩岳破灶堕和尚,不称名氏,言行叵测。隐居嵩岳,山坞有庙甚灵。殿中唯安一灶,远近祭祀不辍,烹杀物命甚多。师一日领侍僧入庙,以杖敲灶三下曰:"咄!此灶只是泥瓦合成,圣从何来?灵从何起?恁么烹宰物命。"又打三下,灶乃倾破堕落。须臾,有一人青衣峨冠,设拜师前。师曰:"是甚人?"曰:"我本此庙灶神,久受业报。今日蒙师说无生法,得脱此处,生在天中,特来致谢。"师曰:"是汝本有之性,非吾强言。"神再礼而没。少选,侍僧问曰:"某等久侍和尚,不蒙示诲。灶神得甚么径旨,便得生天。"师曰:"我只向伊道是泥瓦合成,别也无道理为伊。"侍僧无言。师曰:"会么?"僧曰:"不会。"师曰:"本有之性,为甚么不会?"侍僧等乃礼拜。师曰:"堕也!堕也!破也!破也!"后义丰禅师举似安国师,安叹曰:"此子会尽,物我一如。可谓如朗月处空,无不见者。难构伊语脉。"丰问曰:"未审甚么人构得他语脉?"安曰:"不知者。"时号为破灶堕。

11. 他对人具有非凡的洞察力，故识别出仆人中的小偷。能解析人心振动数者，可能有类似神通。于法律层面而言，此注重实质正义而非程序正义，来自心证，推广必然有其弊病。以普罗提诺的程度而言，当然知道其局限。

他常常预言与他住在一起的每个孩子的未来。参见《论星辰是否原因》(II.3.7)："我们只要看一个人的眼睛，或者他身上的某个部位，就能判断他的性格，也能预测他所面临的危险以及应该采取什么预防措施。"（中译本119页）对于一般人确实可以如此，过去说三岁定终身，遗传因素有重大影响。

有一次他注意到我，坡菲利有轻生的念头。按，修道者在修行深化的过程中，思想确实可能产生波动。身体和思想敏感之人，其气质中稍稍薄弱的部分，尤其在年轻时，可能显现为轻生的念头。这可以认为是用功太过，触动了某种内在机括，造成情绪的高低起伏，也许需要找机会散一散。度过此危险之时，以后气质增厚，体质加强，会自然而然地消散。

普罗提诺觉察出其中的生理成分，使用的却是心理疗法。在意想不到的时候不期而至，是为了避开坡菲利思想的正面防守，否则可导致新的执着。在对方想不到的时候可以谈，而想到的时候不可以谈。攻其无备，出其不意，此虚实互换，深合用兵之法（《孙子兵法·计篇》）。劝坡菲利离开这里去度假，因为过于执着修行，意念浓厚，也可能引起新的紧张。

指出坡菲利的念头并非出于坚定的理性的决定，因为当时确实有哲学家自杀，比如斯多亚学派创始者芝诺（约公元前344—前262）等人。普罗提诺似乎没有直接反对轻生，此即"围师必阙"之法（《孙子兵法·军争篇》）。因为人往往会坚持自己的错误，尤其轻生这种在青年看来如此重大的决定，在某个时间段怎么肯轻易放弃。如果是坚定的理性的决定，轻生的念头绝不可能轻易做出。尊重他人和自己的生命，是古典的人道观念，对修行者而言尤其如此。

此一思想还可以上溯毕达哥拉斯和柏拉图。在《斐多》篇中，苏格拉底根据毕达哥拉斯学派古说指出："除非神使人命数该绝，一个人是不应该去死的。"（62c，水建馥译《辩护词》，西安出版社，1998，88页）参见《论超脱躯体》（I.9）："如果每个人都有分派给他的命定时间，那么在那个时间到来之前就离开并不是一件好事，除非如我们所说的，这是必须做的时候。如果各人在另一世界的位置取决于他离去时的状态，那么只要一个人还有再进步的可能，就不能从躯体中取走灵魂。"（中译本93页）

谭立铸《柏拉图与政治宇宙论》中，引 Eunape《哲人与智者的生涯》亦谈及这件事（华东师范大学出版社，2010，74—75页），与本篇记载有所不同，当以本人的自述为准。世间每一件事都有其不同的相貌，接触者认知程度不同，在传述过程中发生情节偏差，不足为奇。

坡菲利最终抛弃轻生的念头，度过了心理危机。此一过程最终由自己完成，别人绝不可代替，此即《孟子·尽心上》"引而不发，跃如也"。努力到一定程度，暂时放一放，别有十倍精彩。

普罗提诺的这次劝说，造成两人就此分离，也使得自己去世时坡菲利不在身边。好的老师当然应该全心全意为学生着想，不应该掺杂自己的利益在内。而坡菲利也没有辜负老师，他花大功夫编订《九章集》，使普罗提诺的学说保存下来。

12. 哲人与皇帝和皇后的友谊，也就是哲人和王之间的联系。伯纳德特指出，其间短划的联系意味深长。重建柏拉图城的设想，新大西岛、乌托邦以及空想社会主义，皆可归属此一类型。参见伯氏《施特劳斯的"城邦与人"》（刘小枫主编《施特劳斯与古典政治哲学》，上海三联书店，2002，561—562页）：

> 柏拉图则提出哲学—王（philosopher-king）作为人的问题的解决，这个用连字符连在一起的名字指出了人与城邦各自所能达到的最高境界之间不可缩减的差异。

"要不是一些弄臣出于嫉妒等动机进行阻扰，普罗提诺本来可能已经如愿以偿了。"这完全是虚拟语气，其实根本不可能，所谓"见之不可用，用之不可见"。理想城邦只可能存在于天上，在地上是找不到的（《理想国》592b）。如果出现，乃是命运凑巧（参见499b）。政治敌人散布谣言之类，当年在叙拉古也发生过（参见《第七封信》330b），甚至也可以这样说："要不是一些人出于嫉妒等动机进行阻扰，柏拉图本来可能已经如愿以偿了。"

13. "他充分显示了语言的驾驭能力，但是在某些词的拼写上总出差错。"按语言的驾驭能力由悟道所致，辩才无碍。盖能直趋中心，呈现多方面、多层次的解说，拼写差错无关紧要，后来整理者注意纠正就可以了。

"他讲话的时候,满脸都被理智之光照亮。他的外表原本就富有魅力,在讲话时更显得动人心魄。"此理智之光亦即德性之光,因已感通大全,消除时空间隔,故能够显现出光芒。普罗提诺距离柏拉图 700 余年,今日距离普罗提诺 1700 年,感受到部分真实内容绝不稀奇,此即庄子古今如旦夕之说(《齐物论》)。

普罗提诺《论美》(Ⅰ.6.5):"当你在你自己或者另外某人身上看到伟大的灵魂,公义的生活,纯洁的道德,高尚的语气,尊严、端庄伴随着无畏、镇静、安宁的气质,以及照耀在这一切之上的神圣的理智之光。"(中译本 62—63 页)《论形式的多样性如何形成,兼论至善》(Ⅵ.7.17):"理智就是照射到灵魂中的光,就像至善是照到理智中的光一样。"(中译本 859 页)感通亦即修相应瑜伽,可参考黑格尔的定义:"美就是理念的感性显现。"(《美学》第一卷,朱光潜译,商务印书馆,1979,142 页)

刘衍文《寄庐杂笔》赞潘先生讲课"俯拾即是,尽得风流","真有如陆放翁《读宛陵诗》的'岂惟凡骨换,要是顶门开'之感"。"我听潘先生的讲课(《庄子·天下篇》),实是阐述各种学派的要义,并不屑于寻章摘句,也不专注于名物训诂,而是贯通了荀子《非十二子篇》、韩非子《显学篇》、《吕氏春秋》的《季春纪第二·圜道》和《序意》以及司马谈的《论六家要旨》,几乎就是一部先秦思想史的总评。"(上海书店,2000,400—405 页,转引自周毅《相逢不识潘雨廷》,《文汇报》2002 年 1 月 25 日)

"他提问时和婉文雅又步步紧逼,慈爱之心溢于言表,……展现了他卓越的理智能力。"尖锐、犀利的提问,以慈爱之心作铺垫,亦即《天龙八部》四十三回"武功越高,越要用佛法化解"。

有一次，坡菲利连续三天问他灵魂和躯体的关系，他始终耐心地加以解释。按这里的关系能谈上三天，可见其间深奥难测，而且富于种种细节，需要点化。

某人喜欢一般性的论述，希望以定型的论文方式讨论，不能忍受这样的问与答。普罗提诺则说："如果坡菲利提出问题时我们不解决他的困惑，那我们就根本不可能写出什么论文。"此见其言说方式的古学基础。

定型的论文方式，为亚里士多德方式；问与答的对话方式，为柏拉图方式。普罗提诺由柏拉图而综合亚里士多德，故成柏拉图主义，而非亚里士多德主义。其学说的基础仍在柏拉图，目的在于解决人生的实际问题，不在于形成某种理论。论文可以生搬硬套地推出结论，而问答必须首先看提问题的是什么人，提的是什么问题，以及提问的场合状况。问答比论文更深邃，涉及古学的"火候"。

14. 他行文简洁，思想丰富，总能做到言简意赅。按"为文之道，割爱而已"（《管锥编增订》，第五册，中华书局，1979，90页）。《文心雕龙·熔裁》："才核者善删，善删者字去而意留。"刘大櫆《论文偶记》："文贵简。……简为文章尽境。"

"他总是在令人痴迷的灵感中表述自己的思想，叙述的是他有真切感受的，而非传统留传下来的问题。"此即反身所致。令人痴迷的灵感，盖切己之证悟状态。

"他的著作处处隐含斯多亚学派和逍遥学派的思想。"斯多亚学派可以认为继承苏格拉底，逍遥学派来自亚里士多德。

"他对几何学、算术、机械学、光学和音乐都有全面的了解，但不喜欢在这些主题上做深入研究。"可能他以为这些主题过于形而下，不太重视《易》四道之一的制器尚象。普罗提诺最终成为神秘主义大师，而没有成为近代科学的前驱。

"他常常让人读一些注释，……或者其他能找得到的材料。但是他并非简单地直接引用他们的著作，而是经过自己的思考，采取独特的思路，用阿摩尼乌斯的思想来影响正在进行的研讨。"来源含弘广大，于学无所不窥，此所以集大成。且似有独门秘技，以来自阿摩尼乌斯的思想判教，并辨析其源流演变。

"他能迅速把握所读材料的含义，寥寥数语就阐明了某个深刻的研究主题。"此得多维空间之象，故能洞悉奥妙。对于普通的主题，他一眼看到底，当然秒杀。

当有人读朗基努斯的著作时，他说："朗基努斯是个学者，但肯定不是哲学家。"学者就是前面提到的哲学教授，主要研究名称、定义、影像；哲学家虽然也接触文本，但是上出于知识、物自体；最终必须反身得之，并兼顾社会结构，乃成哲人。将philosopher同一个西文词，拆成两种不同的译法，或可视为中华文明的贡献。

参见柏拉图《第七封信》341c6-d2："通过不断交谈，与问题共同生活，它就突然产生于灵魂之中，就像跳动的火焰点燃了火把，立即自足地延续下去。"（用马涛红译文，见彭磊选编《叙拉古的雅典异乡人》，华夏出版社，2010年，154页）此希腊古法与中土参禅极其相似，最后有"一得永得"之象。

奥利金来参加学派聚会，普罗提诺感到非常尴尬，讲了一会儿就结束了。奥利金是同门师兄弟，熟知师门之秘（参见 3 节，又 19 节称阿摩尼乌斯和奥利金远胜其他人），能拆穿此魔术，故讲不下去了。参见中国雪窦重显、韩大伯故事，见惠洪《禅林僧宝传》卷十一《雪窦显禅师》（《林间录》亦及此）：

> 禅师名重显，字隐之，遂州人。……尝典客大阳，与客论赵州宗旨。客曰："法眼禅师，昔解后（按："解后"亦即"邂逅"）觉铁觜者于金陵。觉，赵州侍者也，号称明眼。问曰：'赵州柏树子因缘，记得否。'觉曰：'先师无此语，莫谤先师好。'法眼拊手曰：'真自师子窟中来。'觉公言无此语，而法眼肯之，其旨安在？"显曰："宗门抑扬，那有规辙乎？"时有苦行名韩大伯者，貌寒寝，侍其旁，辄匿笑而去。客退，显数之曰："我偶客语，尔乃敢慢笑，笑何事？"对曰："笑知客智眼未正，择法不明。"显曰："岂有说乎？"对以偈曰："一兔横身当古路，苍鹰才见便生擒。后来猎犬无灵性，空向枯椿旧处寻。"显阴异之，结以为友。
>
> 后住明州雪窦，宗风大振，天下龙蟠凤逸衲子，争集座下，号云门中兴。显尝经行植杖，众衲环之。忽问曰："有问云门：'树凋叶落时如何？'曰：'体露金风。'云门答遮僧耶，为解说耶？"有宗上座曰："待老汉有悟处，即说。"显熟视，惊曰："非韩大伯乎？"曰："老汉瞥地也。"于是令挝鼓众集。显曰："大众今日，雪窦宗上座，乃是昔年大阳韩大伯。具大知见，晦迹韬光。欲得发扬宗风，幸愿特升此座。"宗遂升座。僧问："宝剑未出匣时如何？"曰："神光射斗牛。"又问：

"出匣后如何？"曰："千兵易得，一将难求。"僧退，宗乃曰："宝剑未出匣，神光射斗牛。千兵虽易得，一将实难求。"便下座，一众大惊。暮年悲学者寻流失源，作为道日损偈曰："三分光阴二早过，灵台一点不揩磨。贪生逐日区区去，唤不回头争奈何。"余敷扬宗旨妙语，遍丛林。

15. 坡菲利读诗《神圣的婚姻》，有人提出批评，普罗提诺却表扬说："你已经表明自己既是诗人、哲学家，又是神圣奥秘的阐释者。"在古希腊，诗人和哲学家的身份有所矛盾，而此处已然合一。《神圣的婚姻》当指阴阳结合，天与地，呼与吸，吸引和排斥，两极相通（two extremes meet）。后世英国诗人威廉·布莱克（William Blake，1757—1827）有诗篇《天堂与地狱的婚姻》（The Marriage of Heaven and Hell，1790—1792），又有诗集《天真之歌和经验之歌》（Song of Innocence and of Experience），与此有所相似。神圣奥秘，可能涉及炼金术原理。

修辞学家某人读了柏拉图《会饮篇》，谓阿尔喀比亚德声称，为了美德学习上的提高，即使老师对弟子的肉体有要求，弟子也应该服从。普罗提诺让坡菲利写文章予以驳斥。美德学习上提高和对肉体有要求，两者自相矛盾，弟子如何应该服从？此人的观点可能来自对《会饮篇》217a-e，218c-219d 的误解甚或曲解（尤其 217a、218c），这里展现的恰恰是苏格拉底的美德而非他对弟子的肉体要求，以插科打诨的方式，亦显亦隐，深不可测。此人的解析和柏拉图文意大相径庭，可能造成严重后果，故普罗提诺绝不能忍受，必须痛加批驳。

柏拉图哲学的继承者寄来一些哲学论文。普罗提诺指示坡菲利评判他们，并把评注交给他。此为培养学生之道，在做事情中获得历练和成长。

普罗提诺研究过天文学的规律，但是没有深及数学层面。按毕达哥拉斯也是柏拉图和普罗提诺的主要来源之一。又下文17节提及的努梅尼乌斯就是毕达哥拉斯主义者。

研究占星学，发现他们宣称的结果不可靠，便予以抨击。因为哲学高于占星学，新柏拉图主义对术数有吸收，亦有排斥。

16. 基督徒和其他信徒攻击柏拉图，普罗提诺反击，此即宗教和哲学之争，或雅典和耶路撒冷之争。新柏拉图主义是哲学的变体，诺斯底是宗教的变体，故不可避免地存在矛盾。二者都是希腊化时期的产物，或可当道家和道教，右道和左道，于观念而言为一元论和二元论。

《驳诺斯底派》（2.9.6）谓诺斯底来自柏拉图的洞穴譬喻（中译本183页）。又云："连柏拉图和其他蒙福的哲学家都还没有参透的可理知的本性，他们却好像已经参透了似的。"（184页）又云："从古人继承而来，只是添加了一些完全不适当的东西。"（185页）蒙福（blessed）谓受恩宠，《论至善或太一》（VI.9.4）言太一"只呈现给那些能够接受并且已经准备接受它的人"（中译本928页）。《老子》七十九章有云："天道无亲，常与善人。"

17. 阿美利乌斯写信，驳斥谣传普罗提诺剽窃努美尼乌斯之说。按诺斯底派一些思想源于柏拉图主义和新毕达哥拉斯主义，与努美尼乌斯关系密切（中译本177页注）。

"说他的基本原理都是最无价值的实在。"可能因为高度抽象，而且用遮诠，非也，非也。

普罗提诺对同一主题，在不同地方以不同的方法讨论。好比孔子对诸弟子说仁，无一相同，但是语无不尽。

18. 坡菲利呼应阿美利乌斯，有大小弟子联手之象。

普罗提诺从不装腔作势、夸夸其谈。按修辞学家惯用的夸张姿态，或为大众喜爱并易于接受。

"他的讲课如同交谈，而且他不是让人立即就能明白他谈论中令人信服的内在逻辑。"他的讲课采用辩证法，引向上升之路。不是让人立即就能明白，而最终令人信服，此与修辞学的效果相反，《易·系辞上》称"百姓日用而不知"。来的人第一次听课往往晕晕乎乎，不知所云，以后才逐渐明白其中意义。

坡菲利试图表明思想的对象存在于理智之外，主客尚为二分，不知道普罗提诺大全理智之所谓。盖此即自本自根，自存自在，永恒与自身为一（《会饮》211b，用刘小枫译文）。坡菲利经过几次反复，费尽九牛二虎之力才理解，是因为这种理论并非来自直观的常识，无法定性，难以言说。坡菲利虽然以谤法始，亦为与法结缘。他从此路进入，就此对老师学说深信不疑，并成为普罗提诺写作的增上缘。

"普罗提诺听完后笑着说"云云。此为理智上优越感的流露，比较《世说新语·文学》"远公笑而不答"。

19. 朗基努斯（约 213—272）亦为阿摩尼乌斯的学生，是社会上最早关注并研究普罗提诺之人。他虽然不能苟同于普罗提诺大部分理论，但是积极收集他的所有作品，以为他配得到最高的荣耀和敬意，凡是寻求真理的人都必须把他的作品归入最重要作品之列。这是朗基努斯作为学者的公正看法，也显示出他的正大光明。如前所言，哲学教授只是性向上的差异，并非完全是贬义词，可以看出他努力学习的形象。

20. 朗基努斯纵论当时各派学者，认为普罗提诺更清楚地阐述了毕达哥拉斯学派的原理和柏拉图主义。阿美利乌斯继承普罗提诺的衣钵，但是他迂回的阐释方式和普罗提诺不同。按普罗提诺风格简单直截，前文 14 节已言。又说："唯有他们的作品是值得注意的。"此即在众多平庸作品中标示出经典杰作，一枝独秀。又，钱锺书先生有言："对经典的第一手的认识比博览博士论文来得实惠。近人的学术著作（包括我的在内）不必多看；'欲穷千里目，更上一层楼'。"（致张文江，一九八一年十月廿四日）

21. 坡菲利再次引用朗基努斯，得到当时最杰出批评家的赞誉，喜出望外，如获至宝。又强调自己完全避开了阿美利乌斯的迂回，在写作上真正地继承了普罗提诺的风格。迂回可当渐门，直截可当顿门。

22. "有谁能比神更有智慧呢？"神才是真正智慧的，此为希腊古来之说，也是哲学成立的基础。第欧根尼·拉尔修《名哲言行录·序》记载第一个使用哲学这个术语,并称自己为哲学家或智慧爱好者的人是毕达哥拉斯。他说:"除神之外,没有人是智慧的。"(马永翔等译,同上,9页)以后又有苏格拉底提出只有神才是智慧的,而人的智慧微不足道(《申辩》23a–b)。于中国而言,《易·系辞上》有云:"一阴一阳之谓道。"又云:"阴阳不测之谓神。"前者示其可知,后者示其不可知。又,以现代学术为喻,神似可定义为无穷维。

阿美利乌斯询问阿波罗,普罗提诺的灵魂去了哪里,阿波罗说:"苏格拉底是最智慧的人。"按此与德尔菲神谕相应,所谓尚友古人。一个人内心深处真正想的是什么,就会感应什么,就到那群人中去,就会见到怎样的美景。苏格拉底《申辩》结束语(42a):"我去死,你们去活,哪条路更好,只有神知道。"此完全解消个人的执碍(sich verlieren),由此跨入属神之境。

"因为人的需要之绳已经为你松开。"如今却近乎更神圣的精灵,此上升即解脱。"需要"(necessity)也可理解为"欠缺"或"不满足",以中国术语而言,就是"有待"。人最需要的,或者说最欠缺的,其实就是智慧,而智慧属于神。

《论至善或太一》说(VI.9.6):"既然他是万物中最充分最独立的,他必然也是最没有需要的。"(中译本931页)又说(VI.9.9):"因此我们必须急切地逃离下界,不甘于被其他事物束缚。这样,我们才能全身心地拥抱他,没有哪一部分不触及神。在那里我们既能看见他,又能看见我们自己:这个自己变得光彩夺目,充满了理智之光。"(中译本938页)《二论灵魂问题的难点》(IV.4.45)注概括柏拉图《法律篇》的观点,谈到人就是诸神用线牵引的木偶（Ⅰ644d–e，中译本478页）。

"努力逃避这种茹毛饮血生活的痛苦波涛。"鸠摩罗什译《阿弥陀经》所谓"娑婆世界，五浊恶世"。参见普罗克洛注疏柏拉图《蒂迈欧》（42c），言及"灵魂被引往极乐的永生之路，停止了在变幻时空的飘零"（转引自吴雅凌编译《俄耳甫斯教辑语》，华夏出版社，2000，85页）。

"不朽者（the immortals）送来强大的光束，叫你在茫茫黑暗中能够看见"，可参考《西藏度亡经》（有多种不同译本，孙景风据藏文，张妙定或徐进夫据英文）。上天庭与弥诺斯（Minos）等人在一起。弥诺斯，古希腊神话中的克里特国王，宙斯和欧罗巴的儿子。在克里特岛建有迷宫，死后成为冥府判官之一。拉达曼索斯（Rhadamanthus），米诺斯的兄弟，也是冥府判官之一。埃阿科斯（Aeacus），宙斯和埃基娜（Aegina）之子，第三位审判官。此三人《申辩》41a提及，皆以公正著名。《申辩》还提及一人，特里普托勒玛斯（Triptolemos），此半人半神的英雄，为厄琉西斯（Eleusis）的一位农业鼻祖（水建馥译《辩护词》，西安出版社，1998，58页）。冥府判官最终判定人是否正义，因为人间法官可能枉法或者出错，以此平衡生前遭遇的不公。

《申辩》提到俄尔甫斯、穆塞欧、赫西俄德、荷马，此处则换成了毕达哥拉斯、柏拉图。俄尔甫斯、穆塞欧当密教，赫西俄德、荷马当显教，此即古希腊两大文教系统。所述传说中的福岛之象，即古希腊哲人的极乐净土，《阿弥陀经》谓"与诸上善人俱会一处"。苏格拉底于人间倡导"未经审察的人生是不值得过的"（《申辩》38a），并愿意上天后继续审察（41b–c）。这里的上天审察前贤，其实也可以落实于人间，那就是阅读经典，尚友古人（《孟子·万章下》）。

"你忍受了如此多的竞争"（you have borne so many contests），好比去西天要经历九九八十一难。终于行在神圣的灵中，跨入了不朽者的行列。恰如《斐多》（58e）所言，即使前往地府，一路上也有天神保护，而且到了另一个世界，一定生活顺利。又言（108c），那个前生一向纯洁正直的灵魂，有众神做伴侣，做向导，会去住在适合它的地方（用水建馥译文，《辩护词》，西安出版社，1998，82页，164页）。

23. 继续阐释神谕，并为之做证明。前节述神言，此节述人言。

"他是个性情中人，温文尔雅，富有魅力。"按"温柔敦厚，诗教也"（《礼记·经解》）。又此意9节已言及。

"他警醒地保持灵魂的纯洁"，此当《易·系辞上》洗心之象，其渐当神秀"时时勤拂拭，莫使惹尘埃"，其顿当慧能"本来无一物，何处惹尘埃"（宗宝本《坛经》）。

《论灵魂的不朽》（IV.7.10）："（灵魂）在自己的本性中，通过自我认识，自我理解，深入洞悉自己的原初状态，清除因长期疏忽而积成的斑斑污锈，然后在自身里看到他们，就像精美的雕像一样。就好比说金子有灵魂，把积在表面的所有灰尘清除，就看到了灵魂。"（中译本518—519页）"不断追求他全心热爱的神"，神即大全或太一，也是爱智慧所追求的智慧。《泰阿泰德》176b："我们必须尽速逃此世而趋彼世，欲逃此世则须力求肖神。"（用严群译文，商务印书馆，1963，67页）《论美德》（I.2.6）："我们关心的不是脱离罪，而是成为神。"（中译本 24 页）"尽一切努力获得释放"，"释放"（free himself），可注意其中文相关近义词，解放（世间法）、解救（西方，由外而内）或解脱（东方，由内而外）。

"那既无形相，也无理智形式，超越理智和一切可理知者的神"，虽然还是在希腊传统，已经和基督教的神非常接近。奥古斯丁深受普罗提诺影响，去世前不久还引用《九章集》（中译本 42 页注），或非偶然。神和神一样的人，就是智慧和爱智慧者（哲人或哲学家）。"按照《会饮篇》（210—211）所教导的方式，在思想中自我上升到最初的、超然的神。"显现为天人合一的途径，趋向神的道路就是修持。

"我，已经六十有八的坡菲利，在此宣称，我曾经与他相处甚密，还与他联合。"六十有八，已修至师尊当年死亡之年，不久自己也将去世（坡菲利活到七十三岁），老师的思想已经完全能够理解。在此郑重宣告，相处甚密指形迹，联合（united）指精神，亦即印度的瑜伽（yoga）。以中国传统而言，也可以说以心印心，彼此完全明白，恰如临济宗的主看主（参见《五灯会元》卷十一涿州纸衣章次）。

"近在咫尺的目标显现出来"，原来就在身边。《论语·雍也》"能近取譬，可谓仁之方也已"。参考题名庄周《引声歌》："天地之气，近在胸臆。"（逯钦立辑校《先秦汉魏晋南北朝诗》，中华书局，1983，314 页）

"他曾有四次到达那个目标，那是无法言喻的现实，而非潜能。"学生和老师相通，老师和神相通。四次与神联合，此为当下之悟境，为神秘经验的实证。

"诸神经常在他走弯路时纠正他。"可能通过上文的伴灵（daimonion）显现，其实也可以认为是人的良知之声。参见苏格拉底《申辩》31c-d："这从我小时候就开始了，就出现了某种声音，每当它出现时，它总是阻止我要做的事，却从不鼓励我做什么。"（用吴飞译文）

"送来连续的光柱"，参见摩西·迈蒙尼德著《迷途指津》，傅有德、郭鹏、张志平译，山东大学出版社，1998，第7页：

> 不要认为这些伟大的秘密都已为我们彻底知晓。事实并非如此。但是真理也时而闪现，使我们误认为明如白昼，过后，问题和自然习性又以各种形式把真理隐藏起来，这时我们又处于模糊的黑夜，几乎与原来的状态一般。我们就像一个深处漆黑之夜，又不时地看到空中的闪电的人。我们中有一人（译注——原文为"一些人"），由于闪电一次又一次向他闪烁，使他实际上处在连续的光亮中，这样夜晚对于他就呈现为白日。先知中的佼佼者就是这一等级的人。

"你看见许多美景"，是研究哲学的人"难得一见的"。按此一般不显露，《论美》（I.6.9）有言："灵魂如果没有成为美的，就不可能看见美。如果你想要看见神和美，必须首先变得像神一样，必须全然成为美的。"（中译本69页）参见《会饮》215a-b、216e-217a，阿尔喀比亚德称苏格拉底活像雕刻铺前摆的西勒诺斯，要是把他们的身子向两边打开，里面的神像就露了出来，那么神圣珍贵，简直美妙无比，神奇透顶（刘小枫《柏拉图的〈会饮〉》，华夏出版社，2003，101—102页、105页）。此确实"难得一见"，看见美景者有福了。哲人或能见之；哲学家对错参半，偶尔或得一瞥；哲学教授不能见，只能摸索其影像。

"人的凝思肯定要比人的感情优秀"，因为理智胜于情感，灵魂胜于身体。凝思虽然可能也是美好而精确的，终究属于小我，故还应上升于神圣知识，亦即上通太一，达到诸神所理解的深度。此即《楞严经》卷八："纯想即飞，必生天上。……情少想多，轻举非远。……情想均等，不飞不堕，生于人间。……情多想少，流入横生。……纯情即沉，入阿鼻狱。"《坛经》："智慧化为上界，愚痴化为下方。"修行化除习气，就是化情（感情）为想（凝思），化阴为阳。而上升于神圣知识，以中华学术而论，就是最终达成纯阳。

"凝思"（contemplation）一词，译者曾有专门解释，谓把希腊文 theorias 译为"凝思"而非"沉思"，是因为这个词在普罗提诺那里，包含着"从神而来"或"源自于神"的意思。这种"思"是太一的光照，具有"看"的根本内涵（石敏敏《论自然、凝思和太一》"中译者前言"）。

当普罗提诺还在肉身中时，可比较佛教的有余依涅槃。在他离开肉身后，可比较佛教的无余依涅槃。来到天庭并成为神的伙伴，有佛教弥勒净土之象，参考弥陀净土，亦即西方极乐世界。

24—25. 从生到死，传记至此结束。

"他本人委托我整理编辑他的书籍"，也就是相当于传人。上文 7 节已言此，这里又再次申明。

坡菲利认为不能按照发表时间排列书卷的顺序。这样可能有利于普罗提诺学说的传播，然而也可能产生某种程度的误导。因为普罗提诺的著作来自直观洞见，并非为了安排某种哲学体系。可以参考中译本附录三"普罗提诺著述年表和坡菲利的《九章集》排序表的对照"。然而普罗提诺著述年表的材料其实也来自坡菲利，所以也可以认为是他自示隙罅，以启后人深思。

编书体例根据内容而来，可以各不相同。必须注意其间气氛的渐渐融洽，运用之妙，存乎一心。《九章集》的编排原则是先易后难，然而原来并无体系。比照研究两种排序，可上出于普罗提诺的思想。

找到六、九这样的完数，分为五十四篇。也相应于《易经》的数，六为阴变阳，九为阳变阴。注意神秘数字，说明新柏拉图主义和毕达哥拉斯学派的密切关系。比如古希腊柏拉图作品（35＋1），1 为 13 封书信，而 13 又为 12+1。又比如中国《老子》81 章（9×9）；《论语》20 篇（可分成上下各十篇）；《庄子》33 篇（当 32+1，从 52 篇改编而来）。

  第一卷 道德（伦理）
  第二卷 自然哲学（天体宇宙）
  第三卷 同二（以上三卷单独为一卷）
  第四卷 灵魂
  第五卷 理智（超越理智，以及理念），以上二卷单独为一卷。

第六卷（未说明，being，太一？）

最后一卷文中未言题目，包利民《导言一》谓题目为"太一"（7页，参见8页的批评）。按《庄子·齐物论》有言："一与言为二，二与一为三。自此以往，巧历不能得。"此卷内容为存在和太一，也可能不是无意间的疏忽，而是在卷末用阙笔。太一不可言说，当以身心体证之，言语道断，心行处灭。第六卷最后一篇《论至善或太一》（VI.9.6,7）有言：

> 你不必为了保守这个一而加上"合一"之类的字眼，而应该取消思考、合一、关于自身和他者的思想等字眼。（中译本932页）

> 只有在灵魂不倾向于任何外在事物，漠视万物，甚至漠视自己，这样才能转向对太一的沉思，并且伴随在它的左右，与它有充分的交流（可以这么说），然后如果有可能，向他者宣告那种超然的合一。（中译本933页）

增加注释和题目，对论点做概述，作为题头的一部分。这样的内容提要即中国《诗》《书》的《小序》，然而今天可能已不存在。

本篇是普罗提诺集的序言，全书问世时坡菲利也已经去世（《从亚里士多德到奥古斯丁》，《劳得利奇哲学史》第二卷，冯俊等译，中国人民大学出版社，2004，425页）。此文的思想结构，可比拟《史记·太史公自序》。

"对作品进行全面修订,加上标点,校正讹误,以及其他可能想到的事,目的使著作条理清楚。"此需要长时间地艰苦劳作,保存哲人的心血以利益后世,整理工作者分所当为。

(原载《古典研究》4,2010年冬季号;
《古典研究》5,2011年春季号)

梁漱溟的命书和批语

在整理潘雨廷先生（1925—1991）遗稿时，有两张订在一起的小方纸，引起了我的注意。小方纸由潘先生亲笔抄录，写满正反两面。其中一张是为某无名人批的命书，另外一张是被批人自己对命书的批语。内容如下：

其一：

光绪十九年九月初九日申时生

	禄	丙	偏印				
		戊	比肩	四岁	辛酉		
正财	癸巳					戊庚拱己	庚壬拱辛
		庚	食神	十四	庚申		
		丁	正印	二十四	己未		
偏财	壬戌					戊子拱亥	
		戊	比肩	三十四	戊午		
		辛	伤官	四十四	丁巳		
日主	戊子					申合巳	巳刑申
		癸	正财	五十四	丙辰		
		戊	比肩	六十四	乙卯		
食神	庚申	庚	食神	七十四	甲寅		
		壬	偏财				

贵造阴男命，大运逆行，由出生日时计，至是年八月二十九戊寅日巳正一刻十四分寒露节，共九日三时余，折除为三岁一月，出生后满三岁又一月换运。每逢丙、辛年十月立冬后交脱。

贵造戊坐子上，建禄于巳，支中藏有正偏二印及三比肩，可谓身旺。足徵身体虽不十分强壮，却少疾病，精神健旺，能耐劳苦。（按：着重号原有，下同。）贵造以庚为食神，坐于申禄之上，长生于巳，以壬癸为财，柱内有子为癸之禄，戊子拱亥为壬之禄。财、食旺，柱中不见官煞，自是食神生财格，所谓食神生旺胜财官也。一生淡泊宁静，不求富贵利禄而衣食自丰。四柱中除日干月支外，全属金水，可谓金水相涵，光照四表，声名扬溢，华实并茂。文章道德，超越群伦。四柱既不见官煞，而庚壬拱辛为伤官，丁卯极为微弱，财虽旺不能生官。如是生性不喜做官，而勤于学术研究，勇于社会服务，纵有独当一面之局，亦不长久。而居师宾之位，则处之泰然。柱内财旺本主多财，然支中所藏比肩太多，戊庚拱己为劫财。如是赋性慷慨，不解（按：纸片止于此，以下阙。"不解"后，推测可能是"经营""理财"之类字样。）

其二：

此为我算八字者，回忆当是友人熊十力先生所介绍（熊先生持我八字交人去算的），已忘其人姓名。算命看相，我向不喜为之，然自己亦非无偶一为之时。看相高手莫如卢毅，一度遇于香港。向其请教，卢忽立起，审视我头顶发际，然后坐下叹曰："君有出家人之相，但脑部斜出一纹，转归学术界矣。"其他不置一词。又成都有相士陈公笃者，曾一（按：此处空白，阙一字，推测可能为"遇"字）之。陈当下书写一纸为答，其中有句云："志大而心小，劳倍而功半。"自省我一生奔走国事的经过，不禁为之叹服。又抗日战争初期随政府退守武汉，晨起散步，路遇一相士家，听其谈话不少。其言之可记者，有如下三点：一、君非寻常人，有合于相法中古、怪、奇三个字之古字。一生既不居于人下，亦不居人上，虽国家元首亦且平起平坐，身居客位。二、一生免于水火刀兵一切凶险灾难之事，纵有危难，亦到不了你身上，化险为夷。三、名闻素著，而且垂名于后世……此相士居住汉阳门胡林翼路路东一巷内，门前标名醉醒居士，未详其姓字。

一九七七年二月五日

两张方纸都未署姓名，第一张已然不全。我非常好奇，那个人到底是谁？居然由潘先生亲笔抄录其命书。查考命书的受批对象，最初排除的是潘先生本人，因为出生年月和生平行事对不上。此人也不可能是潘先生的父亲，因为身份也不相合。观其批语，时有惊人之言，如"熊（十力）先生持我八字交人去算的"，"自省我一生奔走国事的经过"，"虽国家元首亦且平起平坐，身居客位"云云，绝不可能是在历史上没有留下踪迹之人。搜寻范围可以大致确定，为潘先生师长辈中的有名人物。虽不至于大海捞针，却疑冰莫涣，一时竟无从着手。

2007年某一天，友人林国良、陈克艰来访，交谈中忽然受启发，想到此人是否为梁漱溟？生日、时辰、行事、语气皆相合。于是进一步查考，确定此人就是梁漱溟先生（1893—1988），所附的批语是他的佚文。两页方纸，其一命书，其中记载的八字，可供术数研究者参考；其二批语，可观察有修养之人怎样看待术数之学。

我找来《梁漱溟全集》（山东人民出版社，1993年第1版，2005年第2版）核对，果然若合符契。此命书和批语与他的生平思想完全相应，有关的内容反复出现，主要在卷七、卷八中：

《自叙两则弁于年谱之前》："我以光绪十九年（西历1893年）九月九日生于北京。"（卷七，401页）1977年8月19日，梁漱溟致胡应汉信："我的八字如下：癸巳、壬戌、戊子、庚申。据此批算者颇符合事实。但他谓我寿止七十四，便不对。不对之中却又是对，盖恰遭'文化大革命'，被红卫兵抄家甚惨也。弟试据此八字再核算看如何？""卢毅庵先生往年曾相见于香港，距今三十余年矣。乞弟代我致候，致敬。"（卷八，221页）

观手边命书所批，正是批算至七十四岁，应该就是此信所指之文。信中提及的卢毅庵，应该就是批语中的"卢毅"，少一"庵"字，是否脱漏，暂且存疑。民国时有著名相士卢毅安，应该是同一个人。卢为广东人，师从康有为，留学日本时学习相术，交游广泛，1971年在美国去世，梁当时还不知道。批语中提及的陈公笃，梁漱溟也有专文记述。

此文为《记成都相士陈公笃》（1979），其中对"志大而心小，劳倍而功半"有解释："余一生奔走四方，从不为身家之计。在河南、在山东，致力乡村运动，生活视城市任教大学，远为艰苦，至于出入敌后游击区域，其艰苦更不待言；但功效则甚鲜。只自身受锻炼耳，无功足录也。又何谓志大而心小？志大一层无待申说，心小一层自知甚明。例如我一生不知做了多少公开讲演，讲词内容每多相同，无须预为准备；但约订时间后，即不能坦怀休息，临午睡即不能入睡矣。每诵明儒王心斋先生诗句：'人心本无事，有事心不乐；有事行无事，多事亦不错'；自愧心胸窄小矣。"又言："此相命家其后竟以日寇飞机投弹被炸死，是可伤也。"（卷七，485—486页）

梁漱溟和美国研究者艾恺的访谈中，也提及此事。有一处大致说：

"按照中国的话，叫作'算八字'（笑）。有一个我现在还存着，按照我的八字，他就算出来你某一年怎么样，算到74岁，他底下不说了。看他文章写的意思，是说74岁以后没有了，可是我现在已经80好多了。应当不对吧？还是对。74岁这一年是1966年，8月24日抄家。那一次在命运上很不好，受大的打击。"（《这个世界会好吗？——梁漱溟晚年口述》，[美]艾恺采访，东方出版中心，2006，143页）

还有一处大致说：

"过去给我算命的人，有说我活六十几岁的，他写的那个批评我没有存留了，现在存有一篇是算我到74的，后来还有算的，算我可以到94。说我到94的有两个人，我也不晓得对不对，他们两个人也没有商量。"（同上，247页）

此次访谈发生在1980年8月，内容和1977年8月的书信相合。

现在发现的这份命书，应该就是梁漱溟算到74岁的自存本，由梁本人拿给潘先生看，潘先生再抄录保存。前引梁致胡应汉信中说："弟试据此八字再核算看如何？"再核算至94岁的二种批命，其中之一当来自此。胡是香港人，梁的追随者。根据梁的日记，另外一种出于史廉揆，1978年12月13日托人持来（卷八，1097页）。史廉揆（1907—1984）是易学研究者，早年跟从李证刚、梅光羲学习佛经和《周易》，还受到欧阳竟无、王恩洋的指导。

梁漱溟本人和潘先生的关系如何呢？查考《梁漱溟日记》，其中有潘先生活动痕迹，试摘录数则：

1978年9月26日："早起略进食，即偕同袁昌赴功纯家会谈。座中有潘禹廷新从上海来，星贤、松安等均到，十一时散会。"9月27日："阅潘著《易经与唯识》。"10月3日："早起进食少许，维博来，同去刘家与卢、潘、袁、王会谈。"10月10日："重阳节我生日。早起略进食，星贤、虹叟、维博来，同车去动物园，功纯、田镐及潘君同车（惜卢松安未到）。游香山公园、碧云寺、卧佛寺，进自备干粮，竟无茶水可得，饮啤酒代之。返城内，到家已午后三时多矣。"10月17日："早起星贤来，偕往功纯家会谈，坐中有潘、卢及田镐共六人。"10月20日："午后访星贤，巧遇刘、潘，当付还其书，又留下卢书于贤处。"10月22日："游颐和园而归。知刘功纯及潘、阎三人来访我，又赠我好墨及笺信等。"10月24日："早星贤来，伴去功纯家聚谈。潘将回上海，功纯因等候一友从美国来，暂不走，且约下周二聚于我家。"1979年8月1日："午后星贤来带到上海潘禹廷信件，容转袁昌。"又，1980年8月25日前："收上海潘禹廷《易经》稿。"

这里的潘禹廷就是潘雨廷，为什么雨写成禹，可能是梁漱溟的笔误，也可能是排印时手民误植，雨和禹音形皆近。"阅潘著《易经与唯识》"，应当指潘先生的《易与唯识》（文见《易与佛教、易与老庄》，上海古籍出版社，2005）。日记中功纯应该是刘公纯（1900—1979），山西人，熊十力和马一浮的弟子，此时住北京的儿子家中。1979年3月15日，梁在日记中记录了刘的病逝。3月18日，又提及他平静如生时。潘先生1955年师从马一浮时认识刘公纯，1956年又因为刘的介绍师从熊十力。两人来往密切，潘先生常赴杭州和他畅谈，是脱略形骸的忘年交。

我见过刘致潘一封信，对《坛经》中的卧轮禅师偈有所不解，为此询问潘的看法，并通过他了解程老（程叔彪）和顾先生（顾康年）的意见。信末仅署月日而未署年，根据情况判断，当写于1974年或1975年。卧轮偈："卧轮有伎俩，能断百思想。对境心不起，菩提日日长。"慧能偈："慧能没伎俩，不断百思想。对境心数起，菩提作么长？"确为《坛经》关键之一，有心于禅法者，当深入参究之。

即使在"文化大革命"的严峻形势下，潘先生和他的师友们也没有停止商讨学问，是那个时代中不为人所见的特殊风景。程老即程叔彪（？—1981），亲近诺那（1856—1936）和虚云（1873？—1959）等人，修习禅密净，著有《无门直指》。顾先生即顾康年（1916—1994），范古农弟子，深明唯识和禅宗，有《骊珠集》传世。潘先生结识梁漱溟，应该是通过刘公纯的引介。梁漱溟赠送潘先生《人心和人生》手稿抄本，1977年1月，潘先生读毕后有诗记其事。

日记中提到的袁昌（1909—1990）即袁鸿寿（虹叟也是他），文史学家、医学教授、藏传佛教修习者。田镐是田慕周，长期为梁漱溟做事，梁的很多稿子由田抄写。星贤是王星贤，山东人，熊十力和马一浮弟子。维博指陈维博，王星贤弟子，又长期为熊仲光做事。卢松安（1898—1978）是藏书家，尚秉和弟子。他收集历代《易经》一千五六百种，邀请潘先生帮助他整理。他们是读书人，彼此情意深厚，一聚再聚，一谈再谈，所谈的是中国几近失落的传统学问，关心的是天下大事。其时正当"文化大革命"结束，万象复苏的解冻季节，梁漱溟在重阳节和几个学生友人共同出游，一起过八十五岁生日，感情是和谐的，气氛是融洽的。他们在香山卧佛寺的留影，至今尚存（见《梁漱溟日记》卷首24页，潘雨廷《诗说》修订本卷首）。

我当年随侍潘先生时，潘先生常常会提到梁漱溟（称为"梁先生"），语气很敬重。对熊十力和梁漱溟为学的分歧，也有所评析。潘先生生平不写日记，有时到外地去，会写一些流水账之类的备忘笔记。选录一段和梁漱溟有关的：

一九八三年三月十六日。上午十时二十分抵北京，乘地铁至梁老家，放下行李，至史老家午餐。下午至梁老处聚谈，谈及彭诒孙事，与杭辛斋是郎舅，常谈《易》。梁老是彭办启蒙学校的学生，彭办《启蒙画报》为儿童报刊，《京话日报》为居民所读，《中华报》系文言文学者所读，间谈政治。杭记"袁杀康所派之二人（在京设照相馆，欲与光绪通消息，被发现）"即封报纸，杭驱逐出境。彭充军新疆十年，到期后仍回京，其女为梁老之长嫂。至师大住小红楼一号二楼3-3，与章太炎孙念驰同住，晚曹建来。十七晨黄老来，赴姜老太处午餐。中华书局未遇，至熊幼光家晚餐。十八日上午往师院林书煌家，下午开会。十九日中华书局洽成，仲光处午餐。北海休息一小时，晚访启功，林夫妇、曹、杜四人来。二十日参观毛主席纪念堂。下午访陆老仲达，虞老愚，史老廉揆。晚李燕、王健来。二十一日访何奇遇胡老，回校时访王力军。二十二日早往天坛。访冯师志强。下午访黄老念祖，赠《净土资粮》，畅谈殊洽。访杨文园未遇。通信湘潭。晚八时，车送北京站。

此次赴京，一、对吴承仕生平有进一步了解，对遗著当力有所及为之整理。二、中华书局已约定三书，又为湘潭介绍。三、熊师生平又能进一步了解。姜老太盖不同。仲光师姐之功夫，亦有所理解。世俗之争殊无谓。四、梁师书题签，亦一机会。五、史老体尚健，然已未能深谈。六、新遇胡老福生，及李燕有发展。七、尚老病故。

抵北京先到梁漱溟家放下行李，然后再去他处，两人如果交情浅薄，绝无可能。所谈及彭诒孙事，《全集》中亦有记载，其事迹可见卷七《记彭翼仲先生》（75—103页）。又《我的自学小史》五有论彭专节（见《我生有涯愿无尽——梁漱溟自述文录》，中国人民大学出版社，2004，13—17页）。还有多处谈及彭，不再详细摘录。彭诒孙和杭辛斋，参与了清末民初的救亡活动，是中国最早的报人。至于谈及杭辛斋，潘先生当有所补充。

杭辛斋（1869—1924）浙江海宁人，民初开创新风的大易家。生平特立独行，有志于国事，极富传奇色彩。在狱中遇异人而学《易》，有些像现代的基督山。他和潘先生的老师杨践形（1891—1965）有亲密的关系（参见拙稿《杨践形著作集》序）。1925年，杨践形撰《学铎社丛书》，第一种是《易学演讲录》，卷首用杭的题辞"易学渊镜"，并刊载杭与杨的来往信件数通。杨践形组织"学铎社"，以整理国故，振作民德为宗旨。"学铎"当取《论语·八佾》"天将以夫子为木铎"之意，以期警醒世人，启发民智。杭辛斋于杨所编的《学铎报》刊载《说无》。杭致杨的信中说："《周易指》阅竟乞付还，并望面析疑义，以资切磋。"由此知两人的结识，尚在此年之前。仔细阅读这些信件，杨和杭之间，最早的通信应该始于1917年，最后一次见面在1923年秋。1924年1月，杭就逝世了，终年55岁。

于清代易学，杨最爱的是焦循《易通释》，而杭的启发，使杨通晓了端木国瑚《周易指》。两人相交，有抵掌谈《易》之乐。杨回忆说："辛斋先生时寓沪上霞飞路仁和里，余每过其门，必入纵谈，乐其说娓娓动听，有时竟夕不倦；幸洋场十里，火树银花，通宵不夜耳。常索拙著易学书看，必圈点眉批以还我。"（《学铎社丛书》，民十四年铅印本）霞飞路即今天的淮海中路，仁和里往东走几十步是西藏中路，正是上海最繁华的地段。此处离我当年的工作单位相去不远，因为景仰前辈的行迹，我还去那里探访过。

记录中的另一些人，各有其事迹，试略作勾稽。章念驰，章太炎长子章导之子，台湾问题专家，参与整理祖父的著作。黄老是黄念祖（1913—1992），佛教居士，密宗宁玛派传人，也是净土宗大德。姜老太指姜宗坤（1911—1992），修习先天自然功，曹建是她的弟子。熊幼光，熊十力长女。林书煌，北京师范学院物理系教师。启功（1912—2005），书法家，陈垣弟子。陆宗达（1905—1988），训诂学家，黄侃弟子。虞愚（1909—1989），因明学家、书法家，太虚弟子。李燕，李苦禅之子，画家。王力军，术数研究者。冯志强（1926—2012），武术家，陈氏太极拳传人。潘先生习陈氏太极拳，写有《陈氏太极拳初探》，陈鑫《陈氏太极拳图说》文革后重印，此文刊于卷首。此处称冯师，当曾从之学。

我所见潘先生用"某师"尊称之人，还有徐颂尧，见潘1979年（？）2月14日致单培根信（"于'文革'前屡访徐师颂尧，惜已仙逝"）。徐为西派传人，汪东亭（1839—1917）弟子，著有《天乐集》。潘先生《读易提要》卷十收有"玄隐外史《易学发微》"，评说此书易学部分（共十二卷）。徐住在苏州，其时的"屡访"，当日不能来回。又，单培根(1917—1995)为佛教居士，深于唯识、因明。杨文园，先后于能海（1886—1967）、正果（1913—1987）处受戒，佛教居士，用功于《维摩诘经》。尚老指尚秉和（1870—1950），著有《周易尚氏学》。熊仲光（1920—2009）是熊十力养女，信仰佛教，又为陈撄宁弟子。潘先生先后到熊家姐妹处吃饭，可见他和熊氏后人的亲密关系。熊仲光于画学的是齐白石，她赠送潘先生自己手绘的水墨花鸟画。熊先生哲嗣熊世菩（1921—1988）在上海逝世时，我还受潘先生委托，代表他参加了追悼会。

潘先生此次赴京，在梁漱溟书信中也有反映。1984年3月25日，梁致田慕周信："潘兄到京晤会不止一次，且一同开会悼念吴承仕先生。""重印熊先生著作事，潘兄尚未谈及。"（《全集》卷八，山东人民出版社，1993，204—205 页）。吴承仕（1884—1939）是经学家，章太炎弟子，笔录其师讲学内容，成《菿汉微言》。他本人有关《道藏》的文字，当初准备由潘先生为其整理。潘先生对一切有学问的人都是尊重的，珍惜他们的毕生心血，努力推动遗著的出版。

前辈之间的交往，钩沉仅一鳞半爪，也可略见师友的深厚情意。《论语·尧曰》："不知命，无以为君子也。不知礼，无以立也。不知言，无以知人也。"整部《论语》以此作结，含意深远。知礼、知言犹行和言，内以立己，外以知人；知命为君子，以达义理之命，当终身致力于此。四柱八字的命学，起于唐李虚中（781—813）或宋徐子平（907—960），其分析邃密谨严，有志于了解个人生命者或可参考，却未必已尽"知命"之蕴。

梁漱溟对此有正确的认识，批语中"算命看相，我向不喜为之"，是他主导性见地，不可忽略看过。即使就此两纸而言，也可以解读出不同信息。比如算至"七十四"之说，是"不对之中却又是对"，这是受批者所作的调整。又如"弟试据此八字再核算看如何"，那是批命者所作的调整。两者都需要经过调整才恰当，已不是原来意义上的对。相命家陈公笃其后竟因日寇飞机投弹被炸死，可见世界上更有其大事，而相命亦未必能免灾。

梁漱溟对自己的人生使命，有着超乎寻常的自信，经历中多次化险为夷。1941 年太平洋战争爆发，香港沦陷。梁漱溟乘船回内地，同行的其他船只全遭劫，唯独梁安然无事。梁在写给儿子的家书中，谈及处险境时的心理："我若死，天地将为之变色，历史将为之改辙，那是不可想象的，万不会有的事！"（《香港脱险寄宽恕两儿》,卷六,330页;据《我的努力与反省》,1987,290页,末句"万"作"乃"。)此事此言,令人赞叹,也引人疑惧。还有一件事与此类似,抗日战争时梁漱溟和友人在桂林七星岩,敌机突至并在头顶盘旋,友人大惊失色,梁镇定自若,聊天如常。(袁鸿寿《仲尼燕居——悼念梁漱溟先生》,《梁漱溟先生纪念文集》,中国工人出版社,1993)可见梁的定力已完全融入日常生活,从智慧中修炼而来。说到这里,我想起潘先生讲过一件事,可用来说明梁漱溟的为人,命书中的不解(理财?),当与此参照。在"文化大革命"中,有些友人受冲击而工资停发,生活困难,梁从自己的工资中拿出一部分,每月固定地接济他们,一直到"文化大革命"结束,这些人先后落实政策为止。

梁漱溟本人较完整的想法,表达在《谈乐天知命》(1979)中:"即从如上所见而有如下信念:一切祸福、荣辱、得失之来完全接受,不疑讶,不骇异,不怨不尤。(按:着重号原有)。但所以信念如此者,必在日常生活上有其前提:'战战兢兢,如临深渊,如履薄冰'是也。"又云:"信得及一切有定数(但非百分之百),便什么也不贪,什么也不怕了。随感而应,行乎其所当行;过而不留,止乎其所休息。此亦是从临深履薄的态度自然而来的结果。"自注:"一切有定数,但又非百分之百者,盖在智慧高强的人其创造力强也。一般庸俗人大都陷入宿命论中矣。"(卷七,497页)又:《勉仁斋读书录》"读《了凡四训》后所写评语":"此册所述四禅八定,是佛教和诸外道共有者,但有神通,未出生灭。从事于此,终究未超出三界(欲界、色界、无色界)。此册大量地叙述四禅,却未能阐明佛家胜义,不足贵。佛法传入中国,儒释时如不相妨碍者，学务圆通，遂不免浑乱之病，此册亦其一例。"又云："又此册混和杨、墨于儒，大大要不得。古之学者为己，非为我也。笑话之至！"（卷七，853页）

1985年4月，我持潘雨廷先生的介绍信，去北京木樨地居所访问，和梁先生交谈半天，受益良多。此前我读他的《人心和人生》，并没有特殊感觉。然而见到本人，却深受触动。其人澄澈透明，表里如一，举止中有一种难以言说的美。我生平第一次对前人描述的圣贤气象，有了书本以外的直观印象。回来后和潘先生谈及此事，潘先生说，对于那些人很平常：

> 唐（文治）先生就有此气质，真是望之俨然，即之也温，听其言也厉。看见他，完全想见当年曾国藩、李鸿章的风采。他们读孔子的书，即以此为榜样，生死以之。到老年自然而然化掉，就到此境界。（《潘雨廷先生谈话录》一）

如果没有到达"知命"的境界，大概不可能自然而然地化掉吧。《论语·宪问》子曰："不怨天，不尤人。下学而上达，知我者其天乎。"又《述而》子曰："默而识之，学而不厌，诲人不倦，何有于我哉。""知命"之学和命学，同乎异乎？

2007年11月4日初稿

2015年2月8日修改

2016年1月12日订正

（原载《上海文化》2016年第5期）

略谈梵澄先生的学术

虽然只在 1991、1993 年去北京时谈过两个半天,说起来,我也算是当年亲炙徐梵澄先生(1909—2000)并有所受益的人之一吧。近年来,陆续读到了《徐梵澄文集》(16 卷,上海三联书店、华东师范大学出版社,2006)、《徐梵澄传》(孙波著,社会科学文献出版社,2009),真是感慨系之。应友人约请,略谈我对梵澄先生学术的认识。

梵澄先生自述简历:"自少至今,未尝离学术界一步经营任何事业,长期之求学时代也。"(《传》,410 页)大学者的生命就是他的学问,融洽无间。根据《文集》和《传》,梵澄先生其人其学,可以分为三个时期。

第一时期,相当于 1909—1945 年,1—36 岁。此一时期,试抉出两个关键词:一、鲁迅(1881—1936);二、尼采(1844—1900)。其间最大的事件是 1928 年 5 月,梵澄因为听鲁迅的演讲而通信结识,从此预流于中国现代学术,开启了内心的灵明。这是他一生走出独特学术道路的起点。

研究鲁迅的学术师承,可以追溯于章太炎(1869—1936)。研究章太炎，可以追溯于德清俞樾（1821—1907）。俞樾的座师是曾国藩（1811—1872），他本人私淑的是乾嘉学派的高邮王氏父子。俞樾自同治七年（1868）起，主讲杭州诂经精舍三十余年，门下如吴大澂、张佩纶、缪荃孙、吴昌硕，皆一时之选。而对社会影响最大的，则是另外走出学术道路的章太炎。章太炎门下亦济济多士，有黄侃、朱希祖、吴承仕、钱玄同等，而对社会影响最大的，则是鲁迅、周作人。出入鲁迅门下的青年，有柔石、萧军、萧红、胡风等，而另外走出学术道路的则是徐梵澄。中国近代学术史此类事例甚多，既反映社会和学术的激烈动荡，也相合《易经·鼎卦》初爻"得妾以其子"之易象。

在鲁迅的鼓励和帮助下，青年梵澄翻译了数种尼采，成为中国尼采传播史上的重大事件。从1935年翻译《尼采自传》（*Ecce Homo*，看哪，那么一个人！）开始，他陆续译出《朝霞》（1935）、《快乐的智识》（1939）。最大的贡献是翻译了《苏鲁支语录》（1936），以前鲁迅、郭沫若仅翻译部分，至此第一次完成全书。尼采是西方富于激发力的近代思想家，全面理解尼采，不仅要关注尼采在中国，还要关注尼采在西方。梵澄《人间的，太人间的》译者序："正如在旅行的长途中偶尔发现一两片小标志，指示前人曾此经过，则当能更有勇力前行，而且突过以往的限度。"（《传》，90页引）深入研究尼采，必须研究他心目中的古希腊图景，除去众所周知的以外，还需要注意两点。一、尼采以为古希腊哲学是前无古人的独特现象。虽然这是哲学史家的共同之说，但仍应注意古希腊和巴比伦、埃及乃至波斯文化之联系。二、尼采于古希腊哲学的思想划界，采用的不是前苏格拉底，而是前柏拉图。此与哲学史家之说不同，涉及他的判教见界，可以深入追究。

此一时期，可以辨析的还有两件事。其一，他的小学地理老师是毛泽东（《传》，11页）。这是梵澄传奇人生的开始，应该视为同乡关系的巧合（徐是湖南长沙人），对他的学术走向没有实际影响。梵澄自述："我一生得力于两位老师，一位是启蒙的老师，一位便是鲁迅先生了。"（扬之水、陆灏，《梵澄先生》，上海书店，2009，23页）这位启蒙老师应该指王闿运（湘绮）的某位再传弟子（《传》，10页），而不是毛泽东。梵澄一生的诗文功底当由此而来，尽管也可能造成部分译品或偏于古奥。当年《陆王学述》出版前，我有幸在友人处先睹手稿，记得其中提到"已故毛泽东主席教示"云云，然而出版后变成"毛泽东教示"云云（《文集》卷一，419页），推想出于编辑的删改。此于全书而言，固无伤大旨，然而文辞中隐含的对故人的感情、对开国领袖的尊敬、对政治权力的保持距离以及读书人的自重身份，也随之消失了（"教示"是特有的敬师口吻，参见《星花旧影》）。

其二，关于鲁迅晚年和梵澄一度意见相左（《传》，97—99页），除了一些生活细节上的误会（《传》，70—71页），更大的可能是由于两人处于不同的思想阶段。此时鲁迅的思想早已成熟，而且主张新的，反对旧的，主张外的，反对中的，正是五四那代人的主要立场。鲁迅极力支持梵澄翻译尼采，甚至不惜代为校对，所谓"耶稣替门徒洗脚"（《传》，89页），不仅出于鲁迅为社会造才之心，也因为精神取向的相同。而梵澄正欲于此道深入，此时手抄《悉怛多般怛罗咒》给鲁迅，就容易被认为打退堂鼓了。师生间此一错失，就局部而言，梵澄确有少不更事之处。然而就整体而言，恰恰因为有此错失，梵澄才可能在学术上得到更为长足的发展。此一发展，上承章太炎晚年欲学梵文之心，完成沟通东方民族之间文化的遗愿（《传》，78页），下启他以后进一步衍出与阿罗频多思想的联系。鲁迅依然是梵澄一生之恩师，梵澄在晚年写出了充满感情的《星花旧影》，以表寸心之不忘。据说此文的精华被好友冯至担心违碍而删去，留存的其实都是扯淡的文字（扬之水、陆灏，同上，74页）。即便如此，在我所见到的回忆鲁迅文章中，《星花旧影》仍然是最好的一篇，其精光不可磨灭。

第二时期，相当于1946—1978年，37—69岁。此一时期，试抉出两个关键词：一、室利·阿罗频多（Śri Aurobindo，1872—1950）；二、院母密那氏（Mira，1878—1973）。阿罗频多是印度三圣之一，其余二人为圣雄甘地（1869—1948）、圣诗泰戈尔（1861—1941）。室利是尊称，表吉祥等义，与佛教文殊师利（又译曼殊室利）的"师利"含意相同。阿罗频多早年参加革命，为印度独立而奋斗，1908年在狱中悟道，1910年至琫地舍里隐居四十年，开创阿罗频多修道院，对印度现代思想贡献巨大。梵澄1945年底参与中印文化交流，至泰戈尔国际大学任教，1949年因政府中断资助，于1951年转入阿罗频多修道院，从而开启另外一段生命历程。院母密那氏是法国人，其兄为阿尔及利亚总督。她1914年来印度主持院务，修道院的规模由此渐渐扩大。二人思想完全一致，在风格上阿氏雄强阔大，试图建立综合瑜伽新体系；而密那氏似更直见性命，体贴入微。

梵澄入院时，阿罗频多已去世，他见到的是院母密那氏。他们交流用的语言不完全相同,但在沟通上不存在障碍(《传》,208—209页)。此一情景我完全相信。在我有缘遇见的学术界人物中,梵澄先生是沟通障碍最少之人。我的强烈印象是,他完全能懂你,即使他的话中夹杂湖南口音,即使你的表达并不怎么好。梵澄先生善于倾听,并且时常呼应,和他谈话有如沐春风之感。在此我想记录的,倒是一个例外。我问起他,一位也是长期居住印度并用英语写作的佛教人士,先生没有回答。多少年来,我一直思考此事,于此逐渐有所领会。虽然我的领会不一定对,但是对学问的认识,确实因此而加深了。

梵澄由于"母亲"的欣赏,在学院单独建立了华文部。他不但受到生活上的照护,而且获得精神上的激励。"母亲"说的"我和你在一起"(《传》,216页),可以认为是加持或加被(《文集》卷四,40页)。梵澄在这里生活了二十七年,完成了一生的主要学术成果。

第三时期,相当于1979—2000年,73—91岁。此一时期,试抉出两个关键词:一、奥义书(约公元前700—前500);二、陆王(陆九渊,1139—1192;王阳明,1472—1528)。梵澄于1978年末归国,游子返乡,正值景运方新,心情一片舒畅。此时他已年届高龄,来日无多,心中只有一个念头:"努力做,赶紧做,其他一概不管。"(《传》,435页)鲁迅晚年在上海,临终前说:"要赶快做。"(《且介亭杂文末编·死》)师生之间,精神一脉相承。

为什么选取印度的《五十奥义书》(1984)?因为这是印度系列之始。本书是他一生翻译和学术生涯的顶峰,梵澄被称为"当代玄奘"即由于此,在归国后对中国学术界产生影响亦始于此。

犹忆当年此书出版时，我还是学生，得书如获至宝，多买数本以送人，促成了自己生命中的一段转折。

有了此书，于印度系列的进路已完全清晰：古代著作为《五十奥义书》《薄伽梵歌》；今人著作为阿罗频多、密那氏。为什么将古今分为两段？因为《五十奥义书》《薄伽梵歌》和阿罗频多、密那氏，还不能完全等同，尽管后者蔚为大宗，却依然还是流，还可能有其他解释。《五十奥义书》《薄伽梵歌》之下，以《薄伽梵歌论》完成衔接，因为阿罗频多在狱中读《薄伽梵歌》而见道（《〈薄伽梵歌论〉手稿小引》，《文集》卷四，24页）。辅之以《瑜伽论》，此外还有《瑜伽的基础》和《瑜伽书札集》。最终以《神圣人生论》殿后，此书为阿氏生平巨制，辅之以《社会进化论》和《周天集》。具体理解或可由《母亲的话》入门，当年甘地曾读之，曰："此乃滴滴甘露也。"（《传》，204页）

为什么选取中国的《陆王学述》？因为这是中国系列之终。梵澄1988年出版《老子臆解》，1994年出版《陆王学述》，由此贯通古今，完成相应的中国系列。《老子臆解》可以说是1949以后的解老最佳作，梵澄在归国初参观马王堆可能有所感发，而内容酝酿于胸已经有二十五年（扬之水、陆灏，31页）。《陆王学述》是为中国思想寻出路的有为之作，"中国本土之哲学，只有这一套最觉得声弘实大"（《文集》卷一，405页）。1992年，梵澄谈起自己可以传世的著作有三种，《五十奥义书》《薄伽梵歌》，此外还有《老子》（扬之水、陆灏，69—70页）。这里试图再增补一种陆王，非常可能是梵澄的思想归宿。梵澄译介印度典籍，并非单纯为了引进，其目的是为了中国，他曾经说："印度是个大国，中国也是个大国。印度可以不懂中国。可是，中国不能不懂印度。"（詹志芳《琐忆徐梵澄先生》，《鲁迅研究月刊》，2000年第5期。参见《文集》卷八，209—210页；《传》，288页）梵澄先生选择陆王，和当代提倡宋学者不同，主要是取其和精神哲学的相应。而且和阿罗频多比较，先生似更倾心陆王。我不能确定此印象是否正确，姑志于此，以俟有识者辨之。

在印、中两大系列以外，梵澄先生于学术尚有其他进路。其一，著有《希腊古典重温》（1988），他由早年的尼采，经阿罗频多《赫拉克利特》（亦即《玄理参同》），至此上溯希腊。其二，试图校勘《圣经》，已开始做准备工作，最终未能完成。其三，他还向西方介绍"孔学、小学及中土所传唯识之学"（《文集》卷四，170页），用英文写或译了不少中国文化典籍。论者称许他为跨越中、印、西的大学者，真实不虚。

行文至此，我想提出一个问题。《传》278页提到，在"母亲"去世后，院方想收回房子，梵澄先生略感无奈。然而，这些人不是"母亲"的继承者吗？不是也在修习"无上知觉性"吗？此类情形，日常生活中往往可以遇见，在学术上怎么理解？《传》247页提到"不愿看某些人的嘴脸"，275页提到"他们也巴不得他赶快回去"，370页称"可是他们却压下来不给发表"，世界真的是按照理想进化吗？其高深理论是否还有无法说明之处？

此外，《文集》的编纂花了极大努力，有功于天下后世。还有一处稍存可议，即第四卷从原书抽出序跋单独编辑，这样做虽然方便检索，而且有先例可循，即《鲁迅全集》1981年版把古籍、译文的序跋编为专集。然而将原书和序跋割裂开来，在阅读时也有所损失。

最后，我愿意抄录《传》中一段话，作为此文的结束。1990年，二十年前在印度担任梵澄助手的一位美国姑娘，写信告诉梵澄的邻居，徐梵澄是她一生最为惦念之人：

> "遇到了他，我才知道世界上还有这样的人，他是我衡量自己的标准。我希望人们都能够与徐先生这样的人生活一段时间，这样他们就能认识到许多事情是有可能存在的。"（《传》，256页）

对于一个人而言，在我看来，这是梵澄先生所能得到的最美好的赞颂。

（原载《上海书评》2009年12月6日）

《潘雨廷先生谈话录》成书经过

我是华东师范大学的校友，是一般人说的 77、78 级。77、78 级入学在同一年，77 级在春天，78 级在夏天。当时的学生热爱读书，又遇到思想解放运动，这方面记载很多，对我相对来说还是小事。

我在华东师大读书七年，所遇到的最幸运之事，首先是本科将近毕业的时候，遇到了中文系施蛰存先生，后来成为他的研究生。其次是研究生将近毕业的时候，遇到了古籍所潘雨廷先生，后来跟随他读《易》。遇到这两位老师，尤其是后者，对我的生命产生了转折性的影响。事后想来，这是我一生的幸运，那时候却朦胧未知。

在当时学生中，我是浏览相对广的人，由于对自己的无知缺乏认识，以为这就是读书了。然而这样的我，到潘先生那里听课，居然是闻所未闻、见所未见，提到的很多书，连书名都没听说过。我们那一代人，主要成长于"文化大革命"时期。少所见，多所怪，指的大致就是我这样的人吧。

我到潘先生那里，在 1984 年 11 月前后。以后跟着读书，每天都是崭新的，听到的东西当时记不下来，也不怎么懂，只有零碎的笔记。直到一年多以后，1986年初，我有一个觉悟，潘先生讲的这些都是民族文化的瑰宝，是中国最古老的学问，也是中国最新鲜的学问。于是我开始自觉地、有意识地把潘先生的谈话记下来，这就是我当年的日记，也就是这本书的原型。

我的日记有时疏，有时密，断断续续地写，一直写到潘先生去世。日记主要记录学术性内容，其中的主角就是潘雨廷先生。记的时候虽然很认真，但是并没有考虑出版，写下来就放在旁边，自己也并不去看。一直到好多年以后，2004年，由于我自己生命中遭遇的困难，产生了特殊的感发，于是下决心整理这份日记。在朋友的帮助下把它录入文档，初稿前后录入了一年，然后反反复复修改、校订，差不多有二十多遍，才以今天的面貌呈现在面前，这就是大家手上拿着的《潘雨廷先生谈话录》。当年参与打字、校订的朋友，有一些今天也在座。

回过头来看，这本书记录的时间，前后差不多是七年，1986—1991年，《补遗》中还加上1985年。从记录结束，到下决心整理，相隔差不多十二年以上。其间一直扔在角落里，除了少数朋友借阅，也没有什么人看。下决心把它整理出来，到现在放在大家面前，前后又是八年。其中有很多特殊的机缘，有很多特殊的故事，这些机缘和故事，对我个人来说刻骨铭心，对其他人来说也许不值一提，所以不说也罢。

《潘雨廷先生谈话录》，这本书特殊的地方，是潘先生本人写不出来，我自己也写不出来，这是出于机缘巧合，天造地设形成的。这本书涉及面相当广，并不容易读。它可以作为一面镜子，从中可以看出读者自己——其实任何书都是这样——无论你喜欢或者不喜欢，喜欢其中什么，不喜欢其中什么，都是你自己心性状况的写照。当然不可否认，这本书依然有缺点，其中有些是时代造成的，更多是我个人的不足造成的。

这本书可以有多种读法。我初步考虑，尝试列出九种，甚至还可以更多：

第一种，可以看成类似《管锥编》的资料集。这里有形形色色的内容，初看起来杂乱无章，细心捡拾，可以各取所需。

第二种，可以作为二十世纪八十年代的思想剪影。此书的内容是实录，涉及比较精深的学术内容，可以据此研究八十年代的思想状况。

第三种，可以看成多少带有日记体性质的小说，连续起来读，有隐隐约约的故事线索。我有节制地尝试了一些写作技术，尤其是节奏、音韵、气息，不经意中或许会闪现出来。

第四种，可以看成语录体的现代试验。语录是先秦很早的文体，《论语》由师生之间的谈学而形成。中国传统的教学，是精要处点到为止，并不主张长篇大论。今日网络流行140字的微博，也有很强的表现力。前一句话和后一句话可以有联系，也可以没有联系，看似断断续续，却可以说明大问题。

第五种，可以看成读潘先生著作的入口。由于潘雨廷先生的学问深度，社会至今还不太认识这位大学者。他的书已经出版了十二种以上，很少有人能全部读完。理解潘先生的学术，此书可以作为入口之一。

读潘先生的著作，在我看来，可以有五个入口：

第一个入口,《周易表解》。这是从《周易》经文入手,理解八卦、六十四卦、元亨利贞、吉凶悔吝之类,这是传统易学的角度。

第二个入口,《易学史发微》。这是不受传统经学束缚的,潘先生所发展的新型易学。此书是潘先生晚年思想的精华,可以从现代学术的角度来读,内容比较艰深。

第三个入口,从基本概念、基本术语、基本史实入手,可以读《易学史入门》。这本书由我搜拾残稿编集而成,不久将由上海古籍出版社出版。

第四个入口,潘先生学术思想的总结,可以读《潘雨廷学术文集》。这本书是选集,概括了潘先生学术的主要方面,上海人民出版社 2011 年出版。

第五个入口,从日常生活和解说学问入手,就是现在这本《潘雨廷先生谈话录》。此书亲切可读,点缀很多日常琐事,提供不少关键性背景。当然这个入门还是有一定难度,对人的智力形成挑战。

潘师母读过我的八本日记,她一直希望我早些把它拿出来,当时书名还没确定。现在此书终于出版了,多少完成了她的心愿。《潘雨廷先生谈话录》和《潘雨廷学术文集》结合起来,能基本了解潘先生的形象,至少是我心目中的潘先生形象。

第六种,这本书可以看成在世界竞争格局下,理解比较纯粹的中华学术的入口。今天的演讲,位于大学的国际关系学院,跟世界竞争的大格局有关。现在一般讨论的国学,往往还偏向于抵抗外来文化的保守层面。而《周易》是自强不息的中华学术的代表，它是中华民族内在的核心价值观，应对的就是竞争的场面。在世界竞争格局下，比较纯粹的中华学术——也不是文学，也不是历史，也不是哲学——就是有着不屈不挠的精神。中华民族可以在学术上屹立于世界民族之林，绝不逊色于任何外来民族，同时也吸收其他文明的精华，相互交流，取长补短。

第七种，作为研究从古到今文化传承的文献。我们现在讲古代学术，往往根据书本考核，不太注意真实的传承。读《潘雨廷先生谈话录》，你会知道，它和古代传下来真实可考的学术之间有千丝万缕的联系。潘先生和唐文治、熊十力、马一浮、薛学潜、杨践形等人都有深切的交往，他和很多派别、很多人物有关。潘先生是一个纯粹的学术人，他和很多近代大家有来往，和他们讨论学问，甚至受到学问的托付。

第八种，可以作为有一定纯粹度的人休闲的励志读物，可以在睡觉前读，东翻翻，西翻翻，受到真实的启发，或许可以安心安神。

第九种，可以作为比较有大志向的人的修行参考，甚至可以作为攻错的标的：此书包容甚广，涉及天地人、儒释道，但也不一定要完全相信，有可能存在不少错误：

第一，材料的错。尽管潘先生程度很高，我也认真校对多遍——但是因为涉及面太宽，难免有出错的地方。事实上现在已有所发现，相信将来会更多。

第二，义理的错。我刚才还在跟朋友讨论如何理解他人的谈话。对此时此地人讲的话，往往不能移到彼时彼地中去，更不用说在转述中还会发生很大偏差。本书讲的不一定是教科书常识，或者是辞典上的定义,而是和真实人的对话,在当时起有益的作用。每一次谈话旁边都有具体的人,有一个程度并不高的人在听,这个人就是我。

第三,最好是在理解这本书后,另外走出更高的向上之路,那么这本书的责任就尽到了——这不是轻易可以讲的,但是希望有这样的有志之人出现。

这本书当然还可以有其他读法,以上的提示仅仅是初步。如果感到完全看不下去,那就是这本书不适合你,你应该另外寻找适合自己的进路。天地之大,无奇不有,即使是好东西,也不应该拿来局限人。如果看得下去,又不完全看得懂,那就可以尝试跳着看。

潘先生活着的时候,没有正式地出版过著作。他生前在华东师大不太知名,身后也不太知名,这几年才多多少少有些认真读书的人知道他。在2000年前后,我遇到华东师大一些有名的人,问他们是否知道潘先生,回答只是说,好像有过一个这样的教师。我自己在华东师大读书七年,也不知道潘先生,他当时默默无闻,甚至是甘于默默无闻。我们1984年跟随潘先生念书的时候,他的职称应该还是副教授,但他的学问真的非常好。

我在大学念书的时候,与朋友们经常讨论学问,其实是非常无知的。记得那时叔本华《作为意志和表象的世界》出版,我们也欣喜若狂地去买。有位朋友叫宋捷,在这本书里经常出现,他现在的职业是律师。我们随时会交流一些书,热烈讨论自己不懂的,像政治、社会、人生这些大问题,尽管实际上层次很低,但是年少轻狂，心无遮拦，意气风发。我们很纯粹，讨论问题很认真。我们自以为想出的观点，遇到另外一个朋友，他说这个不稀奇，如此这般，轻而易举地就破解了。我们很惊讶，感觉拼命读书还不如他。

直到改革开放中的那一年，大约在深秋或初冬，他要去深圳闯天下——他是个相当不错的画家，画的动画片得过奖。在离开的时候，我和宋捷去送行，大家在一起谈话，我把徐梵澄译的《五十奥义书》送给他。当晚分手的时候，我记得大概在晚上11点左右，他说，我给你们介绍吧，我讲的东西不是我自己想出来的，而是从老师那里听来的。那个人是潘雨廷，原来就在学校里，过去从来也没有注意到。听了他的介绍，我和宋捷就到潘先生那里去，看到那里已经有一群人听，其中大部分人后来出国了，一些人在社会上很有名。然后相见恨晚，每天都是新的，连笔记上都打着感叹号。

把笔记保存下来的想法很晚才产生，大约在一年多以后。早在此之前，我已经开始协助潘先生做事情。我觉得这种一般人不懂的绝学，是我们民族文化的重要组成部分。过了二十年，我重新整理这本书，也没有觉得它落后多少。从传统文化说，有一种类似于感应的事情，你内心真正想的东西，假以时日终究会实现，至少对我而言是这样。我们当时是完完全全不懂的，冥冥之中就是有类似于这样的巧合。我们是纯粹的，没有其他的杂念，然而这件事，我相信它改变了我的生命。

我整理潘先生的稿子，做了二十年以上。潘先生的书到现在出了差不多十二本，但是学术界没有几个人读下来。这并不要紧，我把它保存下来，让想看的人看得到，自己的责任就尽到了。

这八本日记原来就是学术性的，整理时有节制地删去了一些私人的事情。中国的学术和日常生活并不脱离，我有意保留了一点其他内容。比如写到上海音乐学院大火，如果该院的院史有记载的话，那一天真的有大火。

（2012 年 3 月 14 日下午在华东师范大学国际关系学院座谈会上的发言，根据速记稿整理）

（原载《上海书评》2012 年 6 月 3 日）

附录：原序

应郭齐勇先生和孔学堂书局的邀请，尝试编出这本个人文集。我的文章主要是解释古代经典，就谈谈编排的思路吧。

首先选《尚书》和《诗经》。经学是中华文明的主干，也是中华学术的核心。《尚书》选两篇：一篇来自古文（通常认为是伪古文），一篇来自今文。前者涉及政治和教化，对比古希腊"哲人王"。后者阐发中华民族的美德"无逸"，与《周易》的"自强不息"交相辉映。《诗经》选两篇：一篇来自《大雅》，一篇来自《风》。前者强调为政者的修身，再三叮嘱，苦口婆心。领导人的品性不仅仅是私德，关乎国家的命运和走向。后者讨论如何树立信心，冲破黎明前的黑暗，度过眼前的危机。

然后选三篇《庄子》。第一篇讨论《人间世》，选自拙著《〈庄子〉内七篇析义》。为什么选此篇？因为是我理解《庄子》的缘起。我早年读庄书，茫然无所入，明白此篇后，才有所领会。其中部分内容，八十年代末，在朋友间讲解过。其余两篇讨论《庚桑楚》和《寓言》，选自未写成的《外杂篇析义》。《庚桑楚》思想精深，情节曲折，多有他篇未言的见道之处。《寓言》阐发全书的言说方式，为诸篇之序例，不仅呼应内七篇的核心《齐物论》，而且遥遥指向《天下篇》。

再次是《太史公自序》（节选），时间为西汉。《史记》有志于接续《春秋》，《自序》是全书枢纽。讲稿另外成书，这里选取《论六家要旨》。随后点缀一小文《引声歌》，时间应该是东汉。作者旧题为庄周，细究和庄子思想不同。《史记》是"史家之绝唱，无韵之《离骚》"（鲁迅语），《引声歌》可作为篇外的回响。此文是琴曲歌辞，隐者抒发其人生怀抱，又涉及古来修养技术。

汉末佛教以"格义"方式进入，在魏晋南北朝大发展，与本土的思想相摩相荡，彼此排斥，又彼此吸收。到唐代八宗各呈异彩，以禅宗最有特色。选取敦煌本《坛经》予以解说。敦煌本《坛经》是二十世纪初的新发现，也是目前存世最早的《坛经》版本。我最初阅读《坛经》在八十年代，来自斯坦因本，当时敦博本还没有发现。我最初解说《坛经》在2002年，当时旅博本还没有发现。二十世纪的中国，新材料层出不穷，令人惊喜。此文根据诸家校订疏通大意，未能求其真，取方便阅读而已。

《坛经》完成由教而宗的转折，而《五灯会元》体现宗门的风格。于此书中选玄沙师备，时间是唐末五代。禅宗一花五叶，其时五叶已开其三，剩下的二叶都和玄沙有关联。由于受到学生的欢迎，尤其是受到艺术类学生的欢迎，我从古典文献的角度，解说过多篇《五灯会元》。然而，此书毕竟涉及深邃的修行，在字句上摸索绝非出路。对这方面内容有意愿深入的人，应该另外请教大德。如果是景仰古人的特立独行，使自己获得成长的启示，则可以有所借鉴。

再次选两篇西学。一篇是前苏格拉底（或前柏拉图）哲人毕达哥拉斯，一篇是新柏拉图主义大师、柏拉图的后继者普罗提诺。前者大约和孔子同时代，后者大约和王弼、郭象同时代，起讫相应中国的思想演变。理解古典学问的正路是"辨章学术，考镜源流"（章学诚《校雠通义》），以中学解中学，以西学解西学。至于以西学解中学，清末以来一百多年中已成为主流，有其利也有其弊。而以中学解西学，探讨不同文明间的理解进路，以及人类思想是否可以有内在相通，应该是面向未来的有益尝试。两篇文章，一篇讨论古希腊哲人的神话，涉及哲学和解释学可能的起源。另一篇讨论古罗马哲人的生平和著作，涉及几大文明交流中哲学的多方面变化。这些阅读笔记，是有巨大保留前提下的尝试起步，由于我的学养有限，原文深微的意义必然不能呈现，也肯定存在错误。

最后三篇讨论今人，是我有机缘亲炙的三位前辈学者。我于1985年见梁漱溟先生，谈过一个半天；于1991年和1993年见徐梵澄先生，谈过两个半天，深受触动。潘雨廷先生更是我的老师，对我产生了转折性的影响。梁漱溟一文，涉及有传统修养之人如何认识自己的命，其中的批语是梁先生的佚文。徐梵澄一文，是我应友人约请而写的书评，回顾这位"现代玄奘"的学行。潘先生一文，是我在座谈会上的发言记录，以后又做了修改。徐、潘两文发表时，编者换用了醒目的标题。此书恢复原稿的样子，可能更符合两位先生低调的风格。

末尾是附录"跋与后记"，记录我整理潘雨廷先生著作的情况。潘先生是二十世纪较少为人所知的易学大家，他贯通了好多方面的学问。我从事整理他的著作，已持续二十六年以上。虽然在本书作为附录，却是我多少年来的主要工作。全文以"后记"的方式陆续写成，为什么第一篇却是"跋"？此题目为潘先生当年亲笔所拟，保留以为纪念。

本书题名为"探索中华学术"。这里的"探索"，指除了大致的方向以外，事先并不知道应该怎么走。这里的"中华学术"，在笔者心目中，是中华文明在世界上具有竞争力的学术，它是中华民族的自立之本，也是和其他文明交流的基础。检索此书尚有种种不足：比如《诗》《书》前至少还缺《易》，庄子前还缺老子和孔子，《史记》后或应补充《汉书·艺文志》。此书还没有编成，就已经要考虑将来如何重编了。

老友林国良先生阅读《坛经》一文，提出了意见。张治先生和肖有志先生阅读毕达哥拉斯和普罗提诺二篇笔记，查考了部分典据。黄德海先生核对了全书部分引文。

张文江
2018年2月6日

后记

《探索中华学术》原来是我应郭齐勇先生和孔学堂书局的邀请，选编的个人学术论集。此书被列为《孔学堂文库》丛书，2019年2月由贵州孔学堂书局出版。

当时的编纂要求是选编个人的代表作，我主要考虑在未成集的文章中选，也收入几篇已见于他书的文章。此次修订再版，我做出了相应的调整，不再与其他书的内容重合。总计删除三篇，并补入三篇。调整以后，篇目大致相当，字数略有减省。

一、删除《〈庄子·人间世〉析义》（原刊于《〈庄子〉内七篇析义》），补入《〈庄子·达生〉析义》。二、删除《〈史记·太史公自序〉讲记》（节选）（原刊于《〈史记·太史公自序〉讲记》），补入《论张良的知识结构，兼述〈太公兵法〉要义——读〈史记·留侯世家〉》。三、删除原来的附录《跋与后记》（原刊于《潘雨廷著作集》等），在正文中补入《〈论语〉说〈诗〉析义》。

此外，增加了选自《尚书》的题辞，又把原来的序言改为附录。修订时校正部分文字，精简若干枝蔓。另外，请张振华先生核对了全书的西文，请吴雅凌女士审读了毕达哥拉斯、普罗提诺两篇笔记。

这本书记录了我若干年的摸索过程,没有大的进步,只是向核心经典更靠拢了一些。书名《探索中华学术》,所谓中华学术,我以为是中华文明内在的精神命脉,并以此参与世界文明的建设,走通向上之路。探索意味着不确定,本来就没有确定的路可走,只能在探索中渐渐呈现。

最后,我愿意在此悼念不久前去世的友人,中国社会科学院外国文学研究所的郑国栋先生(1969—2022)。他是我很少见到的至情至性的人,2014年5月在北京,因为好友的引见而相识。他为人豪爽而温和,甚至还有些腼腆,然而又嫉恶如仇,对世间的苦难感同身受。我们在谈话中多有共识,因此断断续续地有了联系。看到他发的朋友圈,常有抑塞磊落的奇气。

他送了我徐梵澄先生的书,那是徐先生在阿罗频多学院印行的原刊本。由于没有得到妥善安置,他们那群师友不辞艰辛,从印度万里迢迢地辗转运回国内。带回上海的徐梵澄著作,很快被索取完了,他不厌其烦地继续寄来。2021年4月,他来上海休假,带了朋友过来相聚,我也召集了上海的朋友,彼此把盏话平生,交流非常愉快。

今年4月1日,上海的疫情发生变化,全城静默,一时消息纷飞,人心惶惶不安。他来关心我的状况,多有慰问。5月1日,他传来法文版《国际歌》。我提起听过某蓝调口琴版,全曲悠悠扬扬,一唱三叹,流连忘返,似向前,似回首。努力鼓劲鼓劲,不断地提升,又不断地应和,互相缠绕,最终在将结束未结束时戛然而止,留下无尽的沉思,真可谓神品。他明快地回应说,形式决定内容，不用另外解释。后来才知道，这是他留给我最后的话。6月17日朋友传来消息，他已经远行……

国栋不信佛教，但深于梵文。他对几大文明的演变，都有所关注。我一直有着小小的希冀，以为自己将来若有寸进，或许有机会向他请教。然而，然而……我不知道那天我回复的上海街边某窗口有人演奏的某音乐剧插曲，是否也安慰到他。我知道他喜欢异域的人声哼唱，常常转发呼麦、梵呗以及用巴比伦语、苏美尔语演唱的古代史诗。那些直抵灵魂的呐喊，动人心魄。我知道他是知音者。

张文江

2022 年 12 月 18 日

图书在版编目（CIP）数据

探索中华学术 / 张文江著. -- 修订本. -- 上海：上海文艺出版社，2024
（艺文志.古典）
ISBN 978-7-5321-8991-5
Ⅰ.①探… Ⅱ.①张… Ⅲ.①社会科学－文集 Ⅳ.①C53
中国国家版本馆CIP数据核字(2024)第054006号

中国美术学院视觉中国协同创新中心
The Institute for Collaborative Innovationin Chinese Visual Studies
China Academy of Art
中国美术学院视觉中国研究院
China Institute for Visual Studies , China Academy of Art

出版项目

发 行 人：毕　胜
责任编辑：肖海鸥
封面设计：周安迪
内文制作：常　亭

书　　　名：探索中华学术（修订本）
作　　　者：张文江
出　　　版：上海世纪出版集团　　上海文艺出版社
地　　　址：上海市闵行区号景路159弄A座2楼　201101
发　　　行：上海文艺出版社发行中心
　　　　　　上海市闵行区号景路159弄A座2楼206室　201101　www.ewen.co
印　　　刷：苏州市越洋印刷有限公司
开　　　本：1240×890　1/32
印　　　张：13.375
插　　　页：3
字　　　数：285,000
印　　　次：2024年4月第1版　2024年4月第1次印刷
Ｉ Ｓ Ｂ Ｎ：978-7-5321-8991-5/G.401
定　　　价：78.00元
告 读 者：如发现本书有质量问题请与印刷厂质量科联系　T:0512-68180628